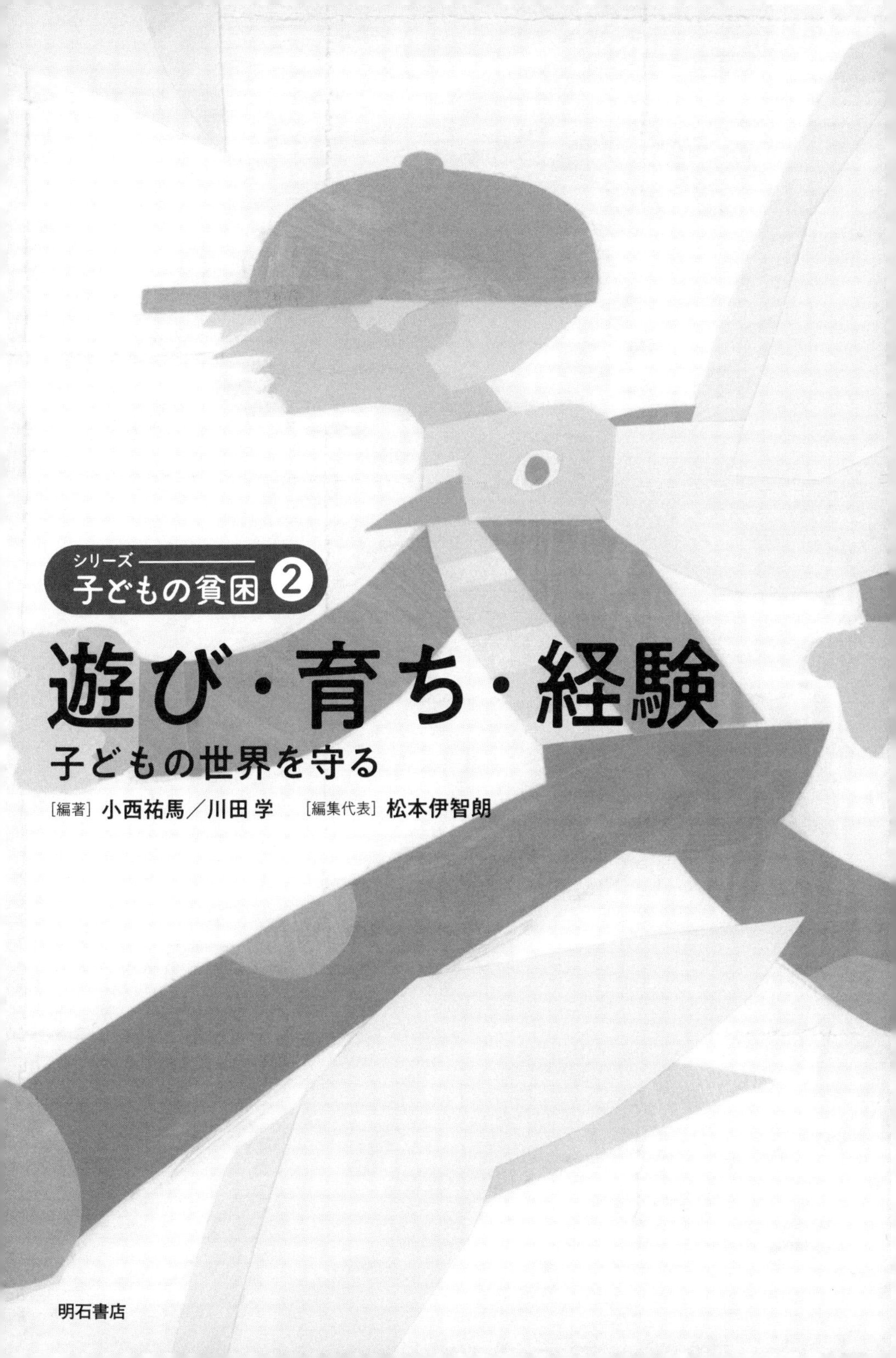

シリーズ
子どもの貧困 ❷

遊び・育ち・経験

子どもの世界を守る

[編著] 小西祐馬／川田 学　[編集代表] 松本伊智朗

明石書店

シリーズ
子どもの貧困【全5巻】

「シリーズ・子どもの貧困」刊行にあたって

「子どもの貧困」が社会問題化して、約10年になる。換言すれば、子どもの貧困問題が再発見されて約10年になる。この間、貧困率・子どもの貧困率の公表、法律の制定などに見られるように政策課題として認識されるようになった。また自治体での調査、計画策定などの動きも広がっている。この問題を主題にした多くの書籍が出版され、社会的関心は確実に高まっている。学習支援や子ども食堂など、市民レベルでの取り組みも多く見られるようになり、支援の経験が蓄積され始めている。

一方で貧困の議論が常にそうであるように、子どもの貧困を論じる際にも、問題を個人主義的に理解し個人・親・家族の責任を強化するような言説、あるいは「子どもの貧困」と「貧困」を切り分け、問題を分断、矮小化する言説が見られる。また政策動向もそうした観点から、批判的に検討される必要がある。

子どもの貧困の再発見から10年の現時点で、なされるべきことのひとつは、「議論の枠組み」を提供すべきことだろう。貧困と不利に関わる個々のエピソードの集合として、この問題が語られるべきではない。特に子どもの貧困は、貧困問題の一部であると同時に、その具体的な姿は「子ども」という社会的区分の特徴と関係して現象する。したがって、貧困研究の枠組みを子ども研究の視点から豊富化する必要がある。あるいは、子ども研究に貧困の視点を組み込んでいく必要がある。

こうした観点を意識した研究は、少ない。この「シリーズ・子どもの貧困」は、この10年の議論の蓄積を踏まえて、子どもの貧困を議論する枠組みを提供する試みである。共有されるべき視点を、以下にあげる。

- 経済的問題から離れない。経済的困窮を基底において貧困を把握する。
- 社会問題としての貧困という観点をとる。個人的問題にしない。
- 貧困問題を分断しない。子どもの貧困は、貧困の理解と対策を広げることばである。
- 反貧困としての「脱市場」と「脱家族」の観点をとる。
- 子ども期の特徴と関係させて構成する。
- 政策と実践を批判的に検討する。
- 全体として、「子どもの貧困を議論する枠組み」を提供する。

各巻の主題と位置づけは、以下の通りである。

第1巻『生まれ、育つ基盤』の主題は、主に貧困とケアの観点から、現在の社会と家族の特徴を描くことである。子どもが生をうけたこの社会は、そもそも生活の安定的基盤が確保されている社会なのか。子育て・ケアの主体として期待されてきた家族という単位は、どのように理解されるべきなのか。これらに関わる議論を通して、子どもの貧困を生み出す構造を把握し、第2巻以降の議論の前提を示したい。

第2巻から第4巻は、子ども期の社会的特徴と関わらせて、子どもの貧困の議論を展開する。このシリーズでは、子ども期の社会的特徴を「育てる／育つこと・遊ぶこと」「学ぶこと」「大人になりゆくこと」に整理し、それぞれ2巻から4巻が対応する。

第2巻『遊び・育ち・経験』では、特に子どもの貧困の議論を構成するうえで「遊び」を位置づける、野心的な試みを行う。子どもの発達にとって、「遊び」は重要な要素である。しかし、子どもの発達の制約を関心事のひとつとしているはずの子どもの貧困の議論において、正面から取り上げられることはほとんどなかった。第2巻ではこの間隙を埋めながら、育つ／育てる営みを総体として理解し、子どもの貧困の議論を豊富化する。

第3巻『教える・学ぶ』では、子どもの貧困への政策的対応で大きな役割を与えられている「教育」について批判的に検討し、同時にその可能性について議論を行う。近代の公教育は、社会的不利の緩和と固定化という両義的な側面をもつが、現下の子どもの貧困対策の文脈では、その点に無自覚な議論が多い。第3巻は、この点を克服する試みでもある。

第4巻『大人になる・社会をつくる』では、「子どもの貧困」と「若者の貧困」のそれぞれの議論の架橋を試みる。単に子ども期の不利が移行を困難にするという点のみならず、今日の若年層が直面する構造的不利が子どもの貧困とどう関係するのか、若者が自己の人生と社会をつくる主体として生きることをどう保障するのか、議論がなされる。

第5巻『支える・つながる』では、政策・実践課題としての子どもの貧困に対する対応策の全体像が、ナショナルミニマムの確保とソーシャルワークの展開という観点から示される。子どもの貧困への対応策の議論は、個別的、事後的対応のみに矮小化される危険をもつが、ここでは全体の枠組みを示したうえで、自治体レベルでの対応の可能性を検討する。

全5巻からなる本シリーズは、約60名の執筆者の共同により成り立っている。各巻の編者で構成された編集委員会で議論を重ね、シリーズの趣旨を執筆者間で共有するための覚書を作成した。この「刊行にあたって」は、その再録である。読者と共に、改めて出発点を確認したい。基盤を共有することが、個々の議論や批判をより生産的にすると考えるからである。

２０１８年10月

シリーズ編集代表　松本　伊智朗

シリーズ・子どもの貧困②

遊び・育ち・経験——子どもの世界を守る

目次

第II部　子どもの世界を守る実践

序章
子どもの世界の中心としての「遊び」

…川田 学

寅次郎　「どこかでお目にかかったお顔ですが。姉さん、何処のどなたです？」
リリー　「以前、お兄さんにお世話になった女ですよ」
寅次郎　「はて？　こんないい女をお世話した覚えはございませんが」
リリー　「ございませんか！　この薄情者！」
寅次郎　「何してるんだよお前、こんなところで？」
リリー　「商売だよ。お兄さんこそ何してんのさ、こんなところで！」
寅次郎　「俺は、リリーの夢を見てたのよ」

（映画『男はつらいよ寅次郎ハイビスカスの花』より）

はじめに

本巻のタイトルは『遊び・育ち・経験——子どもの世界を守る』となっている。まずはその意図と課題意識を述べておきたい。

筆者は発達心理学の研究者であり、主に乳幼児期の発達を家庭での子育ての営みや保育実践の文脈において考えてきた。乳幼児の場合は、生活全体を構成する諸要素が未分化な状態から展開し、徐々に区分された認識と活動様式が成立していく。たとえば、離乳食期の乳児にとって、食べ物は素材のひとつであり、握ったり投げたりする行為が自発的に起こる。大人は、これを「遊び食べ」と言って「（正しく）食べる」ことと区別するが、乳児当人にとっては遊ぶことと食べることは連続した経験としてはじまっている。配慮ある養育者との生活経験を通して、子どもの生活要素は時間的空間的に分節化されていく。こうした生活者としての自立過程を駆動し、経験を編成し、また生活に彩りを与えていく活動要素が「遊び」である。

実は、遊びをどのように定義するかは、それ自体とても難しい課題であり、後に多少の検討を付すとして、いまは「子どもの貧困」という問題を考えるための方法的な導入として、以下のように位置づけておく。すなわち、「遊び」は子どもの自発的な活動ないし活動要素であり、自己目的的であると同時に、日常生活とつながりながらもそれとは異なる位相の心理状態を生起させるものである。それゆえに、「遊び」の時制とトポロジーは「いま、ここ」にあり、外的な教育作用の「あす、あちら」と拮抗的な関係を切り結ぶことによって、社会的存在としての固有人格を形成する。しがたって、「子どもの貧困」が、子どもの健やかな成長・発達を阻害するものであるとき、そこには学習機会の保障のみならず、外的教育作用とは相対的に独立した「遊び」の保障が志向されなければならない。

1 「遊び」をどう議論するか

(1) 野心的な試み

本シリーズ共通の『刊行にあたって』には、「子どもの貧困」という問題提示がもつ意味について、子どもの貧困が「『子ども』という社会的区分の特徴と関係して現象する」こと、したがって、「貧困研究の枠組みを子ども研究の視点から豊富化する必要」があるとして、本巻の意義と課題について以下のように述べている。

「第2巻『遊び・育ち・経験』では、特に子どもの貧困の議論を構成するうえで『遊び』を位置づける、野心的な試みを行う。子どもの発達にとって、『遊び』は重要な要素である。しかし、子どもの発達の制約を関心事のひとつとしているはずの子どもの貧困の議論において、正面から取りあげられることはほとんどなかった」

これまでも、剝奪指標としての子どもの必需品に遊びに関係したものは含まれていたし、旅行やキャンプといったレジャーの経験の有無についても取り上げられてきた。しかし、子どもにとって「遊び」という経験がもつ意味の内実に分け入って、「必要」や「不足」が議論されたことは少ないといえるだろう。逆に、遊びを中心的課題としてきた乳幼児保育や学童保育、またプレイパークなどの遊び場づくりの実践と研究にとってみると、それはきわめて奇異な現状にも映る。「モノの所持で子どもの遊びの経験を議論できるのか」「大きなお金をかけるレジャーと子どもの日々の遊びを同列に扱うことはできないのではないか」「もっと日常的な子どもの遊びの世界を扱うべきではないか」……。そんな声が聴こえてきそうである。このギャップをどう埋めるかが、我々にとっての〝野心的試み〟にほかならない。

（2）「遊び」を議論することの難しさ

しかし、遊びにおける「意味の内実」の議論の仕方は難しい。それは、各個人の主観次元に踏み込むことであるために、安上がりな精神論に堕する危険をいつもはらんでいる。日本における貧困の〝再発見〟の意味をもつ「子どもの貧困」は、資本主義が生んだ〝格差〟における〝弱者・敗者〟の問題として個人化される傾向が強く、それゆえにその個人や家族を〝より強い〟主体に開発（develop）しようとする。この発想が問題をはらむのは、歴史を通して人類がつかみ取ろうとしてきた、人間の自律性と自由という根本原理をゆるがせにするおそれがあるからである。

実際、遊びを主たる方法とする保育・幼児教育における近年の主流言説も、人的投資論によるものである。そこでは、「子ども主体の遊びが重要」と言われてはいるが、それは「非認知能力」とか「社会情動的スキル」といった、将来の労働者に身につけさせたいコンピテンシーを早期に発達させる効果的方法ゆえである。この結論としての〝発達アウトカム〟は、いったい誰が望んでいるものなのだろうか？

この20年余り、〝*Starting Strong*〟といった文書を通して国際的な保育・幼児教育の議論をリードしてきたＯＥＣＤ（経済協力開発機構）は、２０１５年頃からＩＥＬＳ（International Early Learning Study；国際早期学習研究）と呼ばれるプロジェクトを打ち出し、近い将来「ポジティブな人生の効果positive life outcomes」を予測しうる早期スキルの国際的アセスメントを開発しようとしている▼1。

こうした動向に対し、幼児教育研究者のピーター・モスらは、明らかに影響を及ぼしうる各国の実践者や研究者に事態が伝わっていないことを懸念し、関心と議論を喚起する論文を発表した▼2。モスらは、ＯＥＣＤとＩＥＬＳがはらむ問題について痛烈な批判を行っている。それは、教育という政治的問題を技術的問題に還元し、自分たちが「ハイパー実証主義」という1つの価値判断をしているのにその自己意識を欠落させ、多様な価値観や文化や理論の尊重があるのかどうか不明であり、望ましい効果と避けたい事態を最大限コントロールして人間を形成しようとする「ヒューマン・テクノロジー」という巨大権力を発動しているにもかかわらずその自覚がない、と。

日本の教育改革も、就学前の段階から基本的にこの路線に乗っている▼3。「自発的な遊び」を奨励しつつ、そこには将来の国際競争で日本が優位に立つためのコンピテンシーを早期開発するという目的が見え隠れする。こうした今日の文脈は、「遊び」を議論することの難しさを我々につきつける▼4。

(3) 問い方――「未来社会への投資」か、「現在個人の回復」か

松本伊智朗が本シリーズ第1巻序章で概観しているように、これまでの貧困研究は、貧困という状態がいかに構造的に生み出されるものであるかを明らかにしてきた▼5。この貧困は、富の集積された国での問題であることから、そこには社会的不平等や不公正が横たわっているとみるべきこと。貧困にはそれを引き起こす「出来事」(低賃金、失業、疾病、老齢、多子等)が存在し、単に「怠惰」の帰結とはみなしえないこと。そして、社会の歴史的段階としての近代家族の人生周期が、子育て期とその連関としての子ども期、そして老齢期において貧困リスクを不可避的に上昇させるという「時期」があること。

これらの分析により、貧困は特殊な人びとの特殊な状態ではなく、原理的には「すべてのひと」に共通の社会的問題状況となる。その認識に立つとき、問題解決の論理のプライオリティは、「未来の社会への意味ある投資かどうか」ではなく、「どのように個人の現在を回復し、平常化できるか」が選択されるべきである。「健康で文化的な最低限度の生活」が保障された後で、それぞれの個人や家族がどのような将来展望をもつかは、法規制の範囲外においては、その主体の自由である。

我々が考えなければならないのは、松本のことばを借りれば、「何を『社会的に容認できないことがら』▼6であるかの線を引くために、その社会的議論を補助する材料と道具立てを行うにとどまる。したがって、本巻は、子ども期における「育ち」を主導し、「経験」を構成する「遊び」という活動において、貧困状態を強いられることが「子どもから現在の何を奪い、どうしたらそれを回復することができるか」を問うことになる。

以下では、まず先行研究の議論に拠りながら、遊び概念の検討を行うとともに、子どもの貧困によって奪われる「遊び」とは何かを考察する。次に、遊びの実態が社会的経済的不利とどう関連しているかについて、筆者らが北海道・札幌市で行った大規模調査に基づきながら検討する。これにより、子育て・子育ちの孤立と遊び相手の偏りという課題状況を共有する。最後に、そうした遊びの孤立状況を打開するために必要な「場」と「関係」のあり方について述べ、各章の役割に結びつけていく。

2　子どもにとって「遊び」とは何か

（1）遊び概念の格闘

「遊び」はその概念規定において矛盾を内包している。それは、遊びをその外的事項のための手段ととらえると（効能論）、遊び自体の独立性が危うくなるという矛盾である。「子どもは遊びを通して学ぶ」という言い方に端的に表れているように、遊びを後の学習や労働の練習的活動として位置づけた場合、遊びは常に他の活動の一過程に取り込まれてしまう。人間における遊び固有の役割を探究してきた人びとにとって、この効能論とどう対峙するかが最大の課題となってきた。

この課題状況に一定の整理を与えるため、ここでは加用文男の議論を借りたい▼7。加用によれば、遊び概念の分岐点は、それが「活動全体」を指すのか、「活動のある要素（態度要素）」を指すのか、にある。遊びの代表的理論家であるホイジンガ、カイヨワ、アンリオの思考も、共通してこの論点をめぐって展開されたという。ホイジンガは、『ホモ・ルーデンス』において、遊びを労働のための〝練習〟や〝エネルギー備蓄〟として理解する生物学的な効能論に対して、遊びをその「おもしろさ」から考察し、人間の文化的活動が基本的に遊びの要素を含んで発展してきた点を強調した。それが、「遊びは文化よりも古い」という有名な一節となっている。闘争・対立の形態をとるものであっても、そこに冗長な遊戯性とともに儀式性を帯びている例として、加用は法廷を取り上げている。

「ギリシア人の間でも法廷での両派の抗争は神聖な儀式であると同時に闘争遊戯であったし、古代ゲルマンでも法廷の場は聖域であり、神苑《しんえん》であり、特別な柵で囲われ、祓い清められた魔圏であり、その中で行われる悪口合戦では人々の間での階層差・階級差は一時的に取り払われてしまっている。裁判官もすでに〈日常生活の外〉に踏み出していて、特殊な法服をまとい、鬘《かつら》をかぶったりもする。こういう一種仮面舞踏会のような舞台装置を設ける習慣は現代の英国の法廷風景にも残存している」(p70)

ホイジンガの遊び理論は、文化的活動と渾然一体になった遊びの要素性に着眼したものであったが、それが神聖な儀式的性格をもつがゆえに「日常生活」とは区分されることが必要になった。加用は、そこにホイジンガの矛盾をみる。ホイジンガの遊び定義は、「一方では、すべてが遊びであるとはいうわけではないにしても、すべての活動において生起可能なものとして含意され、他方では限定的な活動においてのみ当てはまるものとして想定されているのである」(p72)。加用によれば、ホイジンガの遊び概念はこうして「余暇論的」な性格を帯びる。余暇論とは、要するに、遊びとそれ以外の活動を「活動全体として」区分する考えであろう。「仕事は仕事」「勉強は勉強」「遊びは遊び」と分ける発想である。

後続のカイヨワは、ホイジンガが遊びの文化生成的な側面を強調しすぎているとし、遊びを「アゴン（競争）」「アレア（偶然）」「ミミクリ（表現）」「イリンクス（めまい）」の4つに分類する議論を踏まえつつ、遊びの「当の個人にとっての意義」（p74）を強調した。加用によれば、カイヨワは現実世界からの「隔離機能」を遊びに求めた。その結果、遊びはますます「純化」され、余暇論としての完璧さを増すことになったという。

しかし、「これは遊びだ」（ベイトソンの述べるメタ・コミュニケーションとしての〝This is play〟）という意識を完全にもった時、我々は遊びから覚めてしまう。遊びは、その効能性を考えすぎても、独立純化させすぎても、その輪郭が溶解するという厄介な対象である。

こうしたアポリアに至って、3人目のアンリオは不思議な定義を遊びに与える。

「どんな類型に属する遊びにふけっているにしても、遊びは何よりもまず遊び手とその遊びとのあいだに存在する遊びによって成立するのである」▼8

この「あいだに存在する遊び」をどう理解するかが鍵となる。加用は、アンリオがその具体例をほとんどあげていないものの、概ね次の2点にまとめられるとする。すなわち、「第一は遊び手と対象の間の距離の問題」であり、「第二はアンリオ自身の用語ではないが両極性の問題」である（p80）。

たとえば、「ものまね」のおもしろさは、本人と見紛うほどの〝完コピ〟ではなく、モデルの特徴を際立たせてゆがめるといった戯画化に成功しているときに現れる。そこには、模倣者とモデルとのあいだにある「距離」が保たれている。極端に同一化すればおもしろくないし、かといって全然似ていなければおもしろくない。その両極性の中間において、モデルと一定の距離をとることが「ものまね」を遊びにする。子どもの頃の「プロレスごっこ」で、エスカレートすると本当にバックドロップをしそうになる者がいた。すると、誰かが「おい、それはやりすぎだ」と言って止める。この「やりすぎ」は、両極性の一方に振れすぎてしまい、遊びが成立しなくなることを意味している。反対に、多少のスリルや関節のきしみのようなものがないと、プロレスごっこにはならない。

アンリオは、遊びを「遊び手とその遊びとのあいだに存在する遊び」と定義することによって、遊びの本質規定をその活動全体ではなく、ある態度要素に求めた。加用は、このアンリオの議論を日本語の語感に変換して、遊びの態度要素を「〈ゆとり―のり複合体〉」と名づけた（p81）。〈ゆとり〉は、対象との「距離」をどう設定するかに関わる態度要素であり、〈のり〉は、「両極性」において一方の極に振れないように中間を維持する態度要素である。この両者が複合的に作用することにより、態度要素としての遊びが成立する。

加用によれば、遊び研究史におけるアンリオの功績は、その独自の定義により、遊びには「要素論的視点」と「活動論的視点」の両方があり得ることを示唆した点にある。一方で、アンリオもまた、余暇論的な文脈で遊びを論じてきたがために、遊びの態度要素を余暇の範疇を越えて適用する志向性をもっていない。しかし、アンリオの遊び定義は、加用が〈ゆとり―のり複合体〉として敷衍《ふえん》したように、余暇の範疇を越えて我々の生活のあらゆる活動に見いだすことのできるものになっている。現実生活において現実から距離をとり、事態の両極の中間において「おもしろさ」を追求することが、効能論や余暇論とは異なる「遊び」の位相である。

(2) 命がけ鬼ごっこ

〈ゆとり―のり複合体〉としての遊びは、現代の子どもたち、なかんずく現代における貧困の状況にある子どもたちにとって、最も得がたい経験となっているのではないか。ここでは、加用と同じく遊びの本質を探求してきた河崎道夫の議論を参照したい▼9。河崎は、次のような保育の中の遊びを紹介している。

「ある研究会で報告された鬼ごっこです。名前からしてすさまじいのですが、中身を聞けば戦慄を覚えます。保育園年長組の男の子、なかよし五人ぐらいでするのだそうですが、朝集まって『いのちがけ、やるぞ』『よっしゃ』と始まり、鬼を決めてからずっと一日続いたりするというのですからすごい。鬼は自分の鼻くそを丸めます。それを逃げる子を追いまわしてくっつけるのです。くっつけられると鬼は交代ですが、このときつかまった子はくっつけられた鼻くそにさらに自分の鼻くそを丸めて加えます。鬼が交代するたびに鼻くそは巨大になっていき、恐怖はいや増していきます。逃げるほうの必死さはいかばかりでしょうか。

この遊びのすごさは、これが朝のお集まりのときも、給食を食べるときも、なんとお昼寝のときも続くことがあるというところにもあります。おちおち給食など食べていられないのです。眠ってしまうことなど論外です。すさまじい緊張が続くのでしょうが、しかしこれがまたお互いに腹を抱えて笑い合うほどおもしろいようです。端で見ていて『うらやましい』『自分もやりたい』ほど盛り上がっているのですが、いざ参加するとなると勇気がいるそうです。その保育者、意を決して『入れて』もらったそうですが、五分くらいで耐えきれず『抜けた』そうです」(pp71-72)

命がけ鬼ごっこは、そのネーミングの絶妙さもふくめて、〈ゆとり―のり複合体〉を地で行っている。「命がけ」を「鼻くそ」によって距離化しつつ、そこに確かなスリルを生み出している。それは、保育所でしばしば「遊び」とは区分される「生活行動」（食事、午睡）にまで沁み出して、逸脱と許容範囲の枠線上を蛇行する。両極に寄らないぎりぎりを駆け抜ける姿は、この5歳児たちが共同的に生み出しているとともに、それを遊びとして受け入れるラインを動的に調整しながら子どもに伴走する保育者ともまた、共同生成的関係にある。この遊びに惹かれたのは保育者だけではなかった。それをずっと見ていたある女児は、自分が好きな子がついにつかまると、自分の「鼻くそ」をその子に差し出したという。

（3）逸脱＝「別の何か」であることが奪われる

筆者は、保育所や幼稚園の実践に関与する中で、生活困窮や家庭の複雑な事情を背景にもった子どもたちが、しばしば〝荒れ〟として集団的に訴える場面に出会ってきた。5歳児の後半にさしかかった時期であればなおさら、保育者は就学に向けた焦りから子どもたちに〝ルール〟を理解してほしいと願う。遊びを通して指導していこうとするので、様々な鬼ごっこなどルールのある遊びをやってみる。子どもが集まるかどうかにまず困難があるが、仮に集まったとしても、その遊びは長く続かない。誰かがズルした、〝タッチ〟を叩かれたと訴えたり、鬼になるとふてくされて離脱したりしてしまう。遊びが「遊び」として成立せず、すぐにリアルな対立や否定に転化してしまうのである。こうした子どもたちにとって、「命がけ鬼ごっこ」は最も受け入れがたいものだろう。「鼻くそ」をつけられたら、「てめえ、ころすぞ！」と返すのが精一杯だろう。

対象と距離を取り、「ホントとウソ」「落命・大怪我と安心・安全」「常識と非常識」といった両極に寄らないあいだとしての「遊び」は、その中で（小さな）逸脱を経験していくところに、社会的人格形成上の意味を見出しうる。遊びを通した逸脱は、それが遊びであることによる安心と安全の感覚のうえに、既定の枠を動かしうる行為主体感（sense of agency）を子どもにもたらすからである。

　貧困により子どもたちから「遊び」が奪われているというとき、それは単にモノが剥奪されていたり、家族の思い出となるレジャーが剥奪されているだけではない。遊び手と遊びとの「あいだに存在する遊び」（アンリオ）、加用によれば〈ゆとり―のり複合体〉としての遊びの態度要素が生成する活動が最も得がたいものになっている可能性がある。そのことは、とりもなおさず、逸脱あるいは創造的逸脱をなす主体としての自己意識の発達を押さえ込む。「別の自分」「別の社会」「別の未来」があり得るという想像力を、子どもたちから奪っていく。それがもっとも恐ろしい〝負の発達アウトカム〟ではないか。

　また、「あいだに存在する遊び」＝〈ゆとり―のり複合体〉は、大人から見て遊びに見える行為によって必ずしも保障されない一方で、遊びとは見えない活動においても生成する。それゆえに、子どもの世界を守る「遊び」というのは、モノや機会を与えれば子どもが自動生成するというほど単純なものではない。そこには、「遊び」を共同生成する大人の存在と関与が、決定的に重要な意味をもつ。しかしながら、現代は乳幼児期の段階から、子どもと関わる大人が限定される傾向が強まっている。それは、親（母親）と「先生」である。

　次節でみるように、子育ての孤立は依然として深刻であり、経済的困難がそれに拍車をかける構造になっている。子どもの世界を守る「遊び」は、今日では家族と周辺地域の自生的・偶然的関与では保障できる可能性が著しく低い。そこで、保育者等の「子どもと遊ぶ大人」の役割が大きくなっているのだが、保育者自身が置かれている状況▼10が、そうした「遊び」の世界を生み出し、許容することを困難にしている。この袋小路をどう打開していくかが、子どもの非認知能力の早期育成の前に議論すべき課題であろう。

3　遊び相手の偏りと子育ての孤立

（1）乳幼児期の生活実態調査から

筆者らは、2016年に松本伊智朗を代表とする「子どもの生活実態調査」研究班▼11を組織し、札幌市及び北海道と連携して、子どもの貧困対策のための基礎調査の目的で、子育て世帯を対象とした生活実態に関する大規模調査を行った（札幌市：2016年度、北海道調査：2016〜17年度）。札幌市および北海道の各圏域13市町に在住する約4万人の保護者と子どもを対象に、約2万7000人から回答を得た。

「2歳」と「5歳」

本調査は、乳幼児期の子育て世帯を含めた点に1つの特徴がある。その際、とりわけ調査コストと発達段階＝子育てステージの変化を踏まえ、「2歳」と「5歳」を抽出した。「5歳」は、就学前期であり、子どもおよび保護者にとって新たなステージを控えた重要な時期である。

一方、「2歳」を設定した理由は、①発達と子育てとの関係、②制度的な空白という2点による。①について、乳児期から幼児期へと移行する時期で、心身諸機能の発達が目覚ましく、保護者にとって新たな子育て課題が噴出する時期である。②については、周産期から1歳半健診までは頻繁に母子保健システムによるサポートとモニタリングが用意されているが、その後は、1歳半でフォロー対象にならない限り、

3歳児健診まで1年半の空白がある。他方、幼稚園入園の基準も満3歳以降である。そのため、日本では1歳半～3歳に普遍性のある子育て支援の制度的空白が指摘できる[12]。

札幌市調査では、2歳は住民基本台帳からの無作為抽出法により2500世帯に配布し1389件（回収率55・6％）、5歳は地域や公私のバランスに配慮して保育所・幼稚園・こども園を通して1273世帯に配布し819件（回収率64・3％）の回答を得た。北海道調査では、2歳児は1歳半健診[13]を受診した2942世帯に配布し1474件（回収率50・1％）、5歳児は札幌市と同様に施設を通して3072世帯に配布し2253件（回収率73・3％）の回答を得た[14]。

相対的貧困線比

本調査では、各変数に対する所得の影響を分析するために「相対的貧困線比」という指標を用いた。相対的貧困線比とは、相対的貧困線（等価可処分所得［1人当たりの手取り収入］の中央値の2分の1の金額）を基準に、世帯所得（可処分所得の推計値）をその倍率によって示した値である。「1未満、1～1・4未満、1・4～1・8未満、1・8～2・5未満、2・5以上」の5階層に区分され、値が高いほど所得が高いことを示す。目安を述べれば、〝1未満〟がいわゆる相対的貧困に概ね相当する階層、中間所得階層である〝1・4～1・8未満〟の3人世帯の税込み年収は「340万2000円～437万4000円未満」となる。相対的貧困線の算出根拠は、平成28（2016）年度国民生活基礎調査である。

以下では、主として札幌市の乳幼児調査においてみられた子どもの遊び相手における母親への依存と、子育ての孤立に関する結果を紹介する。

（2）遊び相手としての母親への依存傾向

子どもの「遊び」を考えるとき、その内容よりもむしろ「相手」の豊富さが重要な指標になる。なぜなら、歴史的にみて現代は極端に遊び相手が偏重した社会だからである。拡大家族が減少し、地縁のある異年齢集団などのノンフォーマル集団に包摂される確率は低くなり、結果として教育の市場化とリスク社会化の中で行政的責任の明確な場とエージェントへの依存が高くなる。そして、虐待などの社会問題化にともない、法制上も言説としても「子育ての一義的責任は親にある」という認識が強化されている。そうした中で、乳幼児期の子どもの「遊び」は誰が保障しているのだろうか。

札幌市調査では、「休日に、お子さんは保護者や家族の方とどれくらい一緒に遊びますか」という項目により、「お母さん」「お父さん」「その他の家族」それぞれについて「よく遊ぶ」「ときどき遊ぶ」「まったく遊ばない」「あてはまらない」の4択で評定してもらった。結果を表1に示す。全体として、「よく遊ぶ」と回答したのは、母親で2歳児76・3％、5歳児49・0％、父親で2歳児58・9％、5歳児42・9％、その他の家族で2歳児41・6％、5歳児40・1％であった。「休日」であっても、遊び相手として母親の比重が大きいことがわかる。

ちなみに、この傾向は「平日」ではより顕著化する。ベネッセ教育総合研究所が1995年から5年ごとに実施している「幼児の生活アンケート」（首都圏の1歳半～6歳児の保護者）によると、平日の幼稚園・保育所以外の時間に子どもの遊び相手となる母親の割合は増加の一途をたどっている。遊び相手が「母親」と回答した割合は、1995年の55・1％から2000年には68・6％となり、最新の2015年調査では86・0％に達した。逆に、「きょうだい」は60・3％（1995年）から49・3％（2015年）へ、「友だち」は同じく56・1％から27・3％へと減少している▼15。

表1　相手別「よく遊ぶ」の割合（札幌市調査）

相対的貧困線比	遊び相手（2歳）			遊び相手（5歳）		
	母親 (N=1388)	父親 (N=1352)	他家族 (N=1184)	母親 (N=769)	父親 (N=762)	他家族 (N=676)
1未満	75.7%	37.5%	62.9%	52.5%	10.0%	34.4%
1〜1.4未満	67.9%	58.9%	40.9%	49.6%	36.4%	43.0%
1.4〜1.8未満	74.2%	59.6%	42.4%	46.2%	44.8%	44.6%
1.8〜2.5未満	78.7%	60.6%	41.3%	44.5%	46.7%	44.2%
2.5以上	78.3%	63.0%	34.2%	57.1%	48.6%	38.5%
所得無回答	81.5%	57.9%	42.0%	49.7%	43.9%	32.7%
全体	76.3%	58.9%	41.6%	49.0%	42.9%	40.1%

すなわち、平日であれ休日であれ、乳幼児期の子どもの遊び相手は主として母親となっており、その傾向はこの20年余りで強まっている。そして、2歳ではそれは顕著である。札幌市調査の結果を踏まえると、休日であれば父親が遊び相手になる割合もそれほど低いわけではないが、所得階層による違いも見られた（表1）。

しかし、これを単純に親の養育意識の問題に収れんさせることは控えたい。両親と子どもだけからなる世帯（両親世帯）では、たしかに相対的貧困線比〝1未満〟の世帯において父親が「よく遊ぶ」と評定した割合は、他の所得区分に比べて有意に低かった。しかし、限られた世帯数になるが（2歳72世帯・5歳34世帯）、祖父母同居の両親世帯では所得階層間の有意差がなかったのである。また、表1の2歳では、〝1未満〟において「他家族」の「よく遊ぶ」割合が突出しており、祖父母以外にきょうだいが幼子の遊び相手となる傾向が推察される。子どもの「遊び相手」が、家族の置かれた生活条件に規定されている可能性をうかがわせる結果である。

（3）子育ての孤立状況

地域社会からの孤立に関する一指標として、ここでは「日ごろ、立ち話をするような付き合いのある人はいますか」という項目（以下、「立

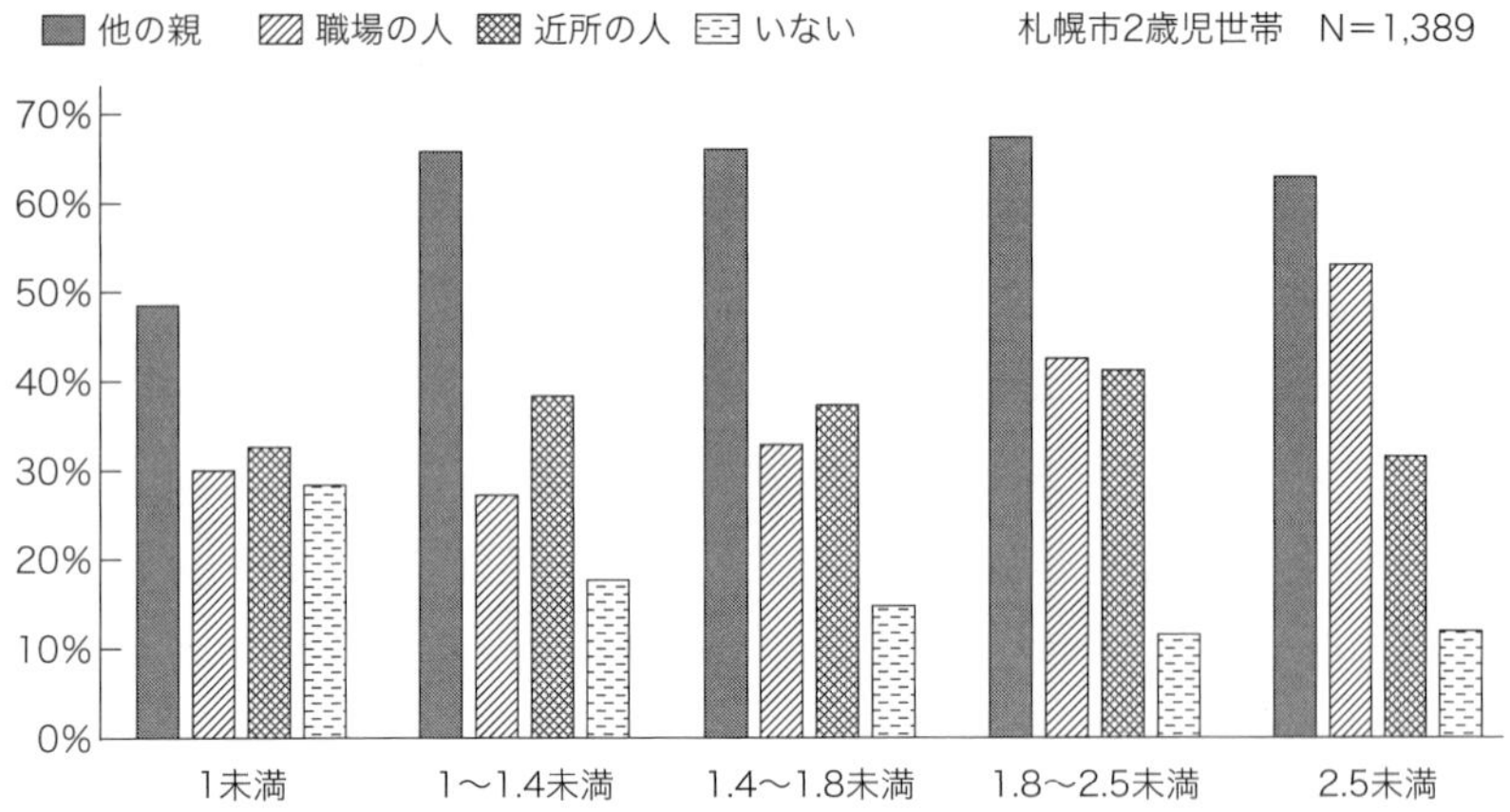

図１　「日ごろ、立ち話をするような付き合いのある人はいますか」に回答した割合
（札幌市２歳児世帯データ、複数回答式）

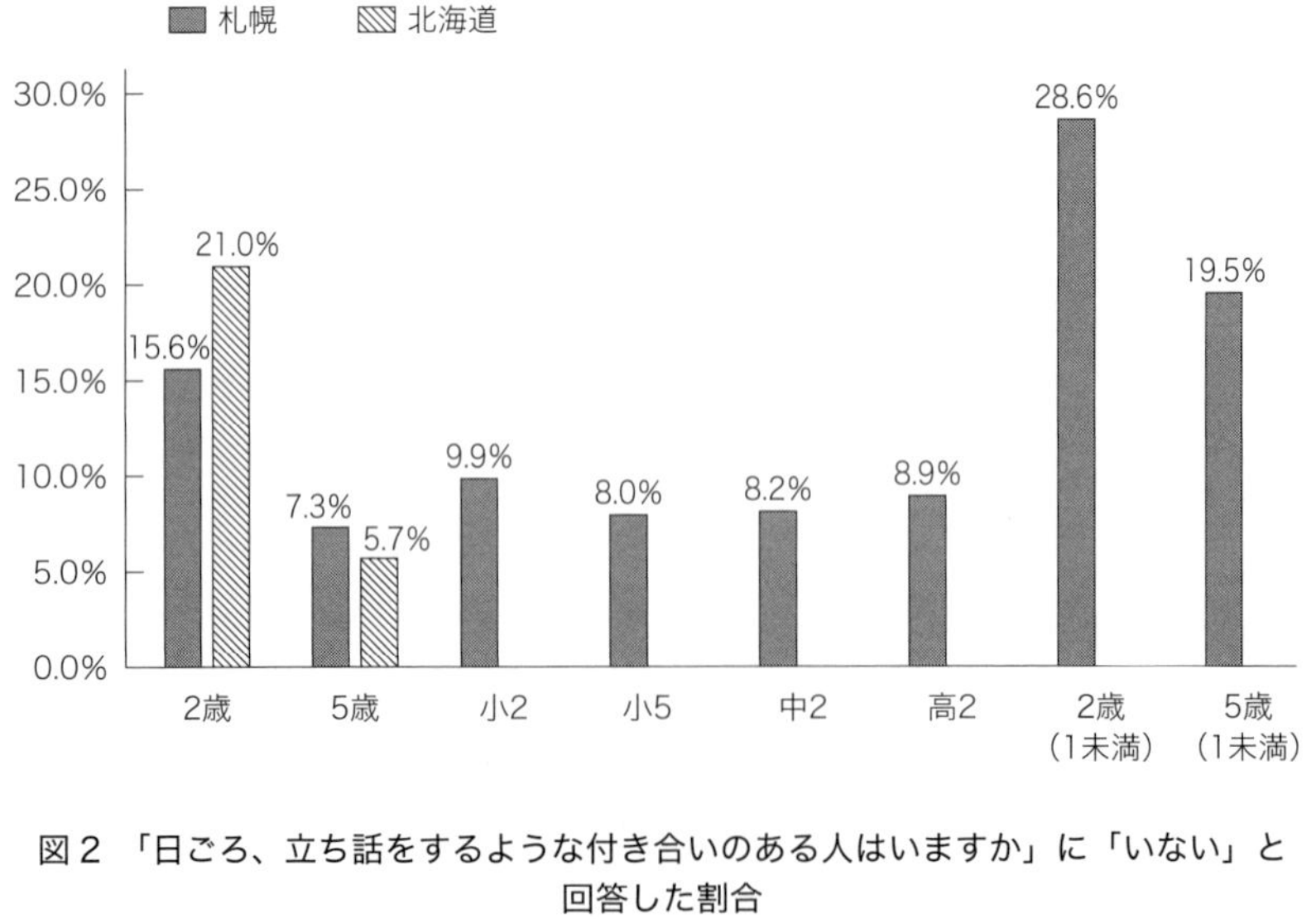

図２　「日ごろ、立ち話をするような付き合いのある人はいますか」に「いない」と回答した割合

注：分析対象世帯数は、札幌市調査：2歳＝1389、5歳＝819、小2＝1129、小5＝989、中2＝621、高2＝900、北海道調査：2歳＝1474、5歳＝2253。札幌市調査の"2歳（1未満）"は、2歳データのうち相対的貧困線比1未満の階層区分（N＝70）を示す。"5歳（1未満）"も同様（N＝41）。

ち話の相手」項目）を取り上げる。札幌市調査の2歳児データを用いて世帯所得との関連で分析したのが図1である。いずれの所得区分でも「他の親」が最も高いが、ゆるやかに逆U字パターンを描いていることが読み取られる。所得階層が上がるにつれて、「職場の人」が増加していることから、高所得層では共働きによって地域の子育て親よりも職場での関係が重要になっている様子が見て取れる。一方で、「いない」との回答は相対的貧困線比〝1未満〟で際立って高い（28・6％）。

次に、札幌市調査の2歳児〜高2および北海道調査の2歳児と5歳児の回収調査票に基づき、「立ち話の相手」項目において「いない」と回答した割合を示したのが図2である。札幌市において2歳児をもつ保護者（母親回答89・7％）が「いない」と回答した割合は、他の学年の2倍近い。その傾向は北海道調査も共通で、2歳児をもつ保護者（母親回答95・8％）の5人に1人は立ち話の相手が「いない」と回答している。加えて、この傾向は所得階層区分とも関連しており、先述のとおり札幌市調査（2歳児）における相対的貧困線比〝1未満〟の世帯では約3割に上る。しかしながら、札幌市・北海道ともに、その傾向は5歳児になると緩和される傾向にあった。これは、5歳児ではほぼ100％保育所や幼稚園等の就学前保育・教育施設に入ることと関わっているだろう。

（4）小括

以上のように、乳幼児期における家族依存＝母親依存の子育ては依然として深刻である。「遊び相手」が平日でも休日でも母親に大きく偏っている可能性があり、母親への負担はもとより、子どもの経験保障の観点からも特定人物への依存は様々な問題をはらむ。父親の子育てへの意識が高まる中、半数以上の父親が乳幼児期のわが子と「よく遊ぶ」と回答している点については期待をもつ。しかし、所得水準や世帯構成に「遊び相手」が左右されている状況は明らかである。保護者の社会的孤立は2歳児で顕著であり、回答者がほぼ母親であることに鑑みれば、2歳児をもつ母親の5〜6人に1人が孤立傾向にある。そこに、経済的困難が拍車をかける構造も見て取れる。

4 「遊び」が生まれる場と関係

(1) 我々にはどのような「場」があるか

現代日本社会は、子どもの成長・発達に不可欠な「遊び」を保障できていない。それはすでに乳幼児期の早い段階から顕著に認めざるをえない。手当・免除等による所得保障（現金給付）に適正な厚みをもたせることは優先的に取り組むべきである。それと同時並行で議論と具体策を講じる必要があるのが、子どもにとって真に「遊び」と言いうるものは何で、それを保障する「場」や、大人との「関係」のあり方とはどのようなものかという点である。この点については、本巻2章および3章でさらに追求される。

「遊び」のような流動的で主観的次元に関わる問題を、どう「社会的に容認できないことがら」として扱うべきか、たいへん難しいテーマである。しかし、子どもの権利、とりわけ子どもの自由と意見表明権を尊重する観点からすると、あらゆる場面で子どもの「管理」が優先される現状は、「社会的に容認できる」水準を下回っている可能性がある。それは、「遊び」や「豊かな経験」を銘打った実践であるからといって、必ずしも保障されない。2節でみたように、「遊び」とは、活動そのものではなく、関係的に生成する「態度要素」だからである。

子どもの世界を守る「遊び」を生み出せる場として、保育所や幼稚園、放課後児童クラブ（学童保育）といった保育の場がまず筆頭としてあげられる。これらは日常的であると同時にある程度制度的な普遍性を備えた場である。本巻4章および5章では、保育所や学童保育において「遊び」を通して子どもが育つことの内実をみることができる。ただし、そこに参加するには一定の基準があり、メンバーシップの明確化を伴う。

一方、プレーパークなど大人の様々な工夫と配慮がある地域の遊び場、地域子育て支援拠点は、保育所等に比べると開放性が高く、異なる役割を担い得る。しかし、子どもの貧困も含めた制度的普遍性という面では現状では弱さがある。たとえば、筆者らの札幌市調査では、2歳児世帯において、「子育てひろばやサロン」をより多く利用しているのは所得中間層であった。日常的な「遊び場」として「あてはまる」と回答したのは、相対的貧困線比〝1未満〟の世帯では11・4％であったが、中間層である〝1・4～1・8〟の世帯では24・2％であり、利用率に統計的に有意な差が認められた。

実はそれは実際の利用の問題だけでなく、「近所に子育てひろばやサロンはありますか」という質問にも差があった。「ある」と回答した割合は、他のより上位の所得階層では82・6％～90・2％であったが、〝1未満〟世帯では76・1％であり、ここにも有意差が認められた。こうした場が「ない」と回答している背景には、物理的な地域の偏り、情報が届いていない、心理的な要因（そうした場は自分たちが行ける場ではない等）といったものが想定される。

本巻7章および8章では、地域子育て支援拠点や地域の遊び場の開き方やスタッフのあり方を試行錯誤していくことで、所得階層を含む多様な背景をもつ人びとの場となり得る可能性が示されている。

また、「学校」は、「遊びに行くところ」では必ずしもないが、「おもしろい授業」には常に遊びの「態度要素」がふんだんにある。保育所と同様に教師の置かれた多忙な現実があり、教師が果たすべき真の力がそがれている実態があるが、6章には全国に「おもしろい授業」を追求する教師たちがいることを教えてくれる。

問題は、これらの「場」において、真に遊びとなるような活動をどう生み出せるかである。それは、子どもと大人がどのような「関係」を切り結ぶことができるかにかかっている。本章の最後にその点をいま少し探っておきたい。

（2）子どもと大人の関係性

加用によれば、遊びの態度要素は〈ゆとり―のり複合体〉により生成する。河崎の紹介した「命がけ鬼ごっこ」では、5歳児たちがその様を見せてくれていたが、その際に遊びを共に生みだす保育者の役割の重要性は他言を俟たない。そこには、子どもたちの姿に、「うらやましい」「自分もやりたい」と思う保育者がいる。それは単に遊び好きの大人というだけでなく、子どもを〈ゆとり―のり複合体〉へと誘う専門的技法を備えた者である。以下では、2人の保育者・支援者の実践記録をひもとき、彼らが何を考え、何を追求して子どもを遊びの世界に誘っているのかをみる。

「おもしろいリレー」

最初は、東京都内の公立保育園の保育士である高橋光幸の実践記録、「おもしろいリレー」を紹介する▼16。保育者どうしの研究会でおもしろいリレーの実践をきいて触発された高橋は、月曜日に4歳児と次のようにリレーをはじめる。

「朝、『今日はリレーやろうな。おもしろいリレーだぞ！』と話すと『やったあ〜』と多くの子が喜び、（中略）リレーのチームをどうやって決めるかと提案してみると、『たかはしせんせーのまえに1れつにならんで、それでたかはしせんせーがあっち、こっちってわける！』という2チームに分かれて対抗戦をするときに私がよくやる手でいいというので、そうする（中略）順番が決まり、2列に並んで入場し、先頭の2人がスタートラインに並ぼうとしたその時、私は突然砂場の方角に向かって走り、古タイヤを2本抱えて戻ってきた。そして、『じゃ、これがバトンね』と告げ、2人に渡した。『えーーーっ』と不満を漏らす子もいたが、大半はニヤリと笑った。こんなことは私がやりそうなことだから、みんな慣れているのである」

「おもしろいリレーだぞ」という導入の段階から子どもたちが期待し、明らかにバトンには不向きなタイヤに「ニヤリ」とする。そこには、すでに本気で「遊ぶ」ことの了解状況がある。

「そして、スタート。先頭の2人が向こう正面に差し掛かった時、相手の子に若干差をつけられて焦ったR、いつものようにその焦りはすぐに怒りに転じ、タイヤを投げ捨てて怒りをあらわにする。「はーい、ちょっと中断」と子どもたちに声をかけたのち、Rに向かって『あのなあ、おもしろいリレーって言っただろ。なのに、なんでいきなり怒るかなあ…。怒ったらおもしろくならないだろ！』と言い、『わかった。普通のリレーに戻すから怒らないでやろうぜ』のとRをなだめて仕切り直し。普通のバトンを渡して普通にリレーをすると、Rも怒らずに参加し、普通に終わる。しかし、今日はおもしろいリレーをすると決めたのである。これでは私が納得できない。なので、改めておもしろいリレーに戻すことにし、次はバトンの代わりに『フープ』、その次は再びの『古タイヤ』、そのまた次は『缶ポックリ』をバトンにし、これに乗ってリレー。描画の才能はぴか一だが運動の才能はあまりないIくんは何度も落っこち、大差で勝っていたそちらのチームが逆転されることになるが、必死に頑張るIくんの姿がかわいくて、『なにをやっとる…』と私が笑うとみんなも笑い、そして、最後まで頑張って次のランナーに『缶ポックリ』を託したときには『よく頑張った！』とみんなでたたえた。よし、おもしろいリレーになってきた。」

その後も、「おもしろいリレー」を貫いて高橋と子どもたちは遊んでいくが、怒る子や泣く子やいろいろな姿も見られ、3日後に再度チャレンジする。高橋は、子どもたちにどうやったらおもしろくなるかと問いかけ、みんなでアレコレと今度は「走り方」のおもしろさを追求する。結果、「体育すわりで前進するリレー」「ゴロゴロリレー」「ハイハイリレー」が採用された。こうしたリレーの「おもしろさ」は、単純にどうやったらチームが勝つかという価値に収れんされない。

ここで保育者と子どもたちやりとりしている世界、すなわち〈ゆとり―のり複合体〉は、勝ち負けという客観的な基準をめぐるものではなく、リレーがもつ競争的な側面からどうやって距離化し、それをおもしろがるかということであろう。そのおもしろさには、確かにリレーという勝負ごとの性質が不可欠である。しかし、それを大真面目にやれば、足の速い者（チーム）が勝つという結果に閉じてしまう。あるいは、「どうやって速く走るか」というスポーツとしてのリレーにしかならない。「遊び」は、それとどう距離をとるかをめぐって展開していく。

「デコピン」

もう1人、福岡で学童保育の支援員をする鍋倉功は、小学生たちと「ごみ」を使った遊びを展開した▼17。梅雨時で室内遊びばかりのある日々、男子たちがおはじきを相手のドミノに〝デコピン〟して、当てて楽しむ遊びをしていた。デコピンとは、中指でおでこを弾く、遊びにおけるちょっとした罰のあれである。それを見ていた鍋倉は、これを工作の遊びにしてもっとおもしろいものにしたいと考え、男子たちとアルミホイルをトンカチで叩いて硬くした「マイアルミホイルおはじき」を作って遊んだ。

「子どもたちはあの柔らかいアルミホイルが硬くなっていく様子に驚くやら、感動するやら。アルミホイルを叩くトンカチに力が入り、部屋中にアルミホイルの下のテーブルを叩く鈍い音が。まあ、それはそれで楽しかったのですが、なんかいまいちおもしろくなかった私。トンカチでカンカン叩いて何かを作るなら、木を使って何かを作って遊べないかと思いました」（pp121-122）

こうして、鍋倉と子どもたちは、太鼓のバチづくりであまった木片に絵や柄を描いて、「マイデコピン」を作り始めた。デコピンッとはじいて相手のデコピンを落としたら勝ちというシンプルな遊びだが、マイデコピンづくりの過程がそれをおもしろくする。しかも、「ホンコ」と「ウソッコ」を選んで遊び、「ウソッコ」はただ勝敗がつくだけ、「ホンコ」は勝った方が相手のデコピンをもらうといったルールも生み出す。保護者から、近所の仏壇工場で木くずがもらえるという情報も入った。

「こうして、毎年形を変えながら、大体春～夏の間に遊ぶようになった『デコピン』。第一世代の『おはじき』、第二世代の『アルミホイル』、第三世代の『木や竹や釘』。そこから徐々に巨大化していき、第四世代は『竹や木や釘で作った巨大な乗り物らしき何か』（笑）。（中略）その後、その大きさは保ったまま、第五世代で使われた材料は……レゴ。毎年繰り広げられていった『デコピン』は、こうして工作、というよりは構成遊びのレゴになってしまいました」（pp123-124）

その翌年、鍋倉は子どもたちに水を向けてみるものの、不発に終わった。「工作」という要素が強くなったこともあり、木工に抵抗がある子たちには魅力的に映らなかったようだ。さらにその翌年、木工に必ずしもこだわらず、でも何かを創りだす活動は残すという方針のもと生まれたのが、第六世代「ペットボトルキャップ」だった。

「最初は支援員がペットボトルキャップを使ってモデルを作り、子どもたちに見せて遊んでみました。支援員のペットボトルキャップでひとしきり遊んだ後、『キャップを探しに行って、自分のキャップ作ってみらん？』と言ってみると……、はい、予想通りノリノリの子どもたち。（中略）そんな子どもたちを連れて探索に行ってみました。めざすはゴミ箱、ゴミ捨て場！　子どもたちとともに地域を歩き回りながら探索します。近くのコンビニでは『ゴミ箱からキャップをもらってもいいですか？』と断りをいれ、自動販売機の隣に据え付けてあるゴミ箱やマンションのゴミ捨て場を見つけたら、まわりの人の気配に注意を払いながらひたすらキャップだけをグルグル外して取り、ゴミ箱やゴミ袋に残るのはふたのないペットボトルの山。さすがに『最近、ゴミ箱やゴミ捨て場を荒らしまわる子どもたちがいる』という評判が地域を駆け回るとやりにくくなるので、『最後はきれいに戻して帰ろう!』と子どもたちに要求し、きれいに片づけて帰りました」(pp124-125)

こうして地域にせりだしていったデコピンの遊びは、保護者も巻き込み、酒蓋・王冠へと世代を変えていく。鍋倉が、このようなときのために(?)、地域の居酒屋めぐりをしていたことも功を奏した。「子どもたちは『「スーパードライ」』は普通やん」「『黒霧』はいらん」「『魔王』ってレアやっちゃろ?」……なんて、お酒の名前にも詳しくなっていきました」(p130)。

遊びが「子どもたちのもの」になっていくとつきものなのは、トラブルである。ある日、とうとう酒の卸問屋から苦情が入った。どうやら、子どもたちは登校時や下校時にも、立ち寄っていたようだ。ここでやめるのは簡単だが、鍋倉はそうはしない。子どもたちに、高学年をリーダーにして「どうしたらよいか」を話し合うように伝える。そして、自分たちで相手に配慮したルールを作って、そのうえで「おもしろさ」をさらに追求していった。

(3)「共犯者」的共感

高橋と鍋倉に共通するのは、「おもしろさ」の追求を通して子どもの育ちを支援している点である。河崎道夫は、大人たちがある種〝共犯的〟に子どもを想像世界に誘いながら一緒に楽しんでいく姿を、「共犯者」的共感と呼んだ▼18。節分の鬼のようなものが、よい例である。そこでは、大人もその気になって入り込む世界にこそ、子どもは引きずり込まれていく。かといって、本当に連れ去られたり傷つけられたりはせず、〈ゆとり―のり複合体〉が生成されている。「おもしろいリレー」と「デコピン」の事例でも、大人が本気でおもしろさを追求している姿に、子どもが共鳴していく過程がある。「共犯者」的共感は、子どもと遊ぶ大人同士の心理状態のみならず、子どもと大人のあいだにも重要な態度要素であろう。河崎は、こうした態度が〝ナマハゲ〟のような行事にみられることから、地域共同体的な子育ての基盤となるものだとする。それは、勝敗や優劣とは別次元の「遊び」による共通感覚を人びとにもたらすものである。「共犯者」的共感や〈ゆとり―のり複合体〉を志向する人間は、誰もがおもしろさを享受できるように、社会的不平等や不公正にむしろ敏感になるだろうし、ルール改変にも抵抗が少ないだろう。もし、社会的投資の視点で言い換えるのなら、不確定性が高まるとされる近未来社会に必要なのは、遊び・仕事・学習・生活の区分をものともしないこうした「遊べる人間」、「遊べる集団」だと思うのだが、どうだろうか。

おわりに――本巻の構成

最後に、本巻の構成について述べる。第Ⅰ部「遊びと経験の意味」は、子どもの貧困研究、教育学、特別支援教育の観点から、子ども期の遊びと経験に関する原理的な議論を行う。第Ⅱ部「子どもの世界を守る実践」は、保育所、学童保育、小中高等学校、地域子育て支援拠点、地域の遊び場での実践を通して、遊びがもたらす子どもの育ちと経験の諸相を照らし出す。第Ⅲ部「育ちの基盤を支える」は、子どもの身体と健康の状況、子育ての状況を取り上げることにより、育ちの基盤たる身体レベルから社会意識レベルにおける課題を明らかにするとともに、貧困等の困難が集積する地域の保育所の営みを通して、その組織としてのレジリエンス機能について考察する。締めくくりの終章において、本巻の成果と展望を整理したい。

注

1 OECD (2015) Call for tenders. International Early Learning Study. (http://www.oecd.org/callsfortenders/CfT%20100001420%20International%20Early%20Learning%20Study.pdf)

2 Moss, P., Dahlberg, G., Grieshaber, S., Mantovani, S., May, H., Pence, A., Rayna, S., Swadener, B., & Vandenbroeck, M. (2016). The Organisation for Economic Co-operation and Development's International Early Learning Study: Opening for debate and contestation. *Contemporary Issues in Early Childhood*, 17 (3), 343-351.

3 大宮勇雄・川田学・近藤幹生・島本一男編（2017）『どう変わる？　何が課題？　現場の視点で新要領・指針を考えあう』ひとなる書房

4 「子どもは遊びの中で学んでいる」のは事実であろうが、教育論の文脈で「遊び」と「学び」を接続させようとしたときには、後者に前者の意味が回収されてしまう傾向がある。保育所や幼稚園等の実践における「遊び」を、「特殊な遊び」として、遊び一般から区分する方法もある。しかし、現代では子どもの遊びのほぼすべてがそうした施設内でのものとなっているため、施設での遊びを遊び一般と切り離すことの困難な社会的文脈があるといえよう。以下の座談会でも関連する議論を行った。
佐藤寛子・下田浩太郎・髙田文子・森直人・川田学（2014）「座談会：『学び』は共通言語化できるか」『現代と保育』90、6～50頁

5 松本伊智朗（2019）「なぜ、どのように、子どもの貧困を問題にするのか」松本伊智朗・湯澤直美編著『生まれ、育つ基盤――子どもの貧困と家族・社会』（シリーズ・子どもの貧困①）明石書店、19～62頁

6 松本前掲、31頁

7 加用文男（2013）「余暇論の呪縛――ジャック・アンリオからみたホイジンガとカイヨワ」『心理科学』34（1）、68～83頁

8 ジャック・アンリオ（1986）『遊び――遊ぶ主体の現象学（新装版）』佐藤信夫訳、白水社、108頁

9 河崎道夫（2008）『あそびのちから――子どもとあそぶ保育者のしごと』ひとなる書房

10 ２０００年前後からの規制緩和による雇用の不安定化、依然として基盤所得の保障水準が他業種に比して低いこと、子どもの定員超過、長時間保育による複雑なシフトが保育者間の共通理解を難しくしていること、膨大なペーパーワーク、苦情対応などの保護者等との関係変容、貧困・虐待・発達障がい・外国籍児童の増加によってひとりひとりへの対応が重くなっていること、不十分な最低基準（特に面積基準、園庭、対保育士児童数の多さ

等）など、挙げればきりがない。

11　研究班のメンバーは、松本伊智朗（代表）、上山浩次郎、大谷和大、加藤弘通、川田学、関あゆみ、鳥山まどか（以上、北海道大学）、大澤真平（札幌学院大学）。

12　なお、２００８年から福祉法制上位置づけられた地域子育て支援拠点事業は、この空白期を埋める有効な政策・実践として注目される。しかしながら、現実的なその普遍性、すなわち支援を必要とする大半の親子がアクセスしやすい制度および実践となっているかについては、なお検証が必要であろう。

13　北海道調査では、自治体の規模や地域性などを勘案し、最も回収率が高くなる方法として乳幼児健診を活用した配布・回収を選択した。

14　本調査では、2歳と5歳以外にも、小2、小5、中2、高2の子どもがいる世帯を調査し、小5以上は子どもからの回答も得て、マッチングできるデータセットになっている。質問項目の大枠は、収入と仕事、健康状態、暮らし向き、制度利用、進路希望、子育ての状況等である。調査の概要および結果の詳細については、以下を参照されたい。

【札幌市調査】https://www.city.sapporo.jp/kodomo/torikumi/taisaku/jittaichousa.html
【北海道調査】http://www.pref.hokkaido.lg.jp/hf/kms/kodomonohinkon/tyousa2.htm
【概要パンフレット】http://www.city.sapporo.jp/kodomo/torikumi/taisaku/documents/jittaityosa.pdf

15　ベネッセ教育総合研究所（2016）第5回幼児の生活アンケート（https://berd.benesse.jp/up_images/research/YOJI_all_P01_65.pdf）

16　ご本人から直接送付いただいた実践記録である。高橋氏には、『はなまる保父の「いいたいねっと通信」』（あゆみ出版、１９９７年）、『「クラスだより」で響き合う保育――子どもと親と保育者でつながるしあわせ』（かもがわ出版、２０１１年）などの著書がある。

17　鍋倉功（2017）「『ごみ』を使った遊び」楠凡之・岡花祈一郎編『遊びをつくる・生活をつくる――学童保育にできること』かもがわ出版、121～133頁

18　河崎道夫（1985）「幼児の心理的発達における現実と想像および真実と虚構の問題」『現代と保育』15、199～211頁

第 I 部
遊びと経験の意味

第1章

貧困と子どもの経験

──子どもの視点から考える

…大澤真平

1　子どもの経験を問うこと――はじめに

子どもにとって、貧困にある生活の中で子ども期を過ごすとは、どういった経験▼1なのだろうか。家族の中に隠された子どもの世界をとらえることは難しいし、子ども自身が貧困にある生活について聞かれることも少ない。そこで本稿では遊びや余暇を中心に、子ども期の生活について、当事者であった若者の声からその経験を示していきたい。家族資源・資本の不平等が子ども期の生活をどのように形作るのか、そして、それは子どもにとってどのような意味をもつのか、それを子どもの視点から考えていきたい。

子どもの生活の不平等の背景には、社会構造の反映である制度としての家族が存在する。それは家族のもつ資源・資本の不平等を社会的にどれくらい緩和する意思があるかという、当該社会での家族政策や教育政策のあり方に大きく左右される。子どもの貧困の経験はこういったことを背景に形作られていく。子どもの世界を不平等の観点から考える時、家族の問題と切り離して考えることはできない。

同時に、子ども自身のニーズや関心を理解し、それに応える対策なり社会のあり方なりが、いま求められている。子どもの視点から貧困の中での生活を考察することで、子どもの遊びや社会参加の実態が見えてくるだろう。それを政策に生かすことが子どもの主体性と権利を尊重し、政策を大人の恣意的な判断や変更と切り離して「社会的な子ども」という観点で議論する基盤を作ることにつながる。

そのことは、子ども期だけの問題にとどまらない。教育機会や就労機会といった社会的流動性に焦点化されたライフチャンスの狭い理解は、ライフチャンスを実質化させる子ども期の充足と生活実態の改善という観点が欠如している。子どもの将来的な福祉達成を考えるなら、子ども期からの充実した価値ある人生を生きる基盤を整え、子どもの権利を実質的に実現すること、つまり「いま、ここでの」子どもの世界を守ることがなにより欠かせない。

いずれにしろ、どのように家族の生活基盤と子育て基盤を安定させ、各家庭で養育が十分にできる条件を保障するのか、そして、子どもの育ちを社会的に支える公共圏の仕組みを充実させていくことができるのか、それが子どもの貧困の議論として求められている。本稿では、その基礎となる論点を子どもの視点から考えていきたい。

以上のような問題意識をもちながら、まずは子どもの経験の背景となる家族についての議論を整理する。そこでは、各自治体で実施されている「子どもの生活実態調査」から、家族資源・資本の不平等が子どもの生活をどのように形作るのかも簡単に確認していく。そのうえで、筆者がこれまで実施してきた貧困にある子ども期を過ごした若者へのインタビュー調査から子ども期の生活をどのように受け止めていたのかを確認していき、子どもの貧困の経験について検討していきたい。

2　子どもの経験の背景——家族と市場化された生活

(1) 市場化された子どもの生活

子どもは社会的な存在であるし、家族だけで子育てができるわけではないが、現実に子どもは家族のもとで育てられる。だからこそ、子どもの世界を不平等の観点から考える時、家族の問題と切り離して考えることはできない。近年、ますます私たちが生きる生活世界は市場化されてきている[▼2]。もちろん、すべてがそうというわけではないが、子どもの遊び、スポーツ、余暇、習い事、そして教育まで市場と無関係にそれを手に入れることは難しくなっている。かつて全国的な子どもの放課後調査を行った深谷らは、子どもの世界から遊び相手、遊び時間、遊び場所が縮小しているとし、子どもの放課後の世界を社会的に用意する重要性を明らかにした（深谷 2006）。しかし、たとえば放課後の学童保育事業は公的な対応が不十分なため企業の参入が進み、商業ベースで放課後の子どもの活動の場が埋められていることが指摘されるなど（池本 2009）、ますます子どもの生活世界が市場と切り離せなくなっている。地域社会での子どもの社会化機能が低下し、その機能を再構築する必要性が指摘されている中で現実には市場化が進んでいる。

それはケアの問題とも関連している。残業代込みや掛け持ち就労で生活が成り立つ所得水準では、生活維持のため長時間労働が必要とされることで子どもを養育する時間や関わりが奪われていくことになる。それはまた、女性の労働力化が進んでおらず、家族による養育を前提とした社会の中で、所得と養育の二者択一を迫られるような状況が特に母子世帯などに顕著に現れることになる。このようなケアの問題は必ずしも衣食住という面だけではなく、子どもの生活や遊びの質ということまで含むと考えれば、子どもの経験の背景にあるケアの問題にも目を向けることが必要だろう。また、子どものケア自体が市場化されており、基礎的な子どもの養育コストそのものが家計の弾力性を失わせることにもなりかねない。

そのため、家族のもつ経済的資源の格差が、子どもの生活のあり方に直接的に反映される可能性が強まっている[▼3]。貧困問題のひとつの側面は、経済的な資源の不足はそれだけにとどまらず文化的なことや社会関係的な事柄と関係しており、子どもが誰とどこでどのような経験をするのかは、家族のもつ資源・

資本に左右される。家族の個別化の傾向が強まる中で、子どもがどのような生活を送ることができるかは、家族にかかるところがますます大きくなりつつある。労働市場の不安定化を背景に子育て世帯の経済格差が拡大している今日、より不利な家族から子育てに必要な条件を整えることが難しくなっている▼4。

その背景には子どもの育ちや学びの保障を家族に依存する日本の家族政策、教育政策、所得再分配政策といった構造的な問題があり、家族の不利が子ども世代の不利にダイレクトに影響しやすくなっていることがある（大澤・松本 2016）。そのような中で、現実には準要保護児童の就学援助費一般財源化による資格要件の厳格化や給付水準の引き下げ、児童扶養手当の所得制限限度額や生活保護基準額の引き下げによる子育て世帯の生活水準の低下が進んでおり、貧困にある家族の子育て条件はますます困難な状態になっている。このような現実からは、日本の社会保障制度が子どもの育ちや生活の質、あるいは子どもの権利保障という点を十分に考慮してこなかったことが見えてくるだろう。

家族こそが子どもの福祉達成の責任を負うべきだと求める社会では、経済的な生活保障のみならず、社会的に子どもの福祉達成を支える仕組みが構成されづらい。その中で、子どもの経験が物理的にも意識的にも形作られていくことになる。

（2）子どもの生活と家族

このような背景のもと、家族と子どもの生活は実際にどのように関連しているのであろうか。日本でも子どもの貧困対策法の成立を受けて、ようやく貧困にある家庭の生活実態を把握するための調査が実施されるようになった。それらの調査はパネル調査ではなく、ある一時点での生活状況を示す調査という限界はあるものの、貧困にある家族の生活様式、物的必要や物的剝奪の内容や水準の客観的な把握を可能にし

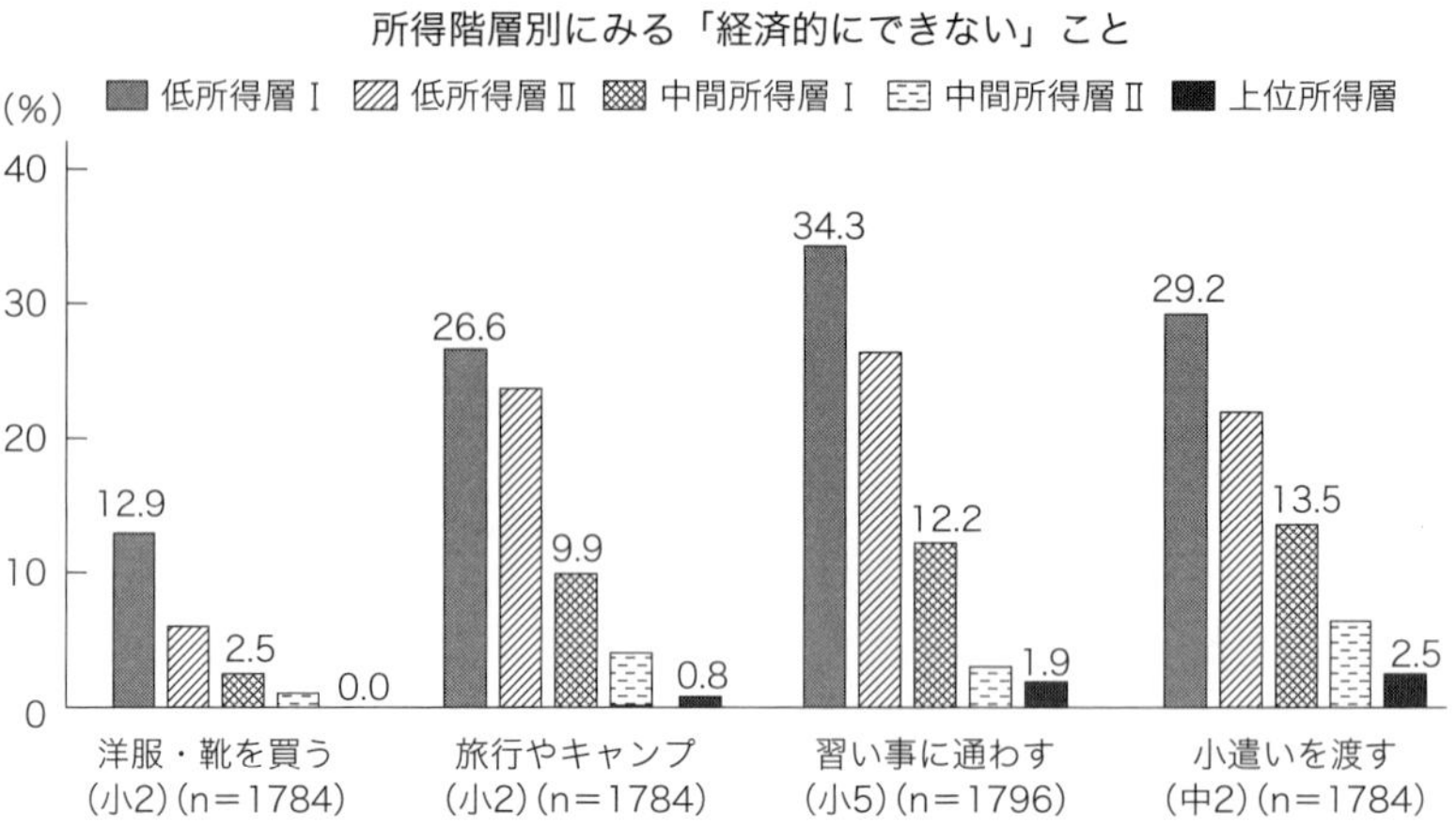

図1　経済的にできないこと（所得階層別）

つつある。

貧困とは生活の必要を満たす資源の不足や欠如を意味するが、それだけではなく、どのような生活を行うことができるかという可能性の制約をも含んでいる。それはまた、同じ経済的な困窮下であっても、家族の就労状況、障がいや疾病などの健康状態、子どもの人数や年齢、頼りになる社会関係の有無など、家族の状況や状態によってどのような生活が実現できるかは異なることになる。もちろん、生活上の制約や困難を抱えている家族ほど子どもの生活の選択の幅は制約されることになる。ここでは、ある地方都市の「子どもの生活実態調査」の結果▼5から、家族と子どもの生活の一端を確認してみたい。

図1は子どもの生活に関わる事柄について、「経済的にできない」という回答を所得階層別に示したものである▼6。子どもの生活には所得階層差が大きく存在するが、特に貧困にある子ども（≒低所得層Ⅰ）は当該社会の標準的な生活から乖離《かいり》した状態に置かれていると言ってよいだろう。もちろん、貧困の深さという概念を想定すれば、それは子どもの生活上の必要がいくつか欠ける状態からほとんど欠

ける状態までグラデーション様に異なる。

その中には、なんとか子どもの生活の必要を満たそうとして他の家族が自分の必要を犠牲にしているケースもあるだろう。しかし、いずれにしろ中位所得が含まれる中間所得層Ⅱや上位所得層では、選択として「していない」ことはあっても、「経済的にできない」子どもはほとんどいない。

何から支出を削るのか、貧困にある世帯では日常的な需要を満たすためのコストだけで手一杯であり、家計をやりくりする裁量の幅が狭い中で生活の組み立ての優先順位を付けざるを得ない。その中で、貧困にある家族はクリスマスなどの行事、費用のかかるスポーツや習い事への参加、あるいは将来のための貯蓄といった追加的な費用のかかる事柄と、日常的な需要を満たすコストのバランスをとること自体が困難となる。それはまた最低限の子どもの生活の必要を満たすだけの支出が難しい中で、子どもが様々な体験にチャレンジするような機会と選択肢を用意することや、失敗や選択ミスをしながら試行錯誤したりやり直しをしたりしながら自身の世界を広げ適性を発見していく機会と可能性を奪っていくことになる。

子どもの生活は経済的資源だけではなく、家族の状況や状態によっても左右される。図2は、「年に一度くらい家族で旅行やキャンプに行くことができるか」について、図1の低所得層Ⅰ世帯の回答を他の資源との関係で確認したものである。同じ所得階層内でも、健康状態、世帯構成、頼りになる社会関係の有無によって、子どもの生活の実現が異なっている。実際にはこれらの事柄がどのように子どもの生活の実現に影響するのか、そのプロセスは複雑であるが、こういった家族の抱える事情や生活状況を無視して子どもの生活のあり方を議論することはできない。もちろん逆に子どもが様々な家族の事情を考えて、自らの欲求を抑制したり、余暇や遊びへの参加をあきらめることもあるだろう。

貧困は物的困窮から社会生活への参加を制約する。スポーツクラブや部活動への参加を用具や遠征費が

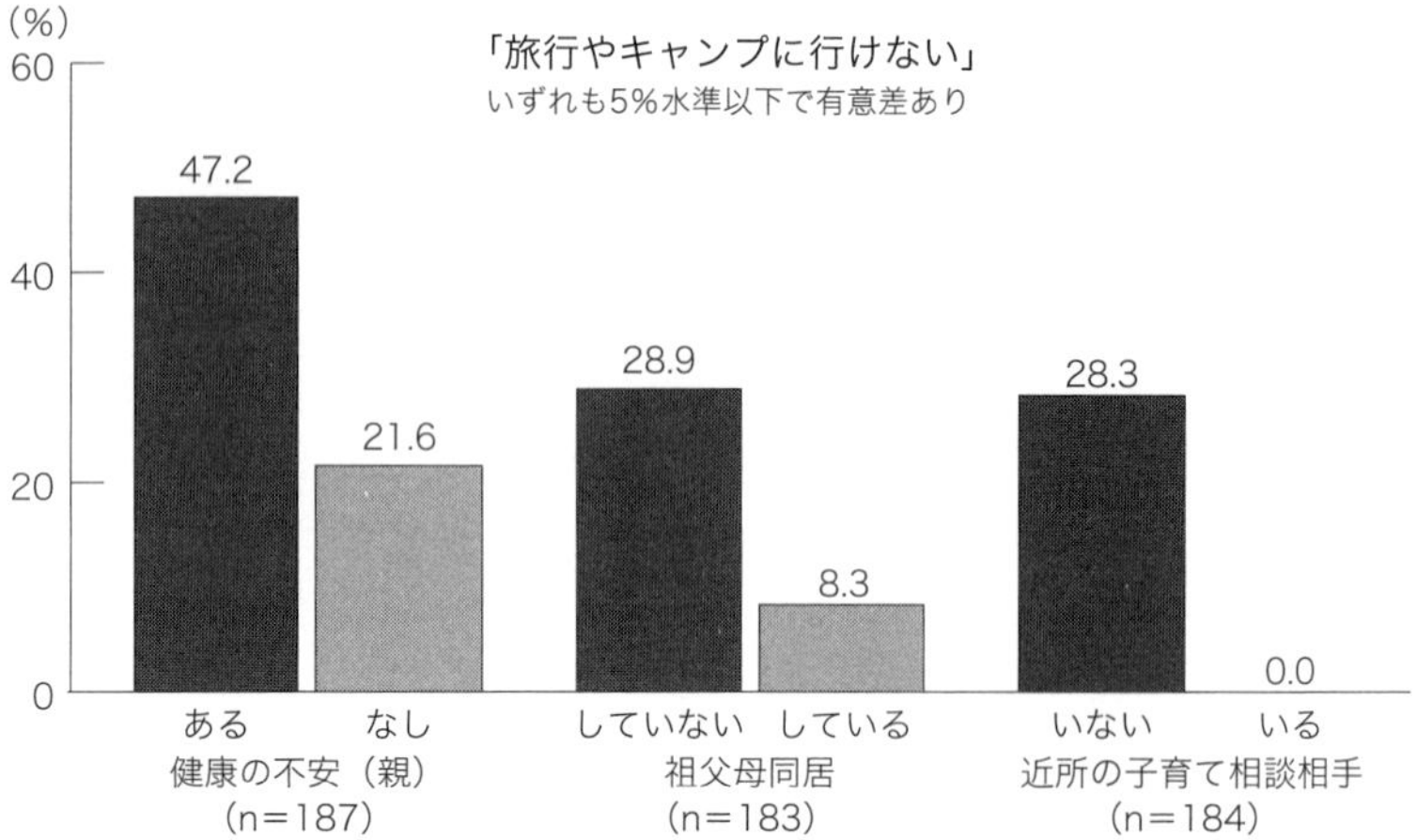

図２　経済的要因以外の検討（低所得層Ⅰ）

用意できないことであきらめることもあれば、家事や家族のケア役割を担う中で友達と遊ぶ時間が取れないこともあるだろう。また、学童保育を利用したくても利用料金や家族による送迎ができないことで、結局は放課後に帰宅して時間を過ごさざるを得ない子どももいる。「子どもの貧困」という言葉が注目される一方で、解決への個人的アプローチとして家庭教育が重視される傾向が強まっているが、「早寝早起き朝ごはん」や「絵本の読み聞かせ」といった言説は、時間的制約や手段的制約、それぞれの家族が抱えている事情など、生活実現の可能性の条件や状態といった視点が欠如している。

　以上のように、子どもの経験の背景として市場化された生活があり、不平等の問題を考えるとき家族と子どもの問題を切り離して考えることはできない。「消費者としての家族と子ども」▼7といった批判は私たちの社会のあり方を考えるうえで重要な示唆を含んではいるが、現実にはこういった中で貧困にある子どもの生活が構成される。市場化された社会の中で余暇や遊びに参加できる前提を整え、そのうえで子どもの育ちを社会的に支える公共圏の仕組みを作り、その質をどのように高めていくことができるのかが実践として問われている。とはいえ、本稿での問題意識は貧困にある子どもと家族の生活様式、物的必要や物的剝奪の内容や水準を明らかにすることではなく、そこで生きる子どもの経験を考えることである。次節からは貧困の中で子ども期を過ごすことはどういった経験であるのか、当事者の声を示しながら考えていきたい。

3　子どもの経験——遊び、余暇活動を中心に

ここまで確認してきたように、量的な調査では子どもの生活や活動の所得階層差、その背景となる家族の抱える様々な事情や状況が把握されてきた。しかし、その中で子ども自身がどのような貧困の経験をしているのか、子ども期に貧困がどのような影響を与え、子どもが自分自身や世界のことをどのように認識しているのかといったことは明らかではない。貧困の経験をとらえることは、その生活の実態を子どもがどのように受け止めているか、どのように対処しようとしているのかについて私たちの理解を深める。そのことは貧困に関連しやすい要因変数を短絡的に世代的再生産という結果に結びつける傾向や、現実の生活を捨象した政策提案に対して、個々の営みから子どもの貧困の実際と対策を考える視点になりうるだろう。

このような子どもの視点から貧困の経験を明らかにする「子ども中心の視点」アプローチの研究を行ってきたのがリッジである（Ridge 2002; 2003）。リッジの一連の質的研究の中で子どもの余暇と遊びについ

て検討されているが、そこでは仲間づきあいやスポーツ活動等へ参加する機会が乏しいこと、休暇は特に貴重な体験となったり、休暇に参加できないことで同年代の仲間から取り残されていると感じている様子が明らかにされている。概してこれらの検討から浮かび上がるのは、子どもたちの社会的孤立と「自分たちとは違う存在」とみなされることへの恐れであった。ここからはリッジの研究を参考にしつつ、日本の社会的な文脈の中で子どもが遊びや余暇をどのように経験しているのか、筆者が行ってきた若者への聞き取り調査▼8を用いて確認していこう。

（1）子どもから見た子どもの生活と社会参加▼9

子どもの権利条約には子どもの休息、余暇、遊び、レクリエーション等に関する子どもの権利が定められている▼10。遊びは子どもの健康とウェルビーイングに重要であり、子どもの創造性、想像力、自信、自己効力感ならびに身体的、社会的、認知的、および情緒的な力やスキルを発達させる。それはまた楽しみと喜びという点において、子どもにとって本質的価値を有する▼11。遊びは子ども期の生活の「質」を大きく左右するが、貧困にある世帯に育った子どもたちの余暇や遊びはどのように経験されてきたのであろうか。

自身の小学生時代を振り返る中で、彼ら／彼女らの多くは友達と公園でボール遊びや自転車で駆け回ったことや、カードゲームやテレビゲームで遊んだ思い出を語っていた。中には、いじめを受けて孤立していたことや、ひとり親世帯で自分が家事を担わなければならないことで遊びの時間が限られているといった子ども期を過ごしたものもいた。彼ら／彼女らのほとんどはおもちゃなどを買ってもらっていたが、「うちにはおもちゃがまったくないと思っていた。何でうちにはおもちゃがないんだろうと思っていた」

（女性、ひとり親世帯）というように、一般的な生活からかけ離れた状態に置かれているものもいた。

子どもの遊びや余暇は主に放課後や休日に行われるが、子どもたちは友達と遊ぶ以外にも多くの活動に参加している。平日の放課後は文部科学省による放課後居場所事業として放課後子ども教室が実施されているが、放課後児童クラブ待機児童対策として実施されている側面が大きく、地域によって実施状況には大きな差がある。また、厚生労働省の放課後施策として学童期に放課後児童クラブ（学童保育）等が行われているが就労の有無により利用が制限される▼12。こうした中、家族のもつ経済的・時間的・人的資源を動員する形で、水泳やピアノ教室などの習い事、スポーツクラブやスポーツ少年団等に子どもが参加することになる。「教育ママ」／「非教育ママ」（本田 2004）といった教育達成を目的とするかどうかを問わず、子どもの体験機会が市場化する中で貧困・低所得世帯も含めて（子どもの希望も後押しとなりつつ）活動への参加が「選択」されているのが現状だろう。家族の経済状況が反映されやすいこれらの活動を、貧困にあった子どもはどのように経験していたのだろうか。

- 「習い事は一切していませんでした。水泳とかスキーとか。だから苦労しました。近所の子でスイミングスクールとか習字とかやってる子がいて、いいなって。親に言ったことはあるけど却下されました」（女性、ひとり親世帯）
- 「習い事もしていない。お姉ちゃんは書道やってた。野球少年団は1週間くらい。触れたくらい」（男性、ひとり親世帯）
- 「習い事はピアノやってたけど、（離婚して）引越して距離ができたから辞めるきっかけになった。バスケ少年団に入っていて、それはお金かかるけど、中学からは部活だし（と思ってあきらめた）」（男

性、ひとり親世帯）

厚生労働省の21世紀出生児縦断調査を見ると幼児期の子どもの6割近くがアクティビティや芸術活動を含めた「習い事」を利用しているが、小学校に入ると母親が常勤フルタイム就労の場合は学童保育の利用が多く、母親が専業主婦やパートタイム就労の場合は習い事やスポーツ活動への参加、自宅や友人宅で過ごす児童が多くなっている。もちろん、市場化された活動に参加しなくとも、経済的、時間的、人的な資源や資本がある家庭では多くの活動や体験を日常／非日常的に子どもに用意することができるが、貧困にある場合、親にそういった思いがあっても現実にはそれも難しい。

いずれにしろやがて学年が上がるほど学童保育利用が減少し、自宅や友人宅が主たる放課後の生活の場となっていく。そういった中で、貧困・低所得世帯にある子どもは、「毎日、外で遊んでいた」「テレビを見ることが多かった」という生活を過ごすことになる。それは次の語りのように日常的な土日休日といった場面でも同様であった。

- 「遊園地とか動物園とかそういうところに行ったことはなかった。友達の話を聞いて、表面上はいいねって。親に文句は言わなかった。お金かかるだろうから」（女性、ひとり親世帯）
- 「土日は友達のところでゲームやってるか、犬の散歩がてらウロウロしてるか」（女性、ひとり親世帯）

子どもの放課後の国際比較研究によると、先進諸国の放課後児童クラブの整備は、子どもの権利条約の理念が重視されており、その利用対象者は親の就労の有無に関わらないという。たとえばイギリスでは

Extended School として、美術、演劇、音楽、スポーツ、料理、コンピューター、学業の補習など多様な活動メニューを整え、放課後児童クラブはすべての子どもの遊びと発達を社会的に保障する政策として実施されている▼13。

日本では子どもの養育責任は家族にあるという日本の家族主義的なあり方のもとで、子どもの養育は家庭で女性が担うことが一般的になっており、同時に、そのことを前提にした性別役割分業にもとづく親の就労状況が子どもの放課後の過ごし方を方向づけており、これらのことがすべての子どもの育ちを社会的に支える公共圏の仕組みの構築を難しくしていると考えられる。語りの中では図書館や科学館など無料で利用できる施設も遊び場として大きな意味をもっていた。既存の子どもに関する施策を手厚くし、子どもが利用しやすく過ごしやすい環境を整えるだけでも大きな意味がある。また休日の余暇活動やアクティビティーの社会的な整備といった視点も必要だろう。

そういう点で、日本においては学校でのクラブ活動や部活動が子どもの活動として重要な位置づけを占める。インタビューでもクラブ活動や部活動が放課後の楽しみであったという回答は多かった。しかし、貧困にある生活はクラブ活動や部活動を通した経験に制約的な影響を与えていた。

- 「中学校は部活入っていたけど、2年生からあんまり行かなくて、家に帰って本読んだりテレビ見たりゲームしたり。中学校はみんな部活やってるから、帰宅部もいなくて遊ぶ相手はいない」（男性、ひとり親世帯）
- 「部活は小4までしてなくて、その後バスケやって、中学にバスケがなくてとりあえずバレーボールに入ってって感じで。そんなに熱心ではなかった。部活に行ける状態ではなかった。親がいなかった

から、ご飯とか買いに行かなくてはならなかったから」（男性、ひとり親世帯）

中には用具や遠征費の支払いが困難なため部活動を続けられなかったことや、視力低下に困ったがメガネやコンタクトを買ってもらうことをためらう中でボールが見えなくなって部活をまともにできなくなったと語る者もいた。クラブ活動や部活動に参加せず、他に居場所のない子どもは自宅でテレビを見たりゲームをして過ごすことになる。

一方で、学校のない夏休みなど長期の休みの時期について、次のような語りが聞かれた。

- 「旅行とかは母親が仕事ばかりなので行けなかった」（男性、ひとり親世帯）
- 「小学校の夏休みは毎日プールに行ってたかな。毎日遊んでたかな。小学3年生まではお盆におばあちゃんのところに帰ったりした」（男性、ひとり親世帯）
- 「（離婚前の）父とは小学校低学年に1、2回だけ釣りに行ったくらい。あとは第二のママ（母親の親友：筆者注）がキャンプに連れて行ってくれたり、スキーに連れて行ってくれたり。不満はないというよりお父さんに期待はしてなかった。お父さんは裏切ることが多かったから」（女性、ひとり親世帯）

長期の休みは日常の放課後とは異なり、海水浴、登山、キャンプ、旅行、釣り、スポーツ観戦など、長期休暇ならではの余暇やアクティビティーを体験するまたとない機会となる。しかし、家族のもつ資源の格差が子どものできる活動に大きく影響する。語りの中では親に時間的精神的ゆとりがなくてどこかに連れて行ってほしいと頼めそうになかったことや、自家用車がないことや離婚によって運転できる人がいなくなったことなど、経済的資源の不足だけにとどまらず、余暇を実現するための条件や手段がないことが示されていた。一方で、親戚や友達の親が余暇活動に連れ出してくれることもあり、家族外の資源の重要性もうかがわれた。長期休暇の過ごし方のバラエティーに乏しい子どもは「毎日プールに行ってた」「近所をぶらぶら」というように日常の延長線上の生活を過ごすことになる。

休暇としての余暇とアクティビティーの研究では、その効果として生活の変化をもたらすこと、子どもが子どもでいられること、友人や社会関係が広がること、自己イメージを向上させること、新しい活動や技能に触れること、役割モデルの学習機会となることが示されている。また、これらのことが子どもの行動の変化につながり、保護者が子どもを尊重する態度をもつことにつながるという（Quinn, Griffin and Stacey 2008）。もちろん、こういったことは他の活動でも得られる効果ではあるが、日常を離れた体験の中で得られることは大きいし、なにより貧困にある子どもは日常、非日常の生活ともにそういった活動に参加する機会が限られている。

（2）子どもは生活をどう受け止めているか

このような中で子どもはどのように自分の生活を受け止めているのであろうか。リッジは子どもにとって貧困がどのような影響を与えるかについての質的研究のレビューから、お金のやりくりや家族の生活を心配し、気遣い、その生活が何とか成立するように主体的に状況をコントロールしようとする子どもの姿を見出している（Ridge 2009）。ここまで確認してきたように、貧困にあることは子どもの社会生活の必要を欠く状態であり、子どもの社会生活への参加を制限する。そのような場合に子どもはどのように対処し、自分自身をどのように位置づけ、自己と折り合いをつけていくのであろうか。

ここではまずクリスマスや誕生日といった子どもにとって特別な日の経験を確認する。それは社会的に広く一般化した行事であり、だからこそ自分と他者との比較を意識せざるを得ない出来事でもある。

- 「友達はプレゼントもらってたけど、親に文句言ったことはない。しょうがない。気遣いかな。(中略)友達は誕生日とかに新しい自転車買ってもらったりとかしてたけど、自分はその辺に放置してある自転車に乗ってたり。なんていうんだろうな…」(男性、ひとり親世帯)
- 「けっこうぎりぎりだった。小さいときからわかってた。ねだったりとかは昔からなくて、誕生日とかクリスマスとかなんにもプレゼントとかも小さいときからもらったことがなくて。お小遣いももらったことなくて。友達はうらやましいと思ったけど、文句はなにも言わなかった」(女性、両親世帯)

子どもは経験の中で他者との生活の落差を感じるだけではなく、家族から承認や期待を十分に受けられなかったという思いをもつことになるかもしれない。しかし、親への気遣いのもと、そのことが不当だという感情を家族に向けることはできず、自分の中に押しとどめていくことになる。先述したリッジのレビュー研究からは、貧困にある子どもたちは他の子どもたちと同様に社会的・文化的な期待をもち、同等の立場で友人との関係の中に参加したいと望み、同じ社会規範に駆り立てられている様子が明らかにされている(Ridge 2009)。家庭内でのイベントは他者からは見えないが、このような経験は子どもが自分自身の生活を自分で理解し内面化していく大きな契機となるだろう。

このように家庭の経済的な状況と自身の置かれた環境を、生活を通じてそれとなく理解していく中、子どもはできる範囲で自分の遊びや余暇活動を実現していくことになる。

●「ものをねだったりはしなかった。一回は聞いてみても、うちはダメって言われたらそれでおしまい。友達のところに行くとたくさんものがあるなっていうのはあった。友達の家はゲームもたくさんあるし、テレビもでかいし。うちにないぶん友達のところに行けば遊べるって思ってた」(男性、ひとり親世帯)

●「小学校低学年は近所の子とボールで遊んだり、プールに行ったり、公園に行ったり、自転車乗ったり、外遊び。中遊びはあんまりしなかった。高学年になると範囲が広がって、自転車乗り回して遠いプール行ったり、図書館行ったり、無料の科学館行ったりとかしてた。…中学校のときはカラオケによく行った。100円カラオケとか50円カラオケがはやっていたから、小銭貯めて行ってた」(女性、ひとり親世帯)

●「長期休みは別れた父親に会うこともあった。母親には秘密で。母親には怒るから言ってない。…中学校のときはお母さんと出かけることはないけど、(離婚した)お父さんとこっそり出かけることはあった。泊りとかは無理だけど。妹にも秘密にしている」(男性、ひとり親世帯)

当たり前ではあるが、子どもはできる範囲の中で自身の世界を豊かにしようと考えている。子ども期は他者との相対化を限られた範囲でしかもつことができないし、先の見通しや自身の可能性がどれくらい制限されているかについて客観的な認識をもつことは難しい。だからこそよほどの経験でもなければ自身の境遇をことさらに不幸なものだと思ったり、あきらめたり、意欲や行動を完全に自己抑制するような状態にはなりにくい。貧困に打ちひしがれたかわいそうな子どもというのは一面的な見方であろう。そこに子どもの主体性発揮やレジリエンスの可能性を見ることができるが、一方で、それはここで確認した遊びや余暇活動への対処にみられるように、置かれた環境と資源の制約の中で世界を大きく変えるほどの力にはなりにくいといった限界もまた見えてくる。

ここまで簡単に子どもの生活と社会参加の様子を確認してきた。ここでは貧困の中での子どもの語りを集めたが、貧困のダイナミクス（動態）調査に示されるように、子ども期は常に苦しい生活のケースもあれば、実際には親の離婚や病気等で失業する以前は「当たり前の生活」をしていたというケースも多い。個々の子どもを見れば、遊びや余暇活動の何もかもがないということではなく、総体として一般世帯の子どもより欠落した状態にあるということである。しかし、明らかに貧困にある子ども期を過ごすことは当該社会の一般的な子どもの生活世界への参加を制限する可能性を高める。その中で、平日、休日、長期休暇と遊びや余暇活動の選択の幅が限られていくことになる。社会的に子どもの遊びや余暇を保障する仕組みがないと、子どもの経験は家族資源のありようにそのまま左右されることになる。

4　子どもの経験から見えてくるもの――おわりにかえて

子どもにとって遊びは生活の中心である。だからこそ遊びと余暇活動を通じて子どもは子ども社会に参加し、あるいは他者との比較をしながら自分の生活の評価をしていくことになる。

貧困にある子どもの遊びや余暇活動の経験から見えてきたのは、ひとつはその生活は子どもにとってやはりスティグマを感じさせるものであるということであった。特に家庭内で行われる文化的習慣的行事の経験は、家庭内で家族によって行われることに特別な意味がある行事だからこそ、それが「できない」ということを親は隠すことができず、子どもにとっては家族の生活状態を認識し評価する契機となる。こういった種類の経験は自分を含めた家族そのものが「貧しい」というカテゴリーに置かれていることを嫌でも認識させることになる。しかし、そのことは他者からは見えないので、経済的自立こそ当該社会の構成員として認められるための基礎的な要件であるとみなされる社会では、家庭の経済的困窮を隠そうと子ども自身もアイデンティティをコントロールしなくてはならないし、そういった経験が子どもに貧困のスティグマを感じさせることになる。そういう点でやはり所得再分配を中心とした貧困・低所得世帯への所得保障は、子どもの自尊心の維持に大きな意味をもつと考えられる。

また所得保障はそれだけにとどまらず、子どもの遊びや余暇活動の選択肢の幅を格段に回復させることになる。子どもは貧困にある生活の中でみんなと同じ体験や社会参加ができないことで制約の意識と自分には十分な機会が与えられないという認識を深めていた。所得保障は社会参加の機会を実質化していくための移動手段や参加に必要な物的な準備等の必要も充足していくことになる。それは現実として市場化された社会という前提を考えれば、子どもの遊びや余暇活動について、何を選択するのか、どのような生活を望むのかという実質的な自由の確保という点で大きな意味をもつだろう。母子世帯への就労支援施策の影響を子どもの視点から明らかにした研究からは、収入の増加が子どもの生活の質や社会参加を向上させること、貧困にある恥辱や社会的不名誉からの意識の回復がもたらされることが明らかにされている

(Ridge & Millar 2011, Millar & Ridge 2013)。日本の母子世帯の就労率の高さと所得水準の低さを考えれば、日本で母子世帯の就労支援が必ずしも所得向上につながらない構造があるが、所得保障そのものが一定の子どもの自尊心や社会参加の回復につながることは同様に考えられるのではないだろうか。所得保障を子どもの育ちや生活の質の観点から評価することも求められる視点であろう。

一方で、子どもの育ちの保障、遊びや余暇活動の充足は家族だけの責任として考えることではない。本論で確認してきたように社会的に子どもの遊びや余暇を保障する仕組みがないと、子どもの経験は家族資源のありように左右されることになる。地域社会での子どもの社会化機能が低下し、子育て世帯の貧困問題が広がりを見せる中で、あらためて子どもの育ちの保障をどのように実現すべきか、その公共圏の再構築が必要とされている。子どもは自分の非認知能力向上といった特定の目的のために遊んだり余暇を過ごすのではなく、まさしく自分自身のウェルビーイングのためにそうするのであり、子どもの豊かな経験と育ちのために遊びや余暇活動の保障につながる公共圏の仕組みづくりが求められている。子どもの遊びと余暇の権利を社会的にどのように実現していくのか、すべての子どもの権利という普遍的な政策の方向性を基盤に、支援の必要な子どもや社会経済的な不利を負う子どもの社会参加を実現する政策が求められている。

そのためにはいくつもの課題があるように思われる。遊びや余暇活動を含めたケアの社会化（脱家族化）を市場と公共圏の仕組みをどのように組み合わせて実現するのか、また、遊びや余暇の権利を子どもの権利として位置づけていくためには日本における「子どもの必需品」に対する合意水準の低さ（阿部 2008）も障壁となろう。さらに遊びや余暇活動をつうじた豊かな世界の内実をどのように作り出していくかについては本書の他の章に譲るが、そこでの質的なあり方については実践の積み重ねの中で見出し手厚くしていく作業が必要となる。

いずれにしろ、子どもの遊びや余暇活動を含めた子どもの生活は、家族（と市場）、公共施設や公園などのまち全体のあり方、そして大人との関わりの中で多様な経験ができる公共圏の居場所といった複数の担い手や場所の中で豊かに用意されるべきものだろう。そしてなにより、子どもが生きる世界について子どもの話を聞き、子ども自身の生活の理解を前提に、子どもが生きる世界の文脈に即して大人が「権利」や「尊厳」や「当該社会における生活水準」との間でそれをどう解釈するかが大切なのではないだろうか。貧困の中に暮らすことについて、まずはその経験を当事者の声を通して理解することが求められている。

注

1 「子どもの貧困の経験」の理論的な検討については、大澤（2017）を参照のこと。

2 労働・生活・時間の商品化が子どもや若者に与える影響についての分析は、ポーコックなども参考になる（ポーコック 2010=2006）。

3 経済的な問題が家族と子どもの生活のあり方にどのように関わるかについては、ストレリッツらを参照のこと（Strelitz, Lister 2008）。

4 経済社会文化的な資源を背景に構造化された活動の枠組みと、そこから排除される貧困層の子どもという見方は、特定の生活文化の押し付けに過ぎないという批判もあるが、本稿ではそのような立場は取らない。ここでは「健康で文化的な最低限度の生活」といった権利としての生活水準の達成を問題にしている。

5 ここで用いるデータは２０１７年に実施された旭川市「子どもの生活実態調査」の結果である（詳細はhttp://www.city.asahikawa.hokkaido.jp/kurashi/218/266/280/d061745.html）。国民生活基礎調査から相対的貧困線（可処分所得の中央値の50％）を算出、その貧困線からの比で所得階層を区分している。低所得層Ⅰは相対的貧困線の1倍未満、低所得層Ⅱは同1倍～1・4倍未満となっている。なお、所得中央値は「中間所得層Ⅱ」に含まれる。

6 回答選択肢は「している」「していない（したくない）」「していない（経済的にできない）」の三択で、意図的にしていない場合と経済的な理由でできない場合を区別している。

7 現代の子どもは「両親、学校、メディア、消費社会、仲間関係からの、競合したり、補完しあったり、齟齬《そご》があったりする幅広い諸見地や諸視覚が、彼らを取り囲んでいる」（プラウト 2017）という世界に存在している。それぞれの影響は多元的であり、消費社会のあり方が子どもの生活と経験に与える影響も道徳的規範的に捉えるのではなく、多様な生活と経験を構成するひとつの要素として考える必要がある。

8 調査は貧困にある家庭に育った当事10代後半から20代前半の若者に対し、子ども期の家庭生活、学校生活、進路選択等の聞き取りを行った。詳細は「子どもの経験の不平等」（大澤 2008）を参照のこと。

9 新しい子ども社会学や子どもの権利概念は、子どもは大人から社会化を受ける受動的な立場ではなく、主体的な行為者としてアイデンティティをもち、その管理をする存在だと見なす子どもの見方をもたらした（プラウト 2017=2005）。子ども同士の遊びや余暇の場面でも市場を通じたアイデンティティの管理は日常的に行われている（Ridge 2011）。子どもの遊び仲間や社会生活を論じる時にこの問題は切り離せないが、紙幅の都合もあり検討は別の機会にしたい。

10 子どもの権利条約第31条「1 締約国は、休息及び余暇についての児童の権利並びに児童がその年齢に適した遊び及びレクリエーションの活動を行い並びに文化的な生活及び芸術に自由に参加する権利を認める。」

11 子どもの権利委員会、一般的意見17号（日弁連ＨＰ参照）。遊びの意義についての原文はUNESCO, Education for the twenty-first century: issues and prospects（1998）。

12 本論文で扱う若者が小学生だった当時には、放課後居場所事業は開始されていなかった。また、放課後児童クラブは地域によって一般利用が可能な場合もある。

13 他の先進諸国を概観すれば、多くの国で子どもの権利の実現として放課後や余暇時間の社会的な環境整備が政策的な課題となっている。その背景には子どもの生活の質の向上だけではなく、子どもの情緒の安定と女性の就労促進による家庭の経済的安定とを通じて子どもの学習効果につなげるというねらいや、人的資本形成の観点から非認知能力の向上が期待されている側面もある（池本 2016）。

引用・参考文献

阿部彩（2008）『子どもの貧困』岩波新書
深谷昌志・深谷和子・高旗正人編（2006）『いま、子どもの放課後はどうなっているのか』北大路書房
本田由紀（2004）「『非教育ママ』たちの所在」本田由紀編著『女性の就業と親子関係――母親たちの階層戦略』勁草書房
池本美香（2009）「日本の放課後対策の現状」池本美香編著『子どもの放課後を考える――諸外国との比較でみる学童保育問題』勁草書房
池本美香（2016）「放課後児童クラブの整備の在り方――子どもの成長に相応しい環境の実現に向けて」『ＪＲＩレビュー』vol.5, No35、21～39頁
Millar, J. and Ridge, T. (2013). “Lone mothers and paid work: The ‘family-work project’” *International Review of Sociology*, 23 (3), pp. 564-577.
大澤真平（2008）「子どもの経験の不平等」『教育福祉研究』第14号、1～13頁
大澤真平（2017）「子どもの貧困の経験という視点」『教育福祉研究』第22号、15～27頁
大澤真平・松本伊智朗（2016）「日本の子どもの貧困の現状」『公衆衛生』80 (7)
Pocock, B. (2006). *The Labour Market Ate My Babies: Work, Children and a Sustanable future.* The Federation Press.（B・ポーコック、中里英樹・市井礼奈訳（2010）『親の仕事と子どものホンネ―お金をとるか、時間をとるか』岩波書店）
Prout, A. (2005). *The Future of Childhood. Routledge.*（A・プラウト著、元森絵里子訳（2017）『これからの子ども社会学』新曜社）
Quinn, B., Griffin, K., and Stacey, J. (2008). *Poverty, Social Exclusion and Holidaying: towards developing policy in Ireland*, Combat Poverty Agency Working Paper Series 08/01.
Ridge, T. (2002). *Childhood poverty and social exclusion: from a child's perspective.* Policy Press.（テス・リッジ著、渡辺雅男監訳（2010）『子どもの貧困と社会的排除』桜井書店）
Ridge, T. (2003). “Listening to children: developing a child-centred approach to childhood poverty in the UK” *Family Matters*, 65 (Winter), pp. 4-9.
Ridge, T. (2009). “Living with poverty: a review of the literature on children's and families' experiences of poverty” Department for Work and Pensions. (Department for Work and Pensions Research Report; No 594)

Ridge, T. (2011). "The everyday costs of poverty in childhood: a review of qualitative research exploring the lives and experiences of low-income children in theUK" *Children & Society*, 25 (1), pp. 73-84.

Ridge, T. & Millar, J. (2011). "Following families: working lone-mother families and their children" *Social Policy and Administration*, 45 (1), pp. 85-97.

Strelitz, J., Lister, R. (2008). *Why Money Matters: Family Income, Poverty and Children's Lives*. Save the Children.

第2章

生きるためにあそぶ

──あそびが見えてくる社会にむけて

…塩崎美穂

1　あそぶこと、それは人間が生きようとする意欲——はじめに

絵本作家加古里子《かこさとし》は、敗戦後、「てのひらを返すように態度を変えた大人たちを見て、ものすごく失望憤慨し」▼1、「家の近くのお寺の、静かな境内に行くのが唯一の慰み」▼2だった時期があったという。その境内で、彼は、嬉々《きき》としてあそぶ子どもの姿に出会った。

あるとき境内でぼんやりしていたら、子どもたちが…食料難でおもちゃどころか着るものだってろくなものがないときに、松ぼっくりだけで嬉々として遊んでいるんです。ああ子どもというものは、やっぱり生きていく生き物だ。僕みたいに、どうやったらいいやら、よかったやらと思い悩んでいるような大人とは違う。彼らはこれから生きようっていうんだから、何もなくても自分たちで松ぼっくりで遊んで、生き生きとしているじゃない。この生きようという意欲、この姿がなきゃ、人間はダメなんだ、と感じた…▼3

敗戦による物質的な貧しさや精神的なよりどころのなさに大人がうちひしがれていても、子どもたちは嬉々としてあそんでいた。モノはなくても、子どもはあそぶ。加古は、子どもがこうして自分たちでひたすらにあそぶ姿と出会ったことで、人間の「生きようという意欲」に気づかされ、この姿、つまり「あそ

ぶ姿」がなければ「人間はダメ」だと感じたという。

１９４５年の敗戦時に19歳だった加古は、多くの友人を戦争で亡くし、空襲で住む家さえ失っていた。彼は悔恨の戦争体験後、東京大学工学部を卒業し、民間企業で働きながら絵本作家になった。戦争という過ちを二度と繰り返さぬよう、「これからを生きていく子どもたちが、僕のような愚かなことをしないようにしたい。子どもたちは、ちゃんと自分の目で見て、自分の頭で考え、自分の力で判断し行動する賢さをもつようになってほしい」[4]と願い、子どもがあそび、探求し、未来に向けて希望を抱く作品を数多く創りだした。貧しさの中にあってもひたすらにあそぶ境内の子どもの姿が、加古の児童文学の根源的出来事としてある。

ここでは、こうして夢中になってあそぶ子どもの姿をイメージしながら「貧困とあそび」について考えてみたい。あそびが「人間として生きる意欲の表現」であるならば、あそぶことには、貧しさに抗するなんらかのチカラがあるのではないか。現代社会における効率性や生産性を追求する視点からは見えにくい、非効率的で、無意味に見えるあそびの深淵をのぞいてみたい。

2　一人ひとりがちがっている仲間とあそび——社会的課題への応答として

かつて路地裏、空き地、土手、境内など、地域のそこここで群れてあそんでいた子どもたちは、身体の大きさ、感じ方、理解の仕方など、お互いがお互いにちがっていることに配慮し、楽しくあそんでいた。

加古は「ちがっている者同士」があそぶ場を、次のように紹介している。

「みそっかす」という言葉がありますよね。鬼ごっこやかくれんぼをするにしても、年下の子どもがいると、その子は「おみそ」ということで、つかまっても鬼にはしない。でも仲間外れにはしないで、一緒になって、ワアワア、キャーキャーやる。

そうして「何歳、何か月になったら、みそっかすを卒業すべし」というルールがあるわけでもないのに、相手の成長の度合いと自分たちの楽しさを推し量って、いつの間にか、その子も「みそっかす」じゃなくなっている。あれは子ども同士の人間関係から生まれた、実によく出来たルールだと思います。▼5

加古が調べたところによれば、「みそっかす」は地域によって「おまめ」「おうた」などいろんな呼び名があり、日本全国どこにでもいる存在だった。あそびの正規メンバーではなく、周辺的に、気ままに参加してくる幼い「おみそ」をあそび仲間は排除しない。仲間にしつつも、同じルールで振る舞う均質さや同化を「おみそ」には強要しない。その時のメンバーの力量や「おみそ」の理解度や技能に合わせ、その場の「おみそ」役割を瞬時に考案し、正規メンバーの楽しいあそびも継続できるよう調整される。「おみそは触られても鬼にならない」という固定的で一律なルールがあるわけではない。その場その時の状況から、必要に応じて「おみそ」には多数者とは異なるルールが適応される。こうしてあそぶ場が、日本の子どもが育つ空間として全国に存在していたということだ。続けて加古はこう述べる。

いじめというのは、強者がそれ以外の者を力で圧倒しようとするから起こることですが、「みそっかす」の精神はそれとは正反対。「みそっかす」というのは、自己中心的な弱肉強食の社会では成り立たないルールです。自分より弱い者、幼さゆえに能力が劣っている者とどうやったら共存できるのかを、ちゃんと考え、配慮して、そのうえで自分たちも楽しもうとする。共存共栄、互恵共有の世界なのです。

ここをうまくやるのが、リーダー格の子の腕の見せどころ。時には「あいつ、ちょっと気にいらないんだけど」と思っているのと組まなきゃいけないことだってあるわけで、それぞれの子の能力を推しはかり、なおかつ全体をとりまとめる才覚がないといけない。▼6

たしかに加古が言う通り、自分たちに比べて基本的には小さくて幼い、弱い立場に置かれがちな「みそっかす」と共にあそぶ毎日を送っていれば、仲間から排除しようとするいじめは起こらないかもしれない。「気にいらない」他者とでも共に生きるすべを、子どもたちはあそびの中で身につけていたということだ。

さらに、もう一歩踏み込んで「おみそ」について推察すれば、子どもの群れにはあそび仲間とそれ以外を分けるゆるやかな境界があり、その境界線上に「おみそ」のような他者が日常的に現れたと考えられる。おそらく、「入れて」と言うこともままならず突っ立っているだけで、何がしたいのかすらわかりにくい「おみそ」や、自分も一緒にしたいと駄々をこねて泣く「おみそ」もいただろう。「おみそ」とは、いってみれば厄介な他者である。でもそのめんどくさい他者を排除せず、むしろその異質性を上手に取り入れ、自分たちのあそびのおもしろさに転換できるリーダーがいた。その機転の良さが評価され、リーダーとしての格を上げていった。私たちの社会には、あそび込める良好な仲間関係を保ちつつ、自分たちとは異なる他者を気持ちよく包摂できる力量をもったリーダーがいた、ということだ。

いま私たちの社会に、「おみそ」のような力の弱い存在を愛おしいものとして包摂し、臨機応変にルールを変えられるあそび仲間はどのくらい育っているのだろうか。無意味に見えるあそびの中で、私たちは階層格差や文化的差異によってつくられやすい社会的排除の乗り越え方のようなものも獲得していたのではないか。あそびを通していつの間にか排除とは別の対処を学び、弱者に対する社会正義の感覚もその中で育まれていたのだろう。相互監視や自己責任論のような相手を責める息苦しさとはちがって、あそびには解放感がある。配慮が必要な「おみそ」が、いつか正規のあそびメンバー（＝責任を負う市民）になることを期待するのであれば、私たち社会には周辺的参加者の「おみそ」を楽しく包摂する力量が必要だろう。

にもかかわらず、私たちは今、均質な市民の育成のために異質な者を排除しやすい構造をもつ学校で、相も変わらず、「同じことができるように」子どもを育てようとしている場面に多く出会う。そのすべてを否定することはできないが、多様性を包摂するあそび経験のない子どもたちが、他者を排除するいじめを「あそびのような行為」として繰り返している現状への対応は必要だろう。あそびは容易に暴力や排除に転化する。困ったときに頼れる人が身近にいない「溜め」のない社会とは、おそらく「おみそ」を包摂するあそびの場を失っている地域に重なってくるだろう。学校の組織的な学びの場と比べたら、あそびの場は非効率で非生産的に見えるかもしれない。しかし、街のあちこちであそぶ子どもの群れが日常的にみられる地域には、人の多様性を包摂していく社会関係資本の土壌があると考えられる。

3 自分を表現するあそび——文化的差異の闘争から文化的多様性の豊饒さへ

(1) 価値のある文化と価値のない文化を分ける貧しさ

貧困は「資本」の不足によって生み出される。たとえばお金は「経済資本」だが、お金が足りない場合、必要なモノが買えなかったり時間に余裕がなかったりする貧しさに直結する。あるいは、先に述べた「おみそ」を包摂する人とのつながりは「社会資本」であるが、人とのつながりが希薄な場合、助けてくれる人がそばにいないことで貧困が長期化しやすい。また教育経験や文化的嗜好は「文化資本」であり、社会的地位向上につながる教育が受けられないことや、生活に潤いを与える読書や音楽鑑賞などの不足は貧しさを助長する。しかし、特にこの「文化資本」の欠落は、貧困にあえぐ当事者には自覚されにくい。

教育学では、長らく、日常に埋め込まれた習慣(ハビトゥス)としての「文化資本」が階層格差を再生産していることに悩まされてきた。貧困を撲滅するはずの公教育が、格差を助長している側面があるからだ。

フランスの社会学者ピエール・ブルデューは、文化資本がある家族として「バレエのチュチュを着る娘」(エドガー・ドガ 1889)を、文化資本がない家族として「ジャガイモを食べる人々」(ゴッホ 1885)を参照した。裕福な家庭は、上品で正統とされるバレエのような文化や教養を習慣として保有している。ブルデューは、文化資本をもつ家庭ほど高学歴であることを統計的に証明し、文化資本の相続を文化的再生産と呼んだ。そのうえで、学校が特権的文化の世代間継承に役割を果たしており、学校で求められる言葉づかいなどの振る舞い（習慣）、教師が推奨する絵画や書物（嗜好《しこう》財産）、学歴などの制度的資格などが階層格差を生み出している構造を解明した。これについて、教育社会学者の竹内洋は次のように説明する。

文化が資本であることを理解するためには次のようなことを想起すればよい。劇場やコンサートは入場料自体はほとんどの人々がアクセスできる範囲にある。にもかかわらず現実にこれらを享受するのは特定の人々に限られている。クラシック音楽や古典劇を理解可能にするコードがなければ楽しくないし、意味不明である。したがって文化財を理解可能にするコード所有者には富めるものがますます富むという文化資本の拡大が生じる。資本の拡大は貨幣や財産に限らない。しかもこのような文化資本は教育達成（学力、学歴）に有利なコードとなる。上層階級の家庭には「正統」文化が蓄積されているからである。正統文化とは高級で価値が高いと見なされる文化である。クラシック音楽や古典文学は正統文化であり、演歌や大衆小説は正統文化から距離がある。▼7

たしかに、「正統」で価値がある「クラシック」や「古典文学」は富裕層に馴染みの文化である。「演歌」や「大衆小説」を好む労働者が階層の上昇を目指すならば、学歴獲得に有利な富裕層の嗜好性や身振りを自分の生まれや育ちとは別に手に入れる必要がある、ということになる。そもそも近代教育とは、どんな家に生まれても、いかなる家庭環境に育っても、みな平等に公的な教育を受け、誰もが自分に誇りをもって生きていける社会を目指すものではなかっただろうか。時に自らの出自を偽り卑下させ、「正統」な文化を身に着けさせる学歴や富は、はたして人を幸せにするのだろうか。こうしたことが、教育学では問われてきた。

社会通念として、バレエをしようと、じゃがいもを食べようと、シェイクスピアを読もうと、レゲエを聞こうと、そうした好みは個人の自由であり、誰にもとやかく言われることはないということは、一般的に広く認められている。にもかかわらず、不思議なことに、こうした文化的な嗜好が貧富の差に結びついているという社会構造については意識されない場合が多い。そうであれば、たしかに、文化的な差異が経済的社会的な階層格差を生み出していることを可視化していく作業は、教育学研究としても重要だと考えられる。

ただ、こうした文化的差異に注目した一連の研究（カルチュラルスタディーズ）は、実際の「貧困」問題の何を解決したのだろうか。周辺に追いやられてきた文化に光をあてること、それぞれの文化のもつ意味を尊重する傾向を定着させてきたこと、それはたしかに大きな成果ではあった。でも、どの文化に価値があるかという主導権争い（文化的覇権闘争）だけでは、貧しさは解決しない。なぜなら、貧困層の独自文化に理解を示したとたんに貧困状態そのものも許容してしまうリスクを防ぎきれないからだ。

つまり、それぞれの人が見いだす意味や価値観を尊重する多様性の保障と同時に、貧困という状況からは脱する必要がある。それはおそらく、具体的には、中間層以上の文化を学校で押しつけるのではなく、子ども自らがそれぞれの文化の中で見いだすアイデンティティに誇りがもてるように意味づけつつ、自分の人生を生きる主人公として貧困に対峙できる構えを子どもの中に育てていくということになるだろう。文化の違いを「文化資本」闘争としてとらえるだけではなく、クラシックもジャズもポップスもある文化的多様性を日常実践の楽しさに結びつけ、社会全体のパフォーマンスを向上させることは不可能だろうか。多様性の保障と貧困の根絶、これらについて「あそび」から再考したい。

（2）対立ではなく文化の豊かさへつなぐ——ユニークな活動としてのあそび

ドイツ出身のユダヤ人で、アメリカに亡命した政治哲学者ハンナ・アーレントは、生物学的な人間（ホモ・サピエンス）であることとは別に、人間として生きるための哲学的条件を次のように述べた。

　差異を表明し、他と自分を区別することができるのは人間だけである。そして、人間だけが、渇き、飢え、愛情、敵意、恐怖などのようなものを伝達できるだけでなく、自分自身をも伝達できるのである。このように、人間は、他者性をもっているという点で、存在する一切のものと共通しており、差異性をもっているという点で、生あるもののすべてと共通しているが、この他者性と差異性は、人間においては、唯一性《ユニークネス》となる。したがって、人間の多数性とは、唯一存在の逆説的な多数性である。▼8

アーレントが述べるように、私たちは人間として、自分の感覚や感情、そして自分自身を、お互いに伝え合う「伝達できる」共通の基盤をもっている。自分を伝える「他者」をもたない人間はいない。そして、他者をもちつつ誰もが自分だけの命を、一人ひとり、唯一無二の存在として生きている。一人ひとりに「唯一」性（ユニークさ）があり、人間にはそれぞれに「差異」があり、だからこそ人間には多様性が存在するということだ。「誰かの他者として生きる」こと、「個々にちがっている」ことは、人間の条件といえる。

　ではユニークさ、つまり他には代えがない、他とは異なる、唯一の存在としての自分自身を伝達するとはどういうことだろうか。おそらく、その行為の中に、私たちが今考察している「あそび」が含まれる。

　アーレントは、人間が行う社会的行為を、「活動」（アクション）と「仕事」（ワーク）と「労働」（レイバー）の三つに分けた。「活動」とは、ギリシア市民の政治的行為、広場（アゴラ）に姿を現し公共の場で議論する行為が想定され、現代社会では政治集会での演説や市民運動への参加、NPOでの社会貢献などを指す。「自分自身を伝達する」行為が「活動」といえる。「労働」は、コンビニのバイトのような、人数と時間で換算される賃労働、「肉体の生物学的過程に対応する行為」であり、誰が行っても同じ、代替可能であり、人間の固有性や独自性を問わない行為とされる。「仕事」は、業務や趣味でのものづくりが想定されエンジニアなどの仕事に相当する。アーレントは、「活動」と「仕事」は人間の生に意味を与えるが「労働」は意味を与えない、にもかかわらず現代社会では「労働」が優位であり、他者を必要としない「労働する動物」である大衆の社会になってしまっていると述べた。そして、自分の満足（賃金）だけに固執している労働者は人間の条件を奪われており、人間として生きるための「活動」が私たちには必要だと主張した。

アーレントの議論から考えてみると、それぞれにちがっていること、ユニークであることが人間の条件であるならば、その人の代わりのいない「活動」や「仕事」の重要性は理解できる。そして「あそび」とは、端的に「自分を差し出す」ユニークな行為の連続であり、まさに「自分自身を伝達する」人間らしく生きるための「活動」ではないか。ただここから人間の生に意味を与える「活動＝あそび」の話に入りたいと思うが、その前に、人間の生に意味を与えないとされた「労働」について、批評家東浩紀の主張を伏線として参照したい。東はこう述べている。

古代ギリシアではたしかに、顕名で公共的な「人間」と匿名で私的な「労働する動物」が明確に分かれていたかもしれない。アーレントはその区別を現代に復活させることを提案した。けれども実際にはそこには、顕名の市民たちによる活動＝政治＝ポリスは、彼ら市民がそれぞれ所有する奴隷たちの匿名の労働＝家政＝オイコスで支えられるという、じつに残酷単純な下部構造があったのである。だとすれば、その区別を現代にそのまま持ち込み蘇らせようとすることは、はたして適切な選択だろうか。政治活動やボランティアの公共的な価値ばかりを強調し、労働にかかわっているかぎり人間は人間になることができないと論を立てるのは、むしろ労働の現場から生まれるさまざまな思考を政治の場から排除することにつながるのではないだろうか。ひらたくいえば、アーレントこそが、コンビニバイトをいちばん人間扱いしていないのではないだろうか。▼9

「労働」は誰かが担わなければならない行為である。生きたいのであれば、やらなくて済む行為ではない。だとすれば、東の指摘通り、「顕名の市民」と「匿名の奴隷」という分断によって労働者を人間から排除してしまうのではなく、その行為の分類自体を問い直すことは理解できる。女性や、発展途上国の人や、貧困に苦しむ人が背負わされている「労働」について、「労働」を免れている人が、「労働」するだけでは「動物」だ、それでは「人間になることができない」と言ってしまってどうするのか、ということである。

ここで「動物」的だと言われた人のもつ「文化資本」は、これまでの教育学の議論に従えば、おそらく「単純」で「下部」なものとして位置づけられてきた。しかしそこで働く人に見えている世界を知り、そこに生成している感覚や感性の歴史や意味を知ることで、「労働」と「資本」、「下部」と「上部」といった固定された価値観ではなく、多様な文化の生成に立ち会い、そこに私たちの社会の豊饒《ほうじょう》さを見出せる可能性もある。コンビニでバイトせざるを得ない労働者の意見を人間の声として聴きとることで、初めてわかることもあるだろう。改めて考えてみたいことは、アーレントの提出した行為「活動」「仕事」「労働」という分析枠組みをどう相互につなぎあわせれば、文化的闘争ではなく、文化の多様性を包摂する社会になるのか、ということである。私たちが楽しく生きる道、わくわくしながら多様性を生かし合う方途として、次の束の問いを共有しておきたい。

人間がもし、特定のただひとつの国家に属し、その価値観をきちんと内面化し、つまり国民としての自覚に目覚め新聞を読んだり選挙に行ったりデモに行ったりし、そしてそのあとで世界市民にいたるというやりかたではなく、ほかの方法でいきなり普遍性を手に入れることができるとしたら、それはどのようにしてか。▼10

つまり、私たちは社会にいるすべての人に対して、「つねにすでに市民である」という見方はできないのかという問いである。それは「子どもは市民」であるといってみることに他ならない。障碍をもつ人も、精神疾患のある人も市民であるということである。文化的教養を身につけ、学校を卒業し、納税しなければ市民ではないとするものの見方は、生産性や効率性、滅私奉公的な道徳性などで選別し合う相互監視を生み出し、弱者の社会的排除の温床になってしまいかねない。現状以上に格差を広げないためには、近代教育学が前提としてきた「未だ市民ではない子どもが公教育を受けて市民になっていく」という人間形成の構図をいったん離れ、それとは別の人間理解、すべての人が包摂される市民像が模索される必要があるのではないか。

子どもたちは先に見たように「おみそ」を仲間にするあそびの中では、自分らしいユニークさを発揮し、他者と異なることに誇りをもち、お互いにその存在を認め合っている。ギリシアの成人男性が自分の意見を述べることが「活動」であるように、境内のまつぼっくりで子どもがあそぶことも「活動」だと考えられる。どちらの行為も、誰かがその人の代わりを務めることはできない代替不可能な行為である。自分自身を伝達するという「その人にしかできない存在をかけた行為」として演説し、あそんでいる。人はあそぶときも、自分の意見を公に述べるときと同様に、自分自身の想像力や技や知識など、今ある自分をさらけ出す。その姿は「活動」する人間としての条件を備えている。ここで重要なのは、公共の広場で発せられる意見を聴くように、あそびの中にあるその声を、その身振りを、そこにある人間らしさを、私たちが聴きとることができるのかどうかだろう。あそぶ子どもの声を聴くことができるかどうか、つまり、遊ぶ子どもの姿を人間の存在をかけた行為として承認する力があるかどうか、それが問われているのだと思う。

4　なぜヒトはあそぶのか――生きがいのなさを超えて生きるためにあそぶ

（1）退屈を我慢できない歴史文化的背景

不特定多数の人が集まる場所をねらった無差別テロが、世界各地で起こっている。いつ、どこで、誰による犯行なのか予測できない暴力の温床に、経済的貧困や社会関係資本の脆弱化が横たわっている。地球規模での経済格差が、国境を越える暴力をうみだしている。もとよりテロ行為の原因はさまざまだが、少なくないテロリストたちが、既存の社会で自分なりに打ち込める仕事に就けなかったり、没頭できる好きなことが見つからなかったり、自分の声が政治に反映されていない疎外感を感じたり、愛する人と生きる喜びを感じられない暮らしをしていたことは推察される。激しい暴力が、若者たちの生きがいのなさや、貧しさの欠落感を埋める行為として選ばれていることは否定できない。

ひるがえって、私たちの目の前にいる子どもたちが日常的に発する「つまんない」「疲れた」というつぶやきは、ただ単に「平和の証」として聞き流しておけばよいことだろうか。テロリストが生きがいを見いだせない苛立ちと、子どもたちがなんとなくつまらないと感じる退屈さや力の出し切れなさにイライラする閉塞感は「自分の人生に満足できない」という意味でつながっている、というのは言い過ぎだろうか。そもそもなぜヒトは、退屈さを我慢できないのだろう。

ここからは、なぜヒトにあそびが必要なのかを考える伏線として、動物としてのヒトが退屈を我慢できない歴史文化的背景を探ってみたい。以下、人類学者の西田正規が提唱する仮説「定住革命」を参照しよう▼11。

ある時から人類の社会は、逃げる社会から逃げない社会へ、あるいは、逃げられる社会から逃げられない社会へと、生き方の基本戦略を大きく変えたのである。この変化を「定住革命」と呼んでおこう。およそ一万年前、ヨーロッパや西アジア、そしてこの日本列島においても、人類史における最初の逃げない社会が生まれた。▼12

二足歩行する初期人類は、遅くとも四百万年前に出現し、そのほとんどの時間を移動して暮らしていた。人類、つまり私たちヒトは、あまり大きくない群れをつくり、一定の範囲内を移動して生活していた。それは、「どれほど快適な場所であろうと、長く滞在すれば荒廃する。食料はなくなるし、排泄物で汚れてしまう。だが頻繁に移動すれば、環境を過度に汚染するのを防ぐことができる。汚染された環境もしばらくすれば元に戻る。時間が経ったらまたそこに帰ってくればいい」[13]生活だった、ということだ。

なるほど、そう聞けば、遊動生活の快適さも理解できる。ヒトが長きにわたって生きるための基本戦略として遊動を選んできたのは、移動することの利点が多かったからだろう。移動によって、一つの場に定住せず、大きな社会をつくらず、環境を荒廃させずに、ヒトは数百万年を生き抜いてきた。

ところがヒトは、生活様式を一万年前に変えた。「定住」を始め、西田いわく「逃げない社会」を選んだ。つまり歴史的に見れば、生きてきた内の400分の1しかヒトは定住生活をしていない、ということでもある。「人類史の視点から見れば、人類が遊動生活を放棄し、定住生活を始めたのはつい最近のことだと言わねばならない」[14]。

もう少し踏み込んで言ってみれば、「人類の肉体的・心理的・社会的能力や行動様式は、むしろ遊動生活にこそ適している。だからこそ、何百年もの間、遊動生活を続けてきた」[15]と考えられる。数百万年もの遊動生活のあいだ、私たちは食べ残しを放置し、排泄もその辺ですればよかった。ところが定住後のヒトは、一つの場で長く清潔に暮す必要から、ゴミ捨て場にゴミを捨て、決められた場所で排泄する習慣を身につけなければならなくなった。たとえば貝塚のようなゴミ捨て場を決めて、そこへゴミを捨てるよう努力した。しかも、哲学者國分功一郎が指摘するように、ヒトは、定住生活にともなう習慣の獲得の困難を、今も、それぞれの個体の成長過程で抱えざるを得ない状況を続けている。

子どものしつけで一番大変なのが、トイレで用を足すのを教えることである。／よく考えて欲しい。オムツをつけた幼児であっても、立ち上がり、駆け回り、話をし、笑う。おべっかなどの高度な技術を使って大人に自分の要求を飲ませようとすることもしばしばだ。彼らは生物として極めて高度な行動を獲得している。／それにもかかわらず、彼らは便所で用を足すことができない。それは周囲からの粘り強い指導の下でやっと獲得できる習慣である。……これは、決められた場所で排泄を行うという習慣が、人間にとってすこしも自然でないことのあらわれに他ならない。だからこれほどまでにそれを習得することが困難なのである。▼16

つまり定住革命とは、かつて人類が一度だけ体験した革命ではないということだ。ヒトは、それぞれが個々の人生の中で、その革命を反復する必要がある。定住民は、「苦労をしてこの革命を成し遂げている（もちろん成し遂げていない人もいるが、それはすこしもおかしなことではない）」▼17のであり、トイレで用を足すこと、そうじをし、ゴミを捨てることなどは、習慣獲得の難しさとして私たちの中で繰り返されている。

（2）「定住革命」によって「あそび」が必要になったヒト

また西田が述べるように、移動し続ける遊動生活は、新鮮な場との出会いによって大脳へと無数の刺激を与え、ヒトに心地の良い満足感を与えていたと考えられる。

キャンプを移すと、見える風景は変わり、ヒトはその場所を五感をとぎすまして探索する。食料資源がどこに、どれほどありそうか。危険な獣はいないか。薪はどこに。川を渡れるのはどこか。このような場面において、人の持つ優れた探索能力は強く活性化され、十分に働くことができる。新鮮な感覚によって集められた情報は、巨大な大脳の無数の神経細胞を激しく駆け巡るだろう。[18]

遊動していたヒトは、五感を最大限にとぎすまし生き生きと暮らしていた。ところが、定住を選んだことによって、感性や直観、個々の能力を駆使できるエネルギーを費やす場がなくなっていった。

> …定住者がいつも見る変わらぬ風景は、感覚を刺激し、探索能力を発揮させる力を次第に失わせることになる。定住者は、行き場をなくした彼の探索能力を集中させ、大脳に適度な負荷をもたらす別の場面を求めなくてはならない。……定住以後の人類史において、高度な工芸技術や複雑な政治経済システム、込み入った儀礼や複雑な宗教体系、芸能など、過剰な人の心理能力を吸収するさまざまな装置や場面が、それまでの人類の歴史とは異質な速度で拡大してきたことがある。／定住民は、それらの場面を用意することによって、彼らの住む心理的空間を拡大し、複雑化し、その中を移動することによって感覚や大脳を活性化させ、持てる情報処理能力を適度に働かせているのだと言えよう。[19]

つまり定住は、ヒトがそれまでにはもたなかった「余裕のある時間」を生みだした。定住によって得られた貯蓄食料や安全な寝床は、移動するキャンプ生活の探索活動をなくし、ヒトに時間的余裕を与え、心理的負荷を少なくし「余暇」を出現させた。ヒトが、高度な工芸技術や政治経済システム、宗教体系や芸能などを発展させてきたのは「定住による退屈を回避するため」だったということだ。探索能力の余剰を吸収できるさまざまな空間やシステムを自らの手でヒトがつくってきたのは、遊動生活がもたらす負荷が、ヒトの潜在能力にとっては必要なものであり、かつ、心地よいものだったからだろう。

ただし定住生活になってからは、探索能力を駆使する場が限られてしまっている。毎日、毎年、同じことが続く。目の前には同じ風景が広がる。かつての遊動生活で発揮されていた能力は行き場を失ってしまった。能力や感性の使い道がなく、自分を十分に発揮することができない。ヒトは「退屈」になってしまった。

定住によって私たちは、退屈をまぎらわせることを引き受けざるを得なくなった。もちろん遊動していたヒトが退屈を知らなかったということはないだろうが、しかし、「定住は退屈を、人間一人一人が己の人生の中で立ち向かわねばならない相手に仕立て上げた」[20]と考えられる。ゴミとトイレをめぐる行為が獲得すべき習慣になったことと同様に、退屈もまた、ヒトにとって対応を要する課題になった。トイレに行って用を足し、ゴミ箱にゴミを捨てるようになったように、私たちは退屈に対処する術を身につける必要がある。ただ、退屈への対処は、定住を決めた今の移動しない社会、つまり「逃げない社会」ではかなりの困難をともなう。ゴミを捨てられないヒトがいるように、それを成し遂げられない人がいることもまた不思議ではない。

逃げない社会の中にあっても、人々が逃げる衝動を完全に失ったわけではないだろう。定住社会の間隙を縫ってすり抜けるノマド（遊動民）たちは、その後も絶えたことはなく、また、定住社会における不満の蓄積は、しばしばノマドへの羨望となって噴出する。……人類がノマドとして生まれたことからして、あるいはノマドとして生きた時間の深さからして、その生き方は人類の体内の深くに染み入っているにちがいない。だが、たとえノマドへの衝動を持つにしても、すでにこの社会の人類が定住者としてしか生きられないこともまた明らかである。だとすれば、この社会がなすべきことは、

ノマドの否定でも蔑視でもないはずである。定住することによって失ったものにも想いを馳せねばならない。▼21

定住がヒトにもたらした規則や束縛、動くことができない苦しさに対して、私たちはどのように立ち向かえばいいのだろうか。私たち社会は、無差別テロのような暴力に抗するためにも、ヒトとして生きるおもしろさや過酷さ、探索能力が駆使できる場を必要としている。そのエネルギーの放出は、あそびを通して行われる。つまり、現代社会においてなぜヒトはあそぶのかと問われれば、定住に強いられた状況の中で人間として生きていくためだと応えることができるだろう。ヒトが退屈による鬱々とした気持ちに覆われてしまわないよう、鬼ごっこやかくれんぼで緊張したり解放されたり、スリルを味わうあそびを日常的に実践し、それぞれの個体のもつ潜在能力を引き出し、快感が充足される時間を確保する必要がある。

遊動して「生きた時間の深さ」が「体内の深くに染み入っている」ヒトである私たちは、人間らしく生きていくためにこそ、あそび続ける必要がある。生きるためにヒトはあそぶ。過酷でもある生の時間を生き抜くために、私たちは探索し、探求し、没頭し、熱中し、あそびに向かう。貧困が暴力へ回収されないためにも、たのしく、エネルギーが高まる人間らしいあそびを、社会の隅々につくりだす努力を続けるしかない。

5　貧しさに抗する希望としてのあそび——おわりに

生きるために人間はあそぶ。そして、どんなに貧しくても子どもはあそぶ。それは私たち社会の希望ともいえる。ただし、子どもたちが自ら、内発的に、能動的に、「みそっかす」を受容するような豊かなあそびの場をつくりだすためには、傍らにいる大人自身がそれ相応の文化を生成している必要があることについても、最後に述べておきたい。

たしかに、貧しくても子どもはあそぶ。「資本」がなくても、どのような状況にあっても、おそらくヒトは、生きるためにあそぶポテンシャルをもっている。ただ、考えなくてはならないことは、人間（子ども）は、自らで生まれる場所や時代を選ぶことはできないということだ。それぞれの子どもが、生まれた時から所与のものとしてもっている「資本」の量が少ないことによって、あそびの範囲が狭まったり、制限がかかってしまったりすることがあるのであれば、あそびの保障にむけた配慮が必要だろう。あそびが生成される重要性を考えれば、私たちには、すでにある「資本」格差の中で、子どものあそびを保障するためにすべきことがあるのではないかということだ。たとえば食事を、どんなに貧しくても、手間暇かけて心をこめてつくろうとしていれば、子どもたちはその姿を道しるべに、自らのエネルギーを高め、退屈を乗り越えるあそびを生成するのではないか。大人が食事に真剣に向かい合っていればこそ、ごっこあそびで、おいしい食事をつくりだそうとするイメージが生まれてもくる。

夜間中学の教員として活躍した松崎運之助は、敗戦後の長崎で児童期を過ごした。彼は、母親と弟と妹と自分の四人暮らしだった当時の生活を、次のように記している。母親は日雇いの重労働のため、連日の疲れで帰ってくるとすぐに眠ってしまう。いろいろ話したい子どもたちは、毎晩、母親を迎えに行く。

…近くの橋のたもとまで出かけていって、おふくろは暗くなってからしか帰らないので、街灯の下で影踏みなんかをして待っているわけです。…（中略）…ただ感心していたのは、（母は）どんなに疲れて帰ってきても必ず本を引き寄せて読もうとしていました。だけど、開けたまま寝てしまう。必ずいつもそうでした。表紙がぼろぼろになっているくらい大好きで、いつも手元に置いていた本は、パールバックの『大地』という本でした。……掘っ立て小屋での吹けば飛ぶような生活、みんなから汚いとか臭いとか言われ、ゴミみたいに思われていた生活の中に、『大地』がいつもあったし、マーガレットミッチェルの『風とともに去りぬ』もありました。▼22

母親の帰りを待ちわびる中、暗い夜道でも、子どもたちは「影踏み」をしてあそんでいる。貧しくても子どもたちはあそんでいる。ただ、こうしてあそぶ子どもの傍らには、どんなに疲れていても本を読もうとする母親の姿があった。

そのうちにおふくろは無理がたたって起きれなくなってしまったんです。日雇い仕事でしたから働きにいかないとすぐ食べる物がなくなってしまう。で、夜になると妹や弟が「おなかがすいた、おなかがすいた」って、横になっているおふくろをゆすって泣くんです。泣くけれど食べさせる物はない。

で、あまり泣くものでおふくろは歯を食いしばって起き上がって、そうしないとその泣き声は十軒先まで届きますからね、それで何をやるかというと、ただ二人をしっかり抱き締めるわけです。抱っこする。そして泣いている二人の目を見ながら話をするんです。それしかない。／私はそれをみているわけですが、ただ一生懸命、真剣になって話をするわけです。そうすると妹や弟は大好きなおふくろに抱っこされて、大好きな話を聞けるわけですから、またいつもの幸せな気持ちになってそのうちに寝てしまうということがありました。▼23

働きたくても身体が回復せず、手間暇かけてつくろうにも食べ物すらない。こうした貧しさの中にあってもなお、母親は人間らしい行為をあきらめず、心をこめて子どもを抱き締め、一生懸命、真剣に話をしている。本を読み、物語ることで、人間として生きる尊厳や、想像力をもつ豊かさを子どもたちに伝えている。こうして丁寧に大人が生きる文化的実践としての「活動」があればこそ、子どもはあそぶ。楽しさに向かうエネルギーを蓄え、異なる他者を包摂し、嬉々としてあそぶ子どもの姿には、私たち大人の生活の質が写しだされている。もちろん、松崎の母親のように、教養をもった人でなければ子育てができないという一面的な価値観に流されてはいけないだろう。しかし、子どもが子どもであるうちに、すべての子どもが、自分をつくり、自分を表現し、自分の存在をかけたあそびを生成していくためには、私たちの生活そのものが手間暇をかける文化の生成に彩られている必要がある。加古が見た境内でひたすらにあそぶ子どもの姿もまた、敗戦に打ちのめされながらも、明日への希望を捨てなかった大人たちが懸命に生きていたからこそ見えたのかもしれない。私たちは、これからの生活の中に「あそぶ子どもの姿」を見つけられるだろうか。貧しさを乗り越え、階層格差を是正していくためにも、今こそ、すべての子どもが嬉々としてあそぶ姿が見えてくる社会をつくりたい。

注

1 かこさとし（2016）『未来のだるまちゃんへ』文春文庫、17頁
2 かこさとし「絵本ナビ　戦後の混乱期、お寺の境内で、生きる勇気をおしえてくれた子どもたち」https://www.ehonnavi.net/specialcontents/contents.asp?id=112
3 同上
4 かこさとし（2016）前掲書、20頁
5 かこさとし（2016）前掲書、77～78頁
6 かこさとし（2016）前掲書、78～79頁
7 竹内洋（1995）『日本のメリトクラシー』東京大学出版会、25頁
8 ハンナ・アーレント著『人間の条件』志水速雄訳、ちくま学芸文庫、286～287頁
9 東浩紀（2017）『ゲンロン0　観光客の哲学』株式会社ゲンロン、107頁
10 東浩紀（2017）前掲書、97頁
11 ここでは、主に、西田正規（2007）『人類史のなかの定住革命』講談社と、國分功一郎（2015）『暇と退屈の倫理学』太田出版を参照する。
12 西田正規（2007）前掲書、13頁
13 國分功一郎（2015）前掲書、76頁
14 國分功一郎（2015）前掲書、77頁
15 國分功一郎（2015）前掲書、79頁
16 國分功一郎（2015）前掲書、87頁
17 國分功一郎（2015）前掲書、88頁
18 西田正規（2007）前掲書、32頁
19 西田正規（2007）前掲書、32～33頁

20 國分功一郎（2015）前掲書、94頁
21 西田正規（2007）前掲書、14頁
22 松崎運之助（1996）『幸せになるための学校』ひとなる書房、35～36頁
23 松崎運之助（1996）前掲書、36頁

第3章
遊びと遊び心の剥奪
──障害と貧困の重なるところで

…赤木和重

はじめに

本章では、障害のある子どもの世界を守るという視点から、特に障害児の遊びに注目する。

子どもの世界を守るためには、衣食住が重要であることは論を待たない。特に貧困という視点から見た場合、衣食住はより重要になる。しかし、「子どもの世界を守る」ためには、衣食住という生活の側面だけでは不十分である。遊びが何より大切にされなければならない。子どもの権利条約第31条で指摘されているように、子どもの遊びは権利として認められている。このことからも遊びの重要性は明らかである。

なお、貧困家庭に育つ障害のある子どもの遊びに関する研究・実践の蓄積は著しく不足している。そこで本章では、貧困家庭に育つ障害児の遊びを直接に論じるまえに、障害のある子どもの遊びの現状と課題を検討する。その後、貧困と障害が重なっている子どもの遊びについて論じる構成をとる。

1 障害児にとっての遊び——対立する2つの立場

障害のある子どもの世界を守るうえで、遊びは欠かせない。しかし、「なぜ遊びが欠かせないのか」という内実に分け入ったとき、大きくは2つの立場に分かれる（茂木 2004）。

1つ目は、遊びを障害児の能力・スキル向上の手段として位置づけようとする立場である。「鋏《はさみ》を用いた工作遊びをすることで、手先の器用さを向上させる」「リトミック活動に取り組む中で、身体の協調能力を高める」といった文言をイメージすればよい。実際、このような観点から実践者向けに多くの書籍が出版されている。遊びを通して、障害児の能力やスキルを向上させることで、子どもが今後の生活を少しでも困らないように過ごすことをめざす立場である。

2つ目は、障害児が遊びに没頭できることを重視する立場である。能力やスキル向上などを否定するものではないが、まず大事にされるべきは、障害児が遊びそのものを楽しむことを重視する。なぜなら、遊びの本来的意味を考えれば、その子自身が主体的に楽しむことが重要だからだ。しかし、スキル・能力向上が第一義に来た場合、遊びそのものが障害児にとって楽しくなくなり、場合によっては強制された遊びに転化することになりかねない。この2つ目の立場でも、もちろん、能力やスキルの向上がみられるかもしれない。しかし、それはあくまで遊びの「結果として」であると主張される。遊びそのものを通して、障害児の生活を豊かにしようとする立場ともいえる。

2　見過ごされた視点＝大人が遊んでいるか？

これまでの先行研究では、これら2つの立場それぞれについて概説し、その長所・短所を論じられることが多かった（白澤・土岐 2006）。遊びの位置づけを明確にしていくためにも、この種の議論は重要である。

しかし、本論では、このような論法をとらない。なぜなら、この両方いずれもが、見過ごしている重要な視点があるからだ。それは、「大人（実践者や保護者）が障害児と遊んでいるか？」という視点である。前者の「手段として遊ぶ」立場の場合、「障害児をどう遊ばせるか」という視点に重きが置かれるため、実践者は、障害児を「操作」する存在として位置づく。そのため大人が遊んでいるかどうかは、視野外に置かれる。

また、後者の障害児が遊びそのものに夢中になることを重視する立場も、同じである。もっとも、障害児が遊びを夢中になるときに、大人が楽しく遊んでいることはありうるし、そのような実践記録も散見される（白澤・土岐 2006）。しかし、その場合においても、「大人が遊ぶ」ことは中心的な力点になっているわけではない。

つまり、障害児の遊びを論じる際に、「大人が遊ぶ」という視点は、これまで十分に論じられていない。

3 「大人が遊ぶ」ことの重要性

もっとも、「大人が障害児と遊ぶ」視点は、重要でないために、視野外に置かれていただけかもしれない。しかし、以下の理由から、障害児の遊びを考えるうえで、「大人が障害児と遊ぶ」視点は、看過できない重要さを有する。

第一に、大人が障害児と遊ぶことは、障害児の発達を促す可能性が強いからである。障害児は遊びを通して様々な能力を伸ばすことが指摘されてきた。その1つとして、コミュニケーションの発達があげられる。たとえば、伊藤（1998）が指摘するように、イナイイナイバー遊びを通して、快の情動を共有したり、子どもから「もう1回」と大人に要求する力が育つようになっていく。特に、コミュニケーションの困難を抱える自閉症スペクトラム障害（以下、自閉症と呼ぶ）のある子どもにとって、大人が障害児と遊ぶそのこと自体が、彼らの障害を改善していくうえで貴重な機会となる。

第二に、大人がともに遊ぶことで、子どもがはじめた遊びを豊かに広げる可能性をもつからである。遊びは、1人では十分に広がらないことが多い。どの子にもあてはまるが、特に障害児の場合、その傾向が強い。たとえば、ひもふりをずっとしている知的障害を伴う自閉症幼児に対して、保育者がずっと見守っていた事例を近藤（2012）が報告している。自閉症の幼児（女児）のひもふりを見守っているだけでは、子どもはひもふりを継続するだけであり、そこから大人との関係も広がらない。近藤（2012）は、このような状況をふまえて、ひもふりの様子を、「新体操ごっこ」と命名して、遊びとして意味づけた。すると、保育者がピンク色のひもを準備し、そして、子どもと一緒に「新体操ごっこ」をして遊ぶようになった。このことをきっかけに、他の子どもたちも一緒に遊びはじめ、その中で、自閉症の幼児が、他の子どもの行動を模倣するなどして他児に関心をもつようになった（近藤 2012）。この事例のように、大人が、子どもと共に楽しめるような遊びを工夫することで、結果として子どもの遊びが広がっていくことは多くの実践記録から報告されている。

第三に、なにより大人が楽しければ子どもも楽しくなるからだ。シンプルだが、前述の2つの理由より、より本質的な理由である。

太田（1990）は、病棟で入院している障害のある子どもたちと遊ぶ時間を積極的につくり、そこでの実践を報告している。太田（1990）は、お化け探検隊なるものを結成し、子どもたちを巻き込み、巻き込まれながら次々と遊んでいく。この報告で注目すべきなのは、太田（1990）自身が、遊んでいるときの自分の感情を率直に書いている点である。しかも子どもと遊んで楽しかったという感情だけではなく、「遊びの単純さにアキアキしている」「この単純な遊びにうんざりしていた私」「正直なところ、私はこの単純さに再び辟易《へきえき》していました」など、子どもと遊んでつまらない気持ちを率直に何度も綴っている。障害児を対象とした遊びに関する実践報告で、実践者自身の感情、しかも、否定的感情も含めて何度も言及するものはほとんどない。

このような遊びに対峙する自分の感情を積極的に表現する背景には、実践者も「子どもと一緒に楽しみたい」からこそといえる。実際、このような「つまらない」と感じるからこそ、より楽しい遊びにしようと太田（1990）は工夫する。近くに見えた枯れ木を幽霊に見立てるなどして遊びが新たな方向に行くきっかけをつくったりしている。このように、大人が遊びに対して、「楽しみたい」と思うからこそ、子どもを巻き込んで、遊びをより遊びらしくしていくことにつながる。

4　なぜ「大人が遊ぶ」ことが視野外に置かれるのか？

このような重要性をもつにもかかわらず、なぜ「大人が障害児と遊ぶ」という視点が議論の俎上《そじょう》にあがってこなかったのだろうか。大きくは以下の2つの理由が考えられる。

1つ目の理由は、障害の改善や能力の向上に重きが置かれる背景があったためである。障害のある子どもと遊ぶ場合、私たちはどうしても、「障害が少しでも治るように」であったり、「できないことができるように」といった障害の改善や能力の向上を目的とすることが多い。特別支援学校の学習指導要領において、「社会参加」「社会的自立」といった内容が目標にあげられていることからも、この傾向は明確である。しかし、障害の改善や能力の向上が前面に出ると、遊びそのものの充実や楽しさは後景に退く。ましてや、大人が遊び、楽しむこと自体には注目されなくなる。

ただ、これだけでは、十分な理由にならない。なぜなら、障害児の遊びを重視する立場には、前述したように、障害の改善・能力向上を重視する立場だけではないからだ。障害児が遊びそのものに没頭する立場もある。その立場をふまえれば、この理由だけでは不十分である。この点を考えるにあたっては、次の2つ目の理由で説明されうる。

それは、大人がうまく障害児と遊べないからだ。シンプルだが、大きな理由だ。これは「遊び方」「遊ばせ方」という技術的な問題によるものではない。むしろ、私たちの「遊び観」の狭さが影響している。私たちが有している「遊び」のイメージが、障害のある子どもの「遊び」の実際とズレるために、意識するしないにせよ、障害児の遊びを遊びとはとらえられず、結果として、大人が障害児と遊びこめない事態に陥る。

一例をあげよう。自閉症のある2歳児が、クーラーの室外機に強い関心をもち、保育の間、室外機ばかりを描き続けていた。その関心は強く、自由遊びのときはもちろん、絵本読みなどの設定保育の時間でも、室外機のカタログを眺めたり、室外機を描いていた。このような2歳児に出会ったとき、私たちの多くは、その子と一緒に遊びこみにくい。「遊び」としてとらえるよりも、「こだわり」「強い同一性保持」といった自閉症の障害特性の現れとしてとらえたり、「切り替えが悪い」「みんなの活動に参加できない」と「問題行動」の1つとしてとらえる。そして、集団に参加できるように、写真や絵カード等を用いて、次の活動を示し、室外機という関心から離れさせようとする。このような支援の大義名分は、「学校に行ってから困らないように」とか「好きなことだけして生きていくことはできないよ」といったカギ括弧付きの「正しさ」である。障害児の遊びが、私たちが考える「よい」遊びとは乖離するために、遊びとして理解されにくい状態ともいえる。その結果、大人が障害児と遊ぶことができず、結果として、障害のある子どもから遊びが奪われていく。

以上を考えれば、とくに2点目にあげた状況を踏まえれば、「どのように遊ぶか」といった技術的な問題を検討したり、「大人も遊びましょう」といった精神的な内容を叫べば解決することではないことがわかる。そうではなく、私たちが有している「遊び観」とはどのようなものかを可視化させ、かつ、そこにどのような問題があるのかを自覚する作業が必要となる。その作業抜きに、「大人も遊びましょう」といったスローガンをいくら繰り返しても無意味である。

5　大人が有する「遊び観」

私たちが有している遊び観とはどのようなものだろうか。大きくは、次の3つに分けられる。

1つは、適切な遊び観である。ここでいう「適切」とは、社会規範に逸脱しないような遊びを重視する遊び観のことをさす。たとえば、子どもと仲良く遊ぶ、人形でままごと遊びをするなど、大人が「よい」

と判断する遊びのことを意味する。逆に、友だちを叩いて逃げるような遊びや、「うんち」「しっこ」と叫んで逃げまわるといった社会的規範を逸脱するような遊びが子どもの間で行われた場合、「不適切」なものとして対処されうる。加えて、大人が設定した園や学校生活の流れから逸脱するような遊び（前述したような「室外機を描き続ける遊び」）も、この価値観に基づけば不適切なものとしてとらえられる。

2つは、一緒主義の遊び観である。「一緒主義」とは、他の子どもと一緒に遊ぶことに肯定的な価値を付与するような遊び観のことをさす。たとえば、ある小学校では、2時間目と3時間目の間の20分の休憩時間に、「みんな遊び」という時間がある。この休憩時間には、クラス全員で一緒に同じ遊び（ドッチボールや長縄とびなど）をしなければいけない。みんなと異なる遊びをしてはいけない。このような強制的な遊びを遊びと名づけていいのか筆者には強く疑問が残るが、いずれにせよ、このような遊びが、学校教育の中で展開されること自体、「一緒主義」の遊び観が根強いことがわかる。また、ここまではなくとも、バラバラに遊ぶよりも、みなで一緒に遊ぶことをよしとする考えは根強くある（赤木 2017）。

3つは、「できるように」の遊び観である。どの子どもにおいても、その発達段階においては、ある遊びを十分にできないことがある。たとえば、3歳児や4歳児は、かくれんぼの遊びを十分にすることができない。コマを十分にまわすことができない5歳児もいる。障害児においては、さらに「～の遊びができない」状態が生起しやすい。とくに同年齢の障害のない子どもと遊ぶ場合、相対的に能力が低いために頻繁に生起する。このような場合、保育者・教師は、かくれんぼができるように、コマをまわせるように子どもを指導することが多い。実際、このような視点から多くの保育書・教育書が出版されている。このこと自体、「できないことをできるようにする」遊び観が強いことの表れといえる。

6　自閉症の子どもがつきつける私たちの「遊び観」の狭さ

一見すると、これらの遊び観は、当たり前で、これらの問題性を意識することすらないかもしれない。確かに、遊び観は、「保育・教育がうまくいっている（と支援者が思っている）とき」には自覚化されず、むしろ「うまくいかない」ときにこそ前景化してくる。

実際に、障害のある子どもたちの遊びを目の当たりにしたとき、これらの遊び観ではうまく対応できないことがたびたび出てくる。特に、自閉症のある子どもと遊ぶとき、この点は顕著になる。後にも述べるように、自閉症という障害の特性が、大人が有する一般的な遊び観と対立しやすく、それゆえ私たちの遊び観の狭隘《きょうあい》さを浮き彫りにするからだ。

自閉症は、発達障害の1つであり、次のような特性をもつ（APA 2013/2014）。第一に、コミュニケーションに困難を抱える。たとえば、「心の理論」の獲得に困難を示すように、相手の気持ちやその場の状況の理解が難しいことがしばしばみられる。相手が嫌がっているにもかかわらず、それに気づかずに嫌がることを話し続けることがある。第二に、同一性保持とよばれるように特定のものへの興味・関心が強い。たとえば、時刻表をずっと眺めていることがあったり、朝起きてから一連の決まったパターンで生活するなどの姿がみられる。第三に、感覚過敏や鈍感さがみられることがある。水に濡れるのを強く嫌がったり、特定の音を過度にうるさく感じるなどの特徴がみられる。なお、DSM−5という世界的に統一された診断基準があるものの、スペクトラム（連続体）という言葉が障害名に用いられているように、明確に障害の有無が線引きできるわけではない。

自閉症のある子どもたちは、このような特性もあって、障害のない子どもたちとは異なる質の遊びを示す。このことが、私たちが暗黙裡に有していた遊び観を浮き彫りにし、かつ、そこでの問題を可視化させていく。さきにあげた3つの遊び観との関係で、この点を確認していく。

（1）「適切な」遊び観から外れる

自閉症の子どもたちの遊びは、独自の興味・関心に基づいていることが多く、結果として、大人が考える「適切な」遊びからずれることが多い。たとえば、障害児の学童である放課後デイにおいて、タブレットを用いてネット動画を視聴しつづける自閉症の子どもがいた（赤木 2017b）。他の子どもたちが散歩に行くときでも、ネット動画をやめず、結果としてトラブルになることがあった。このような自分の興味・関心による遊びのみをすることでトラブルになることがしばしばみられる。また別府（1990）が注目した「挑発行為」もみられる。挑発行為とは、意図的に他者を叩いて、相手の反応を期待するような行為である。挑発行為は、少なくとも私たちの想定する「適切な」遊びではない。そのために、私たちはこのような行為を遊びとして子どもと楽しむことができない。むしろ、消去の対象としてとらえる。

（2）「一緒主義」の遊び観から外れる

自閉症の子どもたちは、1人で遊ぶことが多く、他の子どもたちと一緒に遊ぶことが難しいことも多い。ある年長児は、1人で図鑑を眺めており、教室に入ろうとしなかった。その中で、保育者が教室で友だちと遊ぶように声をかけると「この豚野郎」と暴言を吐くようなこともみられた。ここでも「1人遊び」「暴言」が問題になる。しかし、「問題」が「問題」としてせりあがってくるのは、「みんなで一緒に遊ぶ」のがよいという遊び観が前提となっている。

(3)「できるように」の遊び観から外れる

本来、遊びとは「できる―できない」という価値から距離をとることのできる活動である。しかし、実際はそう単純ではない。教師が「できたほうが楽しい」とこだわってしまう場合もある。加えて自閉症の子どもがもつ特徴が、結果として「できる」ことにとらわれてしまう可能性もある。自閉症のある子どもの中には、「100点でなければいけない」「漢字はきれいに書かなければいけない」といったように、「できなければいけない」と子ども自身が強く思いこむことがある。そして、それがかなわないとき、たとえば、テストで90点だったとき、その結果を受け入れられず、怒って持っている辞書を先生に投げつけたり、漢字のなぞりがきを少しでもずれると、それが許せずに自傷行為をはじめる自閉症の子どももいる(赤木 2018)。このことは遊びにおいても同様である。ちゃんとできないと自分や他人を責めることがある。もっとも、これらは直線的・短絡的に自閉症の子どもの障害特性に結びつけられず、教育の影響があることに留意する必要がある。

7　遊び観の転換と拡張——実践事例の紹介を通して

大人が障害児と遊ぶためには、遊び方のスキルをあげるだけでは対処できない。そうではなく、前にあげたようなかみあわなさが出てしまいがちな私たち大人の遊び観を転換・拡張させていくことが重要になる。以下、3つの遊び観それぞれについて、障害児の遊びに対する実践事例を通して、遊び観が転換していくプロセスを示す。

（1）「適切な」遊びからの転換——自分の「まとも」をいったん外す

チンコを連呼した知的障害と自閉症を伴う児童（ともひろ君）に対する実践を紹介する（赤木 2018）。ともひろ君は、小学校4年生のころから、チンコを言うことに関心をもちはじめた。理由は定かではないが、少なくとも大人の反応をおもしろがってではなく、チンコという語感を楽しんだり、チンコをもとに言葉を作ることに関心があるようだった。たとえば、お茶を保育者に頼むときに「チンコップください」と言ったり、銀行を見ると「ＵＦＪチンコウ」などとうれしそうに発言することが多かった。

当初、保育者は、「今は言わないで」と注意していた。保育者から注意されると、ともひろ君は我慢するものの、秀逸なチンコネタを思いつくとやはり止めることができない。衝動的に発言することが続いた。そこで保育者は再三注意を繰り返すが、止まることはなかった。むしろ他の子がまねをしはじめるなど、保育者にとって状況は悪化していった。

このような中、別の保育者が、「ともひろ君、ほんとうれしそうだね」とつぶやいた。このつぶやきがきっかけとなって実践が動きはじめる。

同僚の一言に、ともひろ君と中心的にかかわっていた保育者も、「確かに、うれしそうだ」と感じ、ともひろ君の様子を見ることになった。すると、彼は、解放されたかのように、ホールを走り回りながらチンコネタを連呼した。その様子を見た保育者は、「言いたい気持ちを抑えるのではなく、別の形で表現できるものはないか」と発想（実践での悩み方）を転換させる。そうすると、普段、ともひろ君が好きであった「書く」という行為が浮かびあがってくる。彼は、大人の話を速記者のように写すほど書くことが好きだった。保育者は、「トモヒロくんの大事なネタだからさ。先生、忘れないように書きとめておくわ」と伝えた。さらに、大きな声を出したときには、「大事なネタを人に聞かれて、パクられるといけないから、小さい声で教えて」と伝え、一緒に部屋の隅に移動するような実践に変化していった。

書くのが追いつかないくらいチンコネタが出てきたときに「書ききれないわ。トモヒロくん、書いてみてよ」と保育者が伝えると、「そうする！」と、ネタを言いながら、ノートに書きとめていく。

さらに、ノートの表紙に㊙と書いた『下ネタ帳』を先生が準備すると、トモヒロくんは「それはいいね！」と大喜びし、自らネタをノートに書くようになり、最終的には、「このネタは（デイサービスで）言う！」「デイサービスに行って書くから（言うことを）我慢する」と言うようになった。

さらにさらに、実践は膨らむ。あまりに楽しそうなトモヒロくんの様子や、発想豊かなチンコネタを見て、どうせなら一緒にネタづくりをしてみようと、保育者もチンコネタを考えることになった。「先生も考えたんだけど、こんなのどう？」と提案すると、「うーん…」と言う時もあれば、「それは、おもしろいね！」と、トモヒロくんがほめてくれる時もあった。トモヒロくんが認めてくれたネタは、下ネタ帳に書き加えられた。保育者によると、真剣になりすぎて夜も寝られない日もあり、「やるかやられるか」の真剣勝負になったそうだ。

この実践の進展から、保育者の「遊び観」が変化していくさまを感じ取ることができる。当初、保育者は、チンコネタの連呼を不適切な行為ととらえ、指導の対象としていた。ところが、子どもの楽しむ姿を「発見」することで、不適切な行為から楽しい遊びへと見方が転換した。さらに、このような遊び観が転換するだけではなく、最後は保育者も「やるかやられるか」と追いつめられるほど大人も一緒に楽しむ姿に拡張していった。

自閉症児の遊びの前に立ったとき「大人も楽しむ」ことは、言うほど簡単ではない。なぜなら、私たちの「適切な遊び」という正しさの前に、「楽しさ」は飲み込まれやすいからだ。飲み込まれないためには、私たちの「適切さ」の狭さや、「適切さ」にしばられていることを自覚し、かつ「不適切さ」と感じてしまう行動の中にある子どもの楽しさの芽を丁寧に見ていくことが重要である。簡単なことではない。しかし、自分の狭い正しさを越えて、一緒に楽しめたとき、それ以前には感じることができなかった豊潤な世界があることを、本事例は教えてくれる。

（2）「一緒主義」遊びからの転換――「ちがいながらつながる」遊びへ

日本の保育・教育は、私たちが意識している以上に「みんな一緒」にこだわっている（赤木 2017）。それは、遊びも例外ではない。このことは、前述した「みんな遊び」を例にあげるだけでも、十分に理解できる。もっとも、だからといって「1人で個々バラバラに遊べばよい」というだけでも不十分である。1

人で遊ぶことも重要だが、一方で、社会性の発達や遊びの広がりを考えた場合、大人や他の子どもとの遊びも重要になる。

「みんな一緒」の遊び観からの転換や拡張を考えるために、赤木・岡村（2013）にある「1人でばかり遊ぶ」事例をとりあげる。この実践は最初、以下のような展開をとった。

3歳児のあきら君（診断の有無については触れられていないが、自閉症の傾向があると思われる）が、他の子どもと遊ぶことなく、1人でミニカーを動かしたり、車の図鑑を眺めている。あきら君に対して、保育者は「みんなと一緒に遊びなさい」といった指示をしない。保育者は、あきら君のミニカー遊びに入っていき、一緒に楽しむところからはじめる。すると、他の子どもが保育者とあきら君の遊びに対して、「なにしているのー?」と言って入ってくる。しかし、あきら君は、自分の車で遊んでいて答えない。そのため、保育者が「あきら君と車動かして遊んでいるんだー」と代わりに答える。そうして他の子どもは、あきら君、保育者と一緒に車で遊びはじめる。

ここまでの実践から、保育者が、その子が楽しいと感じる遊びを大事にするところから出発し、一緒に遊んでおもしろさを共感しようとする姿勢を感じ取ることができる。みんなと遊ぶことを求めていない。保育者が一緒におもしろさを共感するからこそ、他の子どもたちが関心を寄せていく。こうして、他の子どもと遊ぶプロセスの萌芽が見られるが、ここで実践は終わらない。さらに実践は展開していく。

保育者は、遊んでいた自分のミニカーを、積み木で遊んでいた別の子どもたちのところに持っていく。そして、「積み木の町に到着でーす」とやや強引ともいえる展開で遊びをつくっていく。積み木で遊んでいた子どもたちが、「ここは、私のおうちなの」「Kはね、くるま、はしっている」「ここはガソリンスタンドでーす」と次々に話をする。その中で、あきら君は、「ガソリンスタンド」という友だちの発言が自分の関心と重なったのか、「いれてくださーい」と言って、ガソリンスタンドに車を入れたりしはじめて遊びはじめた。

保育者が、異なる遊びをつなげる役割をとっていることに注目したい。ミニカー遊びと積み木遊びは、一見すると関係がない。しかし、「積み木の町に到着でーす」と保育者が遊びはじめることで、遊びが組みあわさり、その中で、あきら君もこれまでとは異なる遊びをはじめていく。

この実践は、「みんなと遊ぶ」ことの意味について示唆を与える。「みんな一緒に同じ遊びをする」のではない。「それぞれが好きな遊びをしつつ、その中でつながっていく」という意味での「みんなと遊ぶ」である。赤木（2017）が指摘するように、「ちがいながらつながる」遊びだといえるだろう。また、このような遊びは、子ども1人では感じ取れなかった深く遊べることにもつながっていく。既存の遊び観を転換させる見方である。

（3）「できるように」遊びからの転換——「できなくても好き」な遊びを創造する

「できないことをできるようにする」遊び観を転換し、拡張させていくような実践を紹介する。放送作家である砂川（2019）による障害のある青年と取り組んでいる体験新喜劇を取り上げる（写真1）。砂川（2019）が、「大衆食堂や旅館など、喜劇の舞台となる庶民的な設定や魅力を取り入れながら、舞台経験のない方でも、より簡単に、より楽しく、参加者に合わせてオリジナル作を演じてもらう、これがいわば砂川流の体験新喜劇なのです」と述べているように、体験新喜劇とは、プロの役者ではなく、どんな参加者でも演じやすい喜劇のことをさす。どんな参加者でも楽しめるための工夫として、台本通りに演じることを求めない。大まかなシナリオはあるものの、それぞれが誤りや失敗も含めてアドリブで演じることを重視している。また、参加者の演技を生かし、参加者同士の演技をつなげていくために、砂川氏が、体験新喜劇の舞台に自ら参加し演じることも多い。

写真１　体験新喜劇の練習の様子（砂川、2019より）

体験新喜劇には、様々な意義がある。その1つとして、「できない」ことの意味を転換させているところがあげられる（赤木 2019）。障害のある子どもや青年が劇を演じる場合、セリフを言うことができなかったり、上手に立ち回れないことが多い。このような「失敗」が起こると、学校教育では、指導の対象となる。繰り返し練習させて「できるようにする」ことが基本的な指導となる。ところが、体験新喜劇では、そのような「できなさ」や「間違い」も1つのパフォーマンス、おもしろさとして転換させていく。そのための技術の一つが「間違いにノッてあげる」というノリである。たとえば、実際の体験新喜劇では、音響係の学生が悲しい曲を流すべきところで誤ってにぎやかな曲を流してしまう一幕があった。一瞬、場内に間ができる。その後、砂川氏は、「悲しい曲ですね」と一言、その誤りにあえてノル。すると、場が笑いに包まれた。

他者の誤りにあえてノル行為の背景には、砂川氏の思想がある。「ノリはやさしさ」という思想である。他者の間違いをすぐに正すわけではなく、その間違いを共有する、そのことでやさしさやおもしろさが生まれるのだという。

「ノリはやさしさ」という思想と技術は、なにも喜劇という非日常のみに適用されるものではない。むしろ、障害のある子どもの日常的な遊びの中でこそ生かされるべきものだ。実際、障害児ではないものの、保育の分野では、このような「できなさ」や「誤り」を遊びの出発点・転換点にしている例は日常の中に転がっている。たとえば、乳児と積み木で遊んでいるとき、乳児が積み木をうまく積めずに積み木を落としてしまうことがある。そんなとき、「落とす」ことを大人が笑い、そして、楽しんで遊びに変えていく。加用（1990）は、保育現場では子どもの失敗を笑うことがしばしば見られると指摘している。もっともその笑いは、あざけるような笑いではなく、「人権感覚の現れともいうべき笑い」と述べる。子どもの失敗をどこか自分の失敗と重ねてしまい、そこに共通点を感じて笑みがこぼれてしまうのだと指摘している。

しかし、障害児になると、この手の笑いが「不謹慎」と感じられがちである。誰かに直接指摘されなくても、いわば「自主規制」のようにして笑ってはいけないと感じてしまう。この姿勢が結果として、柔軟な遊びの展開を難しくし、結果として、障害児を「できる―できない」の思考の枠組みにはめてしまう恐れがある。その意味で、砂川（2019）の体験新喜劇の活動は示唆を与える。

8　障害と貧困の重なり

障害と貧困は密接な関係があることはたびたび指摘されてきた。大きな要因の1つが、障害に起因する厳しい経済的基盤である。たとえば、知的障害者が家族にいる世帯の家計構造についた調査した研究（田中 2010）によれば、本人収入を除いた世帯収入は、２４０万円未満が22％、４２０万円未満も含めると

55%を占めた。さらには、本人収入を上回る世帯の支出状況も全体で55%を超えていた。このような結果を含めて、田中（2010）は、障害者の家族においては、障害児の出生後、生涯にわたる貧困の継続が見られやすいことを指摘している。母親が、障害のあるわが子のケアの専従者にならざるをえない状況が続き、ダブルインカムで収入を得ることができず、それは年金にも反映され、結果として、高齢期まで貧困が継続するという指摘である。

田中（2010）の調査は、おもに知的障害のある成人を対象にしたものであったが、幼児期・学齢期にある障害児のいる家庭においても、貧困の問題は切り離せない。障害のある子どものケアのために母親の就労が困難であり、貧困のリスクになるという指摘（江尻 2013）がある。一方、困窮した経済状況のために、適切なケアが受けにくくなり、障害の固定化・悪化がおこるという意味での重なりもみられる（藤原 2010）。

障害と経済的問題の重なりを示すエピソードを1つあげる。私がボランティアとしてかかわっていた話し言葉のない重度知的障害のある自閉症の子どもは、常にドライブを親に求めることが多く、両親が夜中の3時や4時まで車を走らせ続けることが毎日のように続いていた。ドライブを断るとパニックになるために、両親も車を出さざるをえない状況であった。加えて、毎日、100均ショップや裁縫屋さんを複数めぐって大量の紐を買うこだわりがあった。1日に1000円をこえる量の紐を買うことも頻繁にあった。購入を制限すると、店の前に座り込んで動かず、パニックになることもあった。

このような場合、親、とくに母親は仕事を続けるのが難しい。連日、朝方まで運転したうえで仕事に行くのは現実的に厳しい。それに、紐へのこだわりがある子どもへのかかわりは、ボランティアやヘルパーの誰もができるわけでもない。専門的な知識やスキルが求められる。また紐を購入する経済的な負担もある。そのため、母親が主となってかかわることになる。結果として、母親の就労困難が、経済的に厳しい状況に結びつきやすい。同時に、紐を買うための費用も無視できない。かといって、紐を買わないでおくことは、子どもの障害や発達の状況を悪化させることにもつながっていく。ここであげたご家庭は、経済的に貧困の水準にはなかったし、丁寧なケアが行われていた。しかし、多くの同じような状況にある家庭においては、公的な社会的支援が十分ではない日本の場合、貧困に陥るリスクの高さは想像に難くない。

9　貧困家庭に育つ障害のある子どもの遊び

丸山（2017）は、障害のある子どもの貧困と学校教育について、レビューを行っている。経済的理由で、特別支援学校に子どもを進学させるなど進路選択にかかわる問題や、障害のある子どもの貧困に対する意識、教員が実際にどのように経済的に厳しい状況にある家庭の子どもに対する支援など様々な論点をあげて整理している。障害のある子どもへの学校教育は、経済的な面はもちろんのこと、登下校など様々な面で保護者・家庭に依存していることを明らかにしている。

丸山（2017）の指摘は非常に重要であるし、さらなる調査や実証的検討が求められる。その一方で、本稿のテーマである貧困家庭に育つ障害のある子どもの遊びについては、論点にあげられていない。他の先行研究でも管見の限り検討されていない。

このような状況ではあるが、仮説的にでも、貧困家庭に育つ障害のある子どもの遊びに言及していくことは、いま、ここで困っている子どもへの支援を考えるうえでも意味があるだろう。

貧困家庭で育つ障害のある子どもの遊びを考えるうえで示唆を与えるのは、貧困状況にある障害のない子どもの遊びである。こちらも十分な蓄積があるとはいいがたいが、いくつか報告されている。その1つに、アメリカの貧困地域にある公立幼稚園・小学校のフィールドワークを行った報告が参考になる（赤木 2017）。そこでは、子どもの特徴として、協調性の低さが報告されていた。たとえば、小学校低学年で、長縄の遊びをしていたときにルールを守れずに我さきにと飛び始めたり、縄を回すペアの子ども同士の息があわずに長縄の遊びができない・続かない様子がみられている。また、同じく小学校低学年の子ども同士の鬼ごっこでも、全員が鬼になりたがったりして、遊びが継続しない様子が描かれている。このような原因について、赤木（2017）は、公立幼稚園のカリキュラムが文字や数などの短絡的な早期教育に傾倒し、自由遊びが1日に15分ほどしかない状況にあると考察している。

加えて、動機の語彙の偏りについても明らかにされている。幼児同士で遊んでいるとき、ちょっとしたトラブルがあったさいに、「死ね」と一言で終わり、自分の気持ち（行動の動機）を言葉にできない幼児の姿がみられたことを報告している。「なぜ、自分はいま不快なのか」という理由を言葉で説明することが一様に難しい様子であった。その一因として、赤木（2017）は、親から丁寧に自分の気持ちを聴き取られる経験が少なかったのではないかと考察している。

このような様子は、イギリスの貧困地域にある託児所で保育者をしているプレイディ（2017）にも同様の記述がある。定量的な調査は今後をまたねばならないが、このような子どもの傾向は一定の妥当性をもつものと思われる。

「協調性の低さ」や「動機の語彙の少なさ・偏り」という子どもの遊びの特徴に、障害が重なると、より一層、これらの傾向は強まると推察される。特に、社会性やコミュニケーションの発達に困難を抱える自閉症の子どもたちにとっては、この状況はより加速する。少なくない自閉症の子どもたちは、1人で遊ぶ傾向がある。そのことを尊重しつつ、赤木・岡村（2013）で示したように、意図的に他者との遊びを展開していく中で、子どもたちはより深い遊びができたり、他者と感情を共有し、協調性を高めていく。このような専門的な支援は、家庭だけでは難しい。多くの場合、専門的な療育の場に定期的に通う必要がある。しかし、経済的な理由でこのような場に通うことが難しければ、協調性を高めていくことは難しくなるだろう。また、親に精神的な余裕がない場合、自閉症の子どもの独特な行動の背景にある子どもの思いを推測するまで至りにくい。その結果として、自閉症の子どもが、自分の感情を言語化して伝えていくことが難しくなることも想定される。

10　障害と貧困が奪うもの——子どもの遊び心・大人の遊び心

障害と貧困が重なる中で、多様な遊びの機会が奪われ、結果として、障害のある子どもの能力が制限されうることを述べてきた。しかし、障害と貧困による影響はそれだけではない。むしろ、それ以上に重要なのは、障害と貧困によって、生活から遊び心が奪われることである。遊び心とは、『正しさ』と距離をおき、逸脱や失敗、悪ふざけを楽しもうとする心的姿勢のことを指す。

障害や貧困が重なるとき、遊び心は剝奪されやすい。筆者には、厳しい経済状況で暮らした知人の話を聞いたことがある。彼の父はお金を家に入れることはなく、母が非常勤で働いた収入で暮らしていたという。毎週土曜日の自宅での昼ごはんは、もやし炒めだったそうだ。そして、この状況を嘆く祖母の愚痴を隣で毎日聞きながら暮らしていたという。

このような状況は、子どもから、そして、大人から遊び心を奪っていく。電話がなるたびに、サラ金業者からの請求かもしれないとおびえる中では、逸脱や失敗を楽しむ余裕は奪われていく。

障害のある家庭でもその質は異なるが、遊び心が奪われやすいのは例外ではない。「奇声」と表現できるような大声を唐突に、そして頻繁に出す重度の知的障害のある自閉症の中学生がいた。夜中でも頻繁に大声を出しながら、家の中をどんどんとジャンプする。マンションの3階だった。大声やジャンプを一緒に楽しむ余裕は、当然ながら家族には全くない。下の住人からは再三の苦情がすでに来ている。これ以上、苦情がくれば引っ越さないといけないかもしれない。しかし、引っ越すだけの経済的余裕はない。このような状況の中で、真っ先に奪われるのは、遊び心だ。

このように厳しい状況のときにこそ、保育・教育にかかわる専門職には、遊び心を大事にする思想と遊び心を引き出す技術が求められる。遊び心を失ったとき、「こうすべき」といった硬直した正しさによる子ども理解と指導が顔をのぞかせる。標準から逸脱するような障害児の遊びを遊びとは見なさず、「問題行動」の対象としてみる見方を強めることになる。「かわいそう」とか「助けてあげないと」という善意のまなざしが出やすい状況においては、より「まじめに」支援をしなければいけないとなり、「遊び心」は不謹慎なものとして排除される。

ここで「チンコネタ」の事例を振り返ってみよう。標準から逸脱したものに楽しみを見出す保育者のまなざしが、自閉症の子どもとつながり、遊びを共に創造し、その結果、子どもがチンコネタを言いたい気持ちをコントロールできるようになっていった。体験新喜劇の実践を振り返ってみよう。「できなさ」を「できる」ようにするのではなく、そのできなさも面白いよね、とノッてあげることがユーモアを創り、参加者の寛容さと創造性を引き出していた。「正しさ」だけでかかわっていれば、このような実践は展開されなかっただろう。

なお、ここで注意したいのは、「遊び心」は、なにも遊びだけに適用されるものではないことである。むしろ、日々の学習や生活の中にこそ、大事にしたい視点である。

小学校特別支援学級の担任を長くしていた村上公也氏は、多くの遊び心あふれる授業を展開している（村上・赤木 2011）。その1つに、「うんち語文字」というオリジナル教材がある（村上 2014）。「うんち語文字」とは、**写真2**のように、教師がうんちのかぶりものをしつつ、文字の前段階ともいえる半具象的な記号を書く。そして、子どもたちが、そこに書かれた意味を推測する。実際、**写真3**のように、子どもた

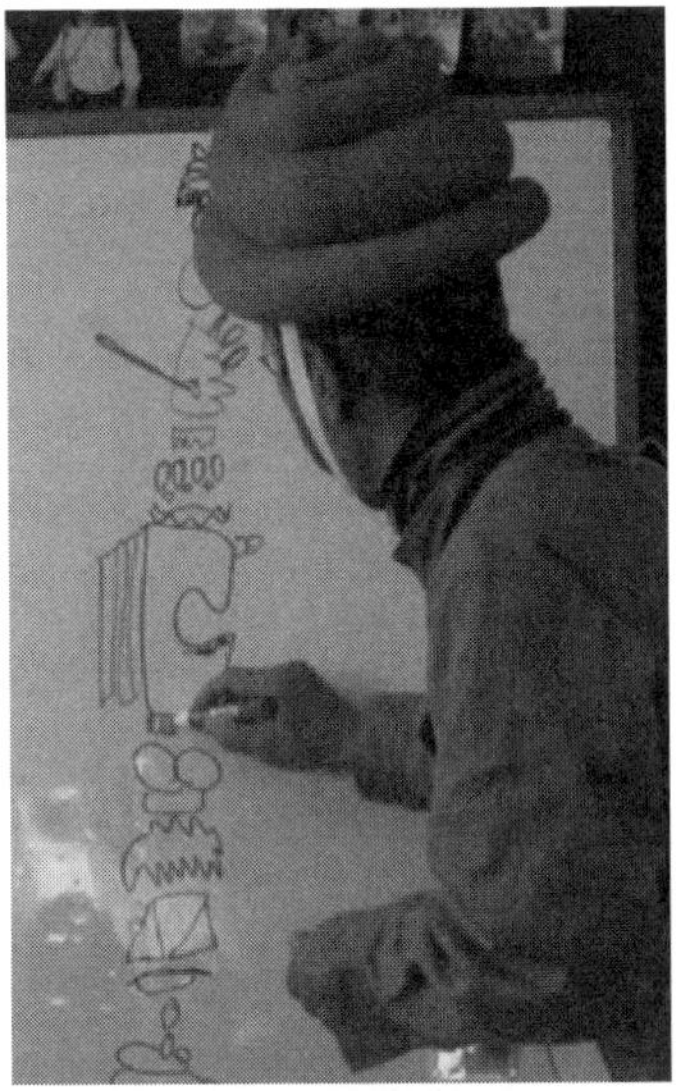

写真2　うんち語文字を書く（村上、2014より）

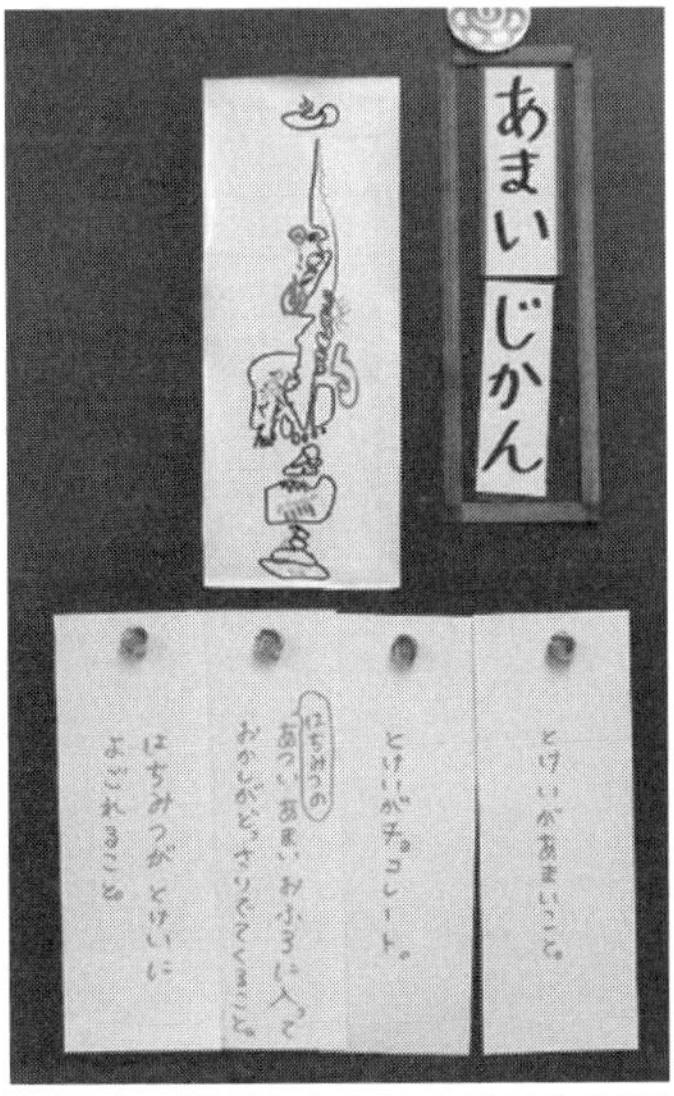

写真3　子どもたちによるうんち語文字の読みとり（村上、2014より）

ちは、うんち語文字を読みとっている。加えて、回数を重ねると、教師だけではなく、子どもうんち語文字を書き、子ども同士でうんち語文字の意味を推測するようになっていく。

村上（2014）は、障害のある子どもたちが自分の思いや感情を表現するには、これまでの「正しい」指導法では限界があると断言する。「子どもに正しい文字を教えこみ、その後で、自分の思っていることを自由に話しなさい」というよくある「正しい」指導法では、教師の言ったことを覚えて繰り返す傾向にあるからだ。そこで、うんち語文字を開発したという。具体的ではありつつも、その意味の読み取りには自由度があるからこそ、自分なりの表現が出てくる。そして、なにより、「うんち」という遊び心が湧きたつような教材を採用している点にオリジナリティがある。一見すると、うんちは教育を行ううえで不適切であり、不謹慎である。しかし、そのような正しさからあえて距離を置くことが、結果として、「ねばならない」「すべき」という心がまえから距離をとることにつながり、学びの自由度をあげていく。「なにを言ってもよい」という学びやすさにつながっていく。**写真3**のように、知的障害と自閉症をあわせもつ子どもたちが、自分の言葉で表現を創発させていく。決まり切ったプリントのなぞり書きでは、何度繰り返してもこのような表現が創発することはないだろう。

主に知的障害者が働く福祉現場で勤める木ノ戸（2019）は、自分の施設のモットーの1つとして「ギリギリアウトを狙う」をあげている。その意図について書かれた部分を引用する。

「だから始業時間はまちまちだし、眠くなったら昼寝を推奨されているし、特に理由もないのに休みを取る人には拍手が送られる。知らぬ間に僕たちの内面に巣くってしまった窮屈な許容範囲の、ちょっと外側に勇気を持って足を踏み入れ自己規制を解除し続けることで、かつてはアウトだったものが少しずつセーフに変わってゆき、「普通」や「まとも」や「当たり前」の領域が、言い換えれば「生きやすさ」の幅は広がってゆく」（木ノ戸 2019: 20-21）

障害や貧困を語るとき、その困難ゆえに、「正しさ」がつきまといがちだ。障害児の遊びも「正しさ」の枠から逃れにくい。しかし、その「正しさ」をちょっと超えたところにある実践を丁寧に見つめると、「正しさ」ではなく遊び心から、子どもたちの表現や発達が創発していくことがわかる。遊び心を大事にすることが、障害や貧困の中でも子どもたちや大人たちの生きやすさを確保することにつながる。

引用・参考文献

赤木和重（2017a）『アメリカの教室に入ってみた――貧困地区の公立学校から超インクルーシブ教育まで』ひとなる書房

赤木和重（2017b）「気になる子の理解と保育――創造の保育にむけて」『発達』149、ミネルヴァ書房、18～23頁

赤木和重（2018）『目からウロコ！ 驚愕と共感の自閉症スペクトラム入門』全障研出版部

赤木和重（2019）「ユーモアと即興が生み出す障害児の発達」赤木和重編『ユーモア的即興から生まれる表現の創発――発達障害・新喜劇・ノリツッコミ』クリエイツかもがわ、159～186頁

赤木和重・岡村由紀子（2013）『「気になる子」と言わない保育――こんなときどうする？ 考え方と手立て』ひとなる書房

American Psychiatric Association. (2013). *Diagnostic and statistical manual of mental disorders, 5th ed.* Washington DC: Author.（日本精神神経学会監修、高橋三郎・大野裕・染矢俊幸・神庭重信・尾崎紀夫・三村將・村井俊哉訳（2014）『DSM-5 精神疾患の診断・統計マニュアル』医学書院）

別府哲（1999）「挑発行為を頻発した自閉症幼児における他者理解の障害と発達」『発達心理学研究』10、88～98頁

ブレイディみかこ（2017）『子どもたちの階級闘争――ブロークン・ブリテンの無料託児所から』みすず書房

江尻圭子（2013）「障害児の母親における就労の現状と課題――国内外の研究動向と展望」『特殊教育学研究』51（5）、431～440頁
藤原里佐（2010）「障害児者の貧困をどうとらえるか――重なり合う困難という視点から」『貧困研究』vol. 5、明石書店、69～77頁
伊藤良子（1998）「遊び」松野豊・茂木俊彦編『障害児心理学』全障研出版部、66～88頁
木ノ戸昌幸（2019）『まともがゆれる――常識をやめる「スウィング」の実験』朝日出版社
近藤直子（2012）『自分を好きになる力――豊かな発達保障をめざして』クリエイツかもがわ
丸山啓史（2017）「『障害のある子どもの貧困と学校教育』をめぐる研究の課題」『SNEジャーナル』23、40～52頁
村上公也（2014）「うんち語文字による表現の創発――うんち語文字の貫通力」『京都国際社会福祉センター紀要』30、19～26頁
村上公也・赤木和重（2011）『キミヤーズの教材・教具――知的好奇心をひきだす』クリエイツかもがわ
茂木俊彦（2004）『発達保障を学ぶ』全障研出版部
太田令子（1990）「遊びを通して療育を問い直す――ぼくらはお化け探検隊」心理科学研究会・太田令子編『僕たちだって遊びたい――障害児・気になる子の遊びを見つめ直す』萌文社、17～60頁
白澤琢・土岐邦彦（2006）『障害児と遊びの教育実践論』群青社
砂川一茂（2019）「障害のある青年とともにつくる体験新喜劇」赤木和重編『ユーモア的即興から生まれる表現の創発――発達障害・新喜劇・ノリツッコミ』クリエイツかもがわ、17～64頁
田中智子（2010）「家計構造からみる成人期知的障害者のいる家族の貧困」『貧困研究』vol. 5、明石書店、78～86頁

第Ⅱ部
子どもの世界を守る実践

第4章

遊びと育ちを支える保育実践

…山岡真由実

はじめに

無条件に親に愛を注がれ「かわいいね」と見守られ、泣けばあやされ、笑えば微笑みを返してもらい、指させば「○○だね」と応えてくれる、そんな応答的なやりとりの中で、子どもは「信頼できる存在としてのひと」を認識し、安心して自分の要求を表すことができるようになっていく。その積み重ねが大切な自尊感情を育くんでいくことにつながっていくのである。

そんな当たり前のことが当たり前でなくなり、乳幼児期から鎧《よろい》で身を守り、他者との壁を作ろうとしている子どもたちが、現代社会の中で、全体としてとても増えている危機感を保育現場で抱いている。とりわけ経済的貧困から派生する様々な困難を抱えている地域・家庭に、その特徴がより顕著に表れていることを実感している。

しかし、同時に、どのような家庭背景を抱えていても、乳幼児期からの集団生活の中で、共通のイメージを抱き、共通の体験をしながら豊かな世界を広げていく可能性が、「子どもの遊び」の世界によって拓《ひら》かれていくことも体験している。

本章の前半では、乳幼児期の子どもたちの経済的貧困下での実情について触れ、後半では、子どもの貧困問題を考える際に極めて重要である、人間性の土台を育む乳幼児期の育ちに不可欠な「遊び」の可能性について述べたい。

1　保育所から見える「困難」を抱えた保護者と子どもたちの実態

（1）経済的な貧困から生み出される何重にも重なる困難さ

クラスのみんなが散歩に行く準備をする中、ひとり動こうとしないため「お散歩行こうね」と声をかけると「なんもくってねぇんだわ！」と保育者の手を振り払う5歳児女の子。「明日、一緒に作ろうね」と約束すると「どうせわすれるだろ！」と保育者をにらみつける5歳児男の子。大人への不信感と拒絶感が全身から伝わってくる。逆に「この人は大丈夫」と思うと執拗《しつよう》に甘え、「おまえオレのおんな」と保育者に抱きついて離れない、しかし、ひとたび要求が通らないと豹変《ひょうへん》して「ばかやろー、しね！」と悪態をつく4歳児女の子。泣き始めかんしゃくを起こすと、気持ちがパニック状態になり、収まらず1時間近く暴れる3歳児男の子。日頃抑えている感情が一気に爆発して、せつなくなるような叫びを発する子どもたち。保育者に思い切り甘えて要求をぶつけたり、悪態をついたり、無秩序な悲鳴にも近い言動は、保護者に対しては出さない、出せない。保護者の前では「いい子」でいなければいけない、保護者に見捨てられる不安を抱えながら、懸命に自分の存在場所を守ろうとしている。そんな姿を見せる子どもたちの背景には、経済的貧困から派生する何重もの困難が存在している。多くのケースの中から、複数の事例を組み合わせて、条件を改変して事例の一部を紹介する。

◆工事現場で早朝から働く父親と交代して、夕方から勤めに出かける母親は夜中までの仕事で朝起きられず、登園時間は不安定で買い置きの菓子パンが5歳児と2歳児きょうだいの食事に。2人とも野菜も果物も苦手で皿をひっくり返し食べようとしない。筋力が弱く、表情が乏しくボーっとしていることが多く、保育士からの働きかけも頑《かたく》なに拒絶する。とにかく毎日保育園に来られるように、電話をかけたり、迎えにいったりしながら、何時登園でも受け入れて、生活リズムを作ることを大切に働きかけ続けた。仕事をがんばっている両親を励ましながら、園側からなにかを求めるのではなくて、どんなささいなことでも「できた」ことを認めることによって両親が保育園を頼りにするように変化し、登園が安定してきた。すると子どもたちも興味の世界が徐々に広がり始め、遊ぶ姿がみられるようになった。遊ぶことによって友だちとの関りも出てきて、給食を「食べたい」という気持ちも湧いてきて、着実に育ってきた。

◆中学卒業後、地方から出てきた5・4・3歳児3人の年子を抱える20代前半の若年保護者。母の実父は自分と同年齢の若い女性と再婚し実家を頼れず。長男は発達障害で育てにくく、絶えず怒鳴りつけの子育てになってしまう。帰宅後はきょうだいげんかが激しく、3人とも傷が絶えない。下の2人にも愛着障害的傾向が出てきて、保育者への悪態、友達への暴力、話を聴けず走り回る姿が目立つようになる。3人とも療育機関とつなぐが、母親は面倒になって何度もすっぽかして続かない。父親はお金を稼ごうと現場仕事をがんばるが、職場の同僚とケンカ沙汰が多く転々と職場替え。児童相談所との連携を強化して絶えず見守り、母親を支えながら包括支援センターも使って具体的支援を進めていた矢先に、父親が傷害事件を起こし拘留《こうりゅう》された。釈放後、仲間からの報復を怖れ夜逃げのように転居。その時、母親のおなかの中には4人目の子どもがいた。なんとか転居先をつきとめ、転居先地域の児童相談所へつなぐことしかできなかった。

◆「なにか食べるものをください」と、アパートの隣の部屋を小学生の2人のきょうだいがおとずれたことで、通報された家庭には、まもなく3歳の誕生日を迎える全くしゃべらない女の子がいた。児童養護施設で育った母親には4人の子どもがいて、中学生の長女は母の連れ子、下3人は同居中の内縁の夫の子ども。地方から引っ越してきたばかり。母親の生活力が低く、食事もうまく作れず、小学生のきょうだいは歯磨き習慣がなく歯がすべて溶けてなくなっており、一時保護施設で生活指導を受ける。女の子は、「溶かした小麦粉を飲んでいた」ということで、体がとても小さく、あやしても表情がほとんど変化しない子だった。生活保護を受給し、保健師による生活指導を受け、保育園でサポートし続け、現在は母親・長女は就労し生活をなんとか回している。清掃の仕事を丁寧にすることができ、真面目に働く母親は「都合よく」シフトに入れられているような印象も受けるが、母親自身は「あてにされている」ことがやりがいになり、働き続けられている。女児はその後すくすく育ち、大人に「甘えたい」気持ちを表現できるようになった。5歳児期に排泄が自立し、自分の要求を言葉で表現するようになり、3歳児の仲良しさんと笑ってふざけあえるようになった。身体的にも知的にも発達の遅れがあるため、個別対応が必要でサポートを受けながら就学した。上の子も養護学校に進み、家族でバスを待っている姿を見かける。その時に笑顔や会話をしている様子を見かけると、一生懸命生きている健気さに安堵するとともに、将来のことを考えると大きな不安に駆られる。

◆「もう財布に22円しかない」と園長にヘルプを求めにきた母親は、未婚で小学生と2歳児と3人暮らし。以前に勤めていた風俗で体を壊し、メンタル疾患で薬を飲むと眠り続けてしまい、そんな時は小学生が2歳児の世話をしている。近くに住んで定期的にサポートしている祖母がケガをしてどうにもならなくなり、保育園にSOSを発してきた。ただちに児童相談所職員と連携し、生活保護を申請。生活保護を受給し食べるものへの不安がなくなり、ほしいものを買ったり子どもの要求に応えたりすることができるようになり、徐々に母親の表情が明るくなってきた。養育支援ヘルパーにより掃除等の生活援助も受け、母親の状態がよくなってきたことで、子どもも情緒が安定し元気な表情になってきた。しかし、お金の管理がうまくできず、月後半になるとお金がなくなるという事態が繰り返される。「ぼくのスイミングでお金がかかってしまったので、主食費は来月まで待ってください」と、670円の主食費が払えず、保育園で頭を下げる兄の姿にせつなくなる。お金をめぐって、区内に住んでいる実の姉と、子どもたちの目の前で殴り合いのケンカをして、通報されパトカーで連行される母のことを、どのように感じているのか、サポートチーム会議で共有してスクールカウンセラーに援助してもらっているものの、思春期になった時の兄のことが心配でならない。チームで継続的な支援が必要なことを実感する。

◆3歳児の子どもに呼吸器疾患があり頻繁に通院が必要だが、公共交通等人込みの雑菌による感染症のリスクを避けるために軽自動車を手放させなくて、生活保護受給ができないシングルマザーは、小学生と本児と3人暮らし。統合失調症で施設入所した祖母を置いて、祖父は逃げてしまったため、頼れる両親はいない。呼吸器疾患の定期的な通院のため就労条件も整わず、可能な範囲で働いても収入は少なく、入浴や衣服交換も数日おきになってしまう。エアコンも買えず、夏の休日はショッピングセンターで日中を過ごす過酷な生活環境になっている。呼吸器疾患の医療的な証明で、生活保護申請できないか相談を繰り返したが、うまく適用できる制度がなく改善が困難であった。小学生の部活の道具を購入してあげたくて早朝新聞配達を3つめの仕事として始め、母の過労が心配な状況であったが、職場の上司と突然再婚して転居となった。今後の幸せな新生活を願うばかりである。

せめて祖父母など頼れる親族がいれば……と思うが、保護者自身が離別・行方不明等、困難な家庭で育ち、支えてくれる実家がなかったり疎遠だったりして、家族のイメージが抱けないケースが少なくない。そして現在の子育てが極めて不安定であるにもかかわらず、すぐに次の子を妊娠することも多い。見通しが全くもてないまま、不安定な妊娠・出産を繰り返す。

貧困の中で育つと経済的にも、社会的にも、文化的にも制約が大きく、生活体験が極端に狭まり、生活不安は精神を追いつめ蝕《むしば》んでいく。そのような環境で育つと、子どもは当然のことながら、無気力で表情が乏しく、人とうまくかかわれず泣く・わめく・手を出す等の自己表現になってしまいがちで、そのことにより虐待的な子育てにつながるリスクが高くなってしまうのが、哀しいけれど現実である。

（2）生活体験の乏しさが子どもの世界を狭める――乳幼児の場合、遊びに直結

転勤に伴い様々な地域の小学校卒業式に参加している。卒業生が語る「将来の夢・目標」には未来への希望を感じ、心ときめかされる。しかし、貧困家庭・支援家庭が多く存在する地域の小学校卒業式に参加した初めての年に、衝撃を受けた。

男子は〝お笑いタレント〟〝TVに出て有名になりたい〟、女子は〝ファッションデザイナー〟、〝自分の

お店をもちたい〟が圧倒的に多かった。高学歴が求められる〝医者〟や〝学校の先生〟はともかく、どこの小学校でも出てくる男子の〝サッカー選手〟や〝野球選手〟、女子の〝アイドル〟もほとんど出てこないことが不思議な印象だった。しかし、よく考えてみると、野球もサッカーもクラブチームには小学生から参加し猛練習をしている。女子に多い〝アイドル〟も小学生時代からダンススクール等の活動は始まっている。すでにそのスタートに自分が立てていないことを認識している。自分の周りにあこがれの対象やモデルとなる大人の存在が乏しく、なおかつ自分でも可能なものはなにか、現実が見え始めている中での選択であることに心が痛む。

このような地域では連休明けの子どもの荒れ方も顕著である。一日中、テレビやゲーム、あるいはスマホゲームやYoutubeを見て過ごし、頭の中が電気刺激興奮状態で、仮面ライダー・○○レンジャー・プリキュアになりきっている子が多い。保育室で落ち着けず、月曜朝には必ず事務室に来て仁王立ちになる年中男児に、「おはよう」と声をかけると、「きさまはなにものだ～」と悪役になりきった言葉が返ってくる。強くて周りから怖れられる、注目される存在になりたい……という願いが伝わってくる。他の文化資源が少ないぶん、テレビやスマホへの依存度は高くなり、生活リズムも乱れ、姿勢や視力への影響も心配である。遠出をしなくとも、ちょっとお買い物、公園、おばあちゃん家に行く等、子どもの世界を広げていく日常と異なるささやかな体験の積み重ねが、圧倒的に不足している。

そのことは、あやされる心地よさの体験や愛着的なふれあいをも阻害する。人とのかかわりの出発点であるあやし遊びや応答的コミュニケーションは、「いないいないばぁ」「み～つけた」「ちょーだい」「どうぞ」等、日常の生活の中で、子どもが周りの世界への興味を表出すれば自然にやりとりされる営みである。しかし、テレビやスマホによって刺激的な情報が一方的に流し続けられれば、親も子も情報に意識を奪われ、お互いに注目することができない。画一的な機械の反応で育つと、子どもの感受性は歪められるように感じる。パターン化と自分のペースで進行することが当たり前になる。こちらの表情の変化で機械の反応は変わらないため、気に入らなければスイッチを切り替えるだけで、そこに応答的なコミュニケーションはない。どんなサインを発すれば、どんな応答があるのか体験的に学ぶ機会が奪われていく。

「あまり泣かない」「目が合わない」「表情が乏しい」「指さしが出ない」「要求語が出ない」「音声として発音しているが、応答的なことばにならない」等、コミュニケーション力が十分に育たず、知識だけが増大し「賢い」と感じても、その発達にはアンバランスさがある。このようなネット社会がもたらすコミュニケーション力の未発達は、他の文化との接触が少ない分、貧困家庭により大きな影響を与える。子育てに最も大切な目と目を合わせての共感の場面の極端な減少は、「遊びの貧困化」をさらに深刻にする。

さらに生活体験の狭まりは再現遊びである「ごっこ遊び」の貧困さにつながっていく。〝レストランごっこ〟〝病院ごっこ〟〝回転ずしごっこ〟〝電車ごっこ〟等、子どもたちが楽しむ「ごっこ遊び」だが、それは生活体験があってこそ広がるイメージであり、友だちと共有して遊びが発展していくものである。一番ベーシックな〝ままごと〟は、家庭でのやりとりがあってこそ成立する遊びで、台所で野菜を切り、鍋やフライパンで調理し、おいしい料理を「どうぞ」と差し出され、「おいしいね」と食べる家族の団欒《だんらん》の体験が〝おうちごっこ〟になる。調理が少ない家庭の子どもは、スイッチを押して〝チン〟と言って食べ物が出てくる。

（3）経済的貧困が生み出しやすい様々な弊害

冷暖房完備に床暖房、お風呂の追い焚き機能に浴室乾燥機能、お掃除ロボにオール電化等々、生活がどんどん便利で快適になっていく中で、私たちは様々な知恵と工夫と手作業の力を少しずつ失っていっているかもしれない。とはいえ、お金で買う快適さが大々的にコマーシャルされる一方、床が傾き、すきま風が入り、水漏れがある古い建築物に住み、扇風機とストーブで調整して、お風呂や洗濯に使う水道代を気にしながら生活している世帯もあり、その格差は拡大する一方である。

エアコンがなく暑くて眠れない、あせもがひどくなってかきむしり〝とびひ〟が広がる、〝エアコンがない〟あるいは〝電気代を気にする生活〟になるだけで、夏の生活が不快で不便になる。休日は涼をとるためにショッピングセンターに行って一日をなんとなく過ごす。水道代節約のために入浴や洗濯は、数日に1回。夕方着て帰った衣服を翌日そのまま着て登園、下着は汚れているため園で着替えて洗濯。園ではこまめに替えていても、休日はドボドボになって下がってくるまで同じ紙おむつを使い、おむつかぶれがひどくなっている。前日はった絆創膏《ばんそうこう》もそのままで皮膚が少しかぶれている。

着替える際に、自分の伸びきったゴムのパンツを急いで脱ぎ、友だちのかごから可愛いプリキュアのパンツをつい取り出してしまう。〝はずかしさ〟と〝あこがれ〟からくるその行為は、悪意あるものではないが、そのままにはできず、「まちがえちゃったかな」と言って取り換えを促す際にも心が痛む。靴が小さくてすぐに入らない、逆に大きすぎて歩くと脱げてくる、小さいものをいつまでも無理に着用し、購入するときは長く使えるように大きめのものを買うため、「ちょうどいい」期間は短い。着用期間が長いうえに、小さくなっても無理に履いているために穴があいてきてしまう。散歩に出かけると足が痛むし、かけっこをしても早く走れず、ふてくされてしまう。そんな不快なことの積み重ねが、子どもの意欲を少しずつ奪っていく。

「大丈夫かな」という漠然とした不安感や、要求してもかなわないことの繰り返しから「どうせ……」

というあきらめの感情が生まれ、自分自身が悪いわけではないのに自分自身の評価を下げていく、自尊感情が低下していく。「世界は自分を中心に回っている」と思える「唯我独尊の時代」と言われる3歳児期を過ぎ、周りとの比較できるようになっていく4歳になる頃から、その特徴はさらに顕著になってくる。

生活のケアだけでは解決できない、意欲の低下や自己肯定感の低さを、集団の中で解決していくためには、乳幼児期にとって「遊び」が決定的に重要といえる。

2 乳幼児期の育ちに不可欠な遊びの可能性

（1）「あやし遊び」「ふれあい遊び」「まてまて遊び」からの再出発

応答的なかかわりが圧倒的に不足して、表情が乏しい子に対しては、とにかく「あやし遊び」「ふれあい遊び」から始めている。「いないいないばぁ」「こちょこちょ」、最初は怪訝《けげん》な表情を浮かべる子どもも、徐々に表情がやわらぎ、笑顔を浮かべるようになり、やがて笑い声を発する。期待する反応が出るようになり「もっとしてほしい」という気持ちを表せるようになってくると、笑顔を交わしあい気持ちを通わせあえるようになってくる。手と手をあわせての遊び、ひざに乗せての遊び、スキンシップをとりながら、気持ちとともにことばを添えていく。そこからコミュニケーションとしてのことばのやりとりを広げていく。

戸外では「まてまて遊び」から始め、自分が追いかけられる楽しさや喜びを味わい、つかまえられる心地よさを実感し、期待感から相手を求める気持ちへと広がっていく。その気持ちを大切に受け止めながら、他の子どもたちとつないでいく、一緒にやって楽しかったね！　という共感の気持ちをもてるようにしていく、様々なバリエーションの鬼ごっこに発展させていく。そうやって人を見ながら走るようになっていくと、バランスと調整力を徐々につけていくことができる。身体のコントロールは気持ちをコントロールする力にもつながっていく。

これらの遊びは、人への信頼感を育てていくための出発点となる遊びと考えるが、そこに至るまでは、ありのままのその子をしっかりと受け止めることが必要である。「この人は本当に大丈夫か？」年齢が高くなればなるほど、その不安と疑念は大きく存在する。気持ちの揺れを繰り返しながら徐々に安心感が育つが、今度は独占欲が出てくる。自分以外の子どもに接していることにジェラシーを感じ、なんとか自分に気持ちを向かせようと様々な言動でアピールする。その中には、悪態をつく、殴る・蹴る・モノを投げる等の激しい行為も出てくる。それでも自分のことを受け止めるのか、試し行動も出てくる。この時に保育者には極めて高い専門性が必要になる。その子自身の存在はしっかりと抱きとめるような気持ちで受け止める。でも、適切でない表現については、「どうすればいいのか」しっかりと伝えながら整理していく。その子の抱えてきた背景が深刻であればあるほど、すんなりとは伝わらない。どんなふうに受け止めても、伝えようとしても、爆発して悪態をつく姿に「心が折れそうになる」と涙する保育者の苦悩は、言葉で簡単に表せるものではないほど深い。しかし、育ちの過程をたどりなおし、人への信頼感を育んでいくためには決して省くことのできない道のりである。

いろんな大人がいる。もしかしたらこれから先も、自分のことを否定的にとらえる存在に出会うかもしれない。でもすべての大人が自分を否定するわけではない。ありのままの自分を認め、受け止め、気持ちを返してくれる大人は必ず存在し、人は信じてもいいものだ、という人への信頼感を育てたいという願いを決してあきらめず、かかわりあっていくことが必要なのである。

（2）子どもの発達にとって「ごっこ遊び」の大切さ

応答的な情緒のやりとりができるようになると、「ちょうだい」「どうぞ」のやりとり遊びが楽しくて、相手への要求の表出、受け止められ返してくれる実感が人への信頼を育んでいく。まわりの人へのあこがれの気持ちがあってこそ、反応して、返す行為の繰り返しである「みたて・つもり遊び」が広がる。パクパク食べるまねっこ遊びや、積み木が車になったり、スマホになったり、ひとつのモノからいろんなモノをイメージして遊ぶことができるのは子どもの豊かな感性の表れで、〝想像して再現する遊び〟である。それが、人との関係性の中で、イメージを友だちと共有してごっこ遊びに発展していく。

ごっこ遊び・役割遊びは子どもを真剣にさせる。大人が考えたり、仕事をしたり、新しい発見をしたり、人と話したりする、そういったすべてのことが行われる遊びと言われている。なにげなく遊んでいるように見えて、様々な場面を思い浮かべながら生活を再現して、ことばのやりとりをして楽しむ。そこでは、想像力、思考力、表現力、コミュニケーション力等、あらゆる力が育てられていく。そしてごっこ遊びの中で子どもたちが演じている役割の姿は、「本当の自分よりもがんばっている『その子が理想として思い描いている姿』」だと言われる。片付けの苦手な子がお母さん役になって「終わったらちゃんと片付けようね。きれいになると気持ちいいよね」なんて言っていたりする姿を見かけることがある。日頃片付けは苦手！　だけど、本当は片付けの必要性を知っている自分がいて、遊びの中でことばにすることでしっかりと自分の考えになっていく、そうやって納得して身についた力は、自分の中の本物の力として定着していく。

そんなごっこ遊びが豊かに広がるために必要な生活体験が家庭で得られないのであれば、保育園での経験の共有をベースにした「みたて・つもり遊び」「ごっこ遊び」を意図的に展開して、子どもたちの再現力を広げていく必要が一層強く求められる。現実の自分よりちょっぴり背伸びした姿である自分の中のモデルを演じる、心の中の様々な葛藤を乗り越えていくごっこ遊びを発展させるために、保育者は子どもの気持ちを汲み取って素材や環境を整えていく必要がある。

（3）生活体験・文化体験の差異をなくす共通の経験を――年長児「りゅう」の共通イメージをベースに

前述のように様々な生活背景を抱えた子どもたちが複数いる年長クラスの1年間の取り組みの中で、「クラス全体が共通イメージをもって、ひとつずつの活動を進めていきたい」という願いで、担任と相談して「りゅう」を共通イメージとして設定した。

＊5月　神社で『いどのぞき』体験

「りゅうがみえるかもしれないんだって」とあらかじめ伝説のように伝えておくと、「なかでなにかうごいていた？」と脅《おび》える子に対して「それはきっとりゅうだよ！」「やっぱりいどのなかにりゅうがいるんだね」と別の子が語り出し……その瞬間から、りゅうの存在が身近に。

＊6月　りゅうからの手紙が届く

「……もうすぐ　みずあそびのはじまるきせつになるが、けがをしてはたいへんです。このいにしえよりつたわる　みずとなかよくなれるまほうのけっしょうを　みんなにささげよう。みずにとかし　からだにかけると　きっ

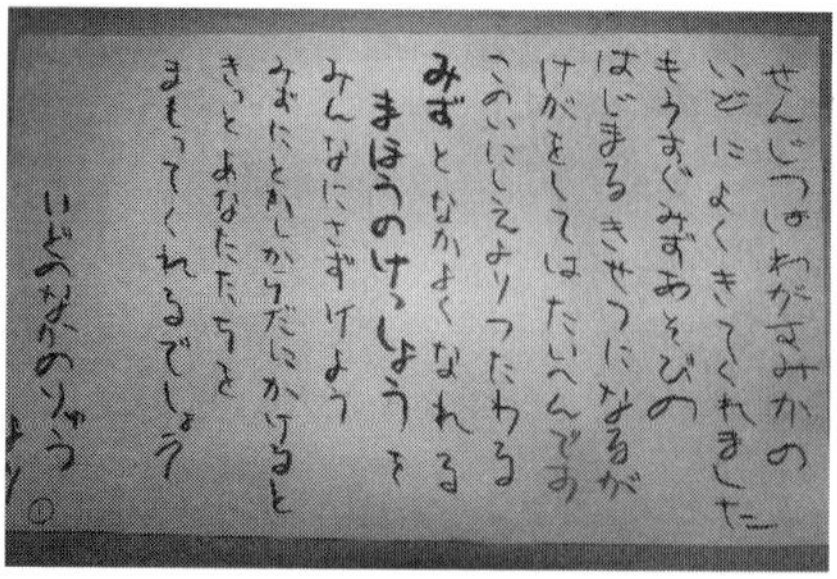
せんじつは わがすみかの
いどに よくきてくれました
もうすぐ みずあそびの
はじまる きせつに なるが
けがをしては たいへんです
このいにしえより つたわる
みずと なかよくなれる
まほうの けっしょうを
みんなに さずけよう
みずにとかし からだにかけると
きっと あなたたちを
まもってくれるでしょう
いどのなかの りゅう

とあなたたちをまもってくれるでしょう。」

この手紙を見て、「うわ～やっぱりりゅうはいたんだね」「りゅうはみずのかみさまだから、まほうのけっしょうくれたのかな」と手紙をめぐって大盛り上がり。黒くピカピカ光る箱に入った緑色に輝く〝魔法の結晶〟は、変な匂いがしたけど、水に溶かすときれいな緑色に透き通る〝魔法の水〟になった。その水を体にかけながら、「いどのにおいがするね」「もりのにおいみたいなにおいもする」「これがりゅうのにおいかな」等と喜び合う子どもたちだった。

＊7月　夏まつりの翌週の月曜日に2通目が届く

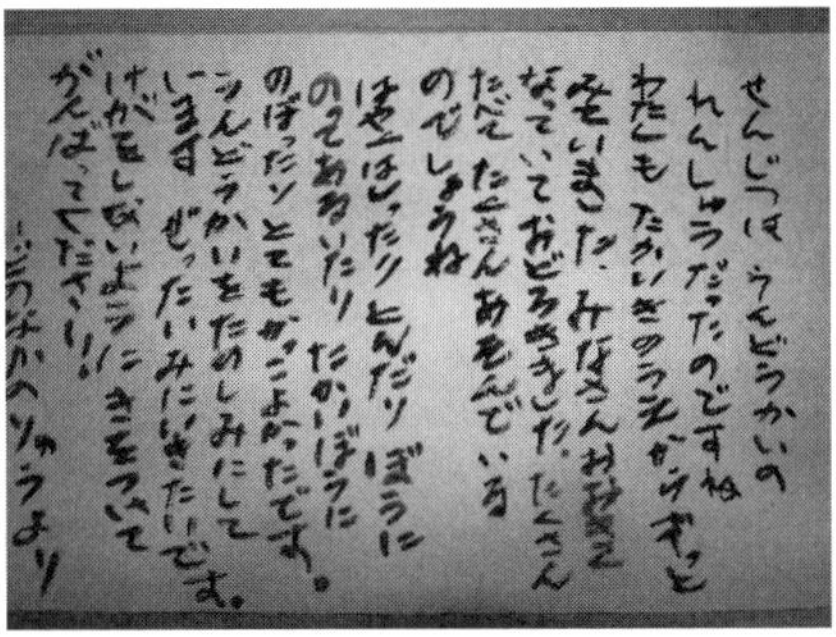
せんじつは うんどうかいの
れんしゅうだったのですね
わたしも たかいきのうえから ずっと
みていました。みなさんおおきく
なっていておどろきました。たくさん
たべて たくさんあそんでいる
のでしょうね
はやくはしったりとんだり ぼうに
のってあるいたり たかいぼうに
のぼったりとてもかっこよかったです。
うんどうかいをたのしみにして
います ぜったいみにいきたいです。
けがをしないように きをつけて
がんばってください!!
じんじゃのりゅうより

「あなたがたのちからづよいたいこのおとが　じんじゃにもひびいてきました。ちからをあわせてがんばりましたね。これからもとおくからみまもっています。……」

その手紙を読んで「たいこのおとが　そらをとおってきこえたんだね」「りゅうって　みみがいいんだね」と、夏まつりを思い返していた。

＊9月　運動会のリハーサルの後に3枚目の手紙が届く

「たかいきのうえから　ずっとみていました。……とてもかっこよかったです。うんどうかいをたのしみにしています。……」

この手紙を読んだ後、ひとりの男の子が、「オレ、きのうえにりゅうがいるのみえた」と言い出し、他の子も「ざわざわってきが　ときどきゆれてたよね」「あれりゅうがのぼっていたからなんだよ」と口々に思いを語り、「がんばるからまたみててね、っててがみかきたい」と返事の手紙をかきながら、やる気がどんどん高まっていった。
＊10月　運動会の翌週月曜日、４枚目の手紙が届く
「うんどうかい　みなさんががんばっているのをみて　うれしかったです。……」

「やっぱりみにきてくれたんだ。だってきのうえに、りゅうのしっぽが　みえたよ！」「のぼりぼうのうえで、〝りゅうー〟ってよんだのきこえたんだね」と、りゅうの話がもりあがった。りゅうへの手紙を書くこともどんどん広がっていった。

その後、劇遊びのテーマを決める際の話し合いで、「りゅうがでてくるおはなしにしたい」「だったらエルマーのぼうけんがいいよ」「だってりゅうをたすけるはなしだから」「そうだね、きっとりゅうもよろこぶよね」と、劇遊びは「エルマーのぼうけん」に決定。様々な取り組みを楽しみ、最後の、エルマーを鎖から解放して空を飛ぶ場面では、大きなエルマーの上に、１人ずつが描いた「自分の顔」を乗せた。表現の苦手な子も含めて全員が、素敵な表情の「自分」を描き貼り付け、りゅうと一緒に飛ばせた。

「ぜったいげきのれんしゅう　みにくるはずだ！」「さっき、まどのそとでりゅうがみえた」とか、テラスの横の土についた〝なにかの足跡〟を見て、「りゅうのあしあとだ！　ここでそーっとのぞいていたんじゃない？」と、イメージはどんどん広がり、りゅうの話題は尽きることなく続く。テーマパークに遊びに行った子どもの話の中にも「あそこにもりゅうがいたようなきがするんだよねー」と出ると、「そらとべるから、いきたいなーっておもったらいけるんじゃない」と、行ったことがない子どもたちとも話がつながる。
＊12月　ひさしぶりに5枚目の手紙が届いた
「みなさんおひさしぶりです。せんじつはおへやのまえで　みつかりそうになりどきどきしましたよ。

わたしとおなじ　りゅうがでてくるおはなしたのしいですね……。」

直後に「ほらーやっぱりりゅうがみにきてたんだよー」「みえてたもんね」「オレらがみてるの　しってたんだね」と、またまた大興奮。

＊1月　りゅうからの手紙が勇気をくれる

けっこう気弱な子の多いこのクラスは、2月の「まめまき」を、「いちばんおおきいわたしたちがおにをやっつけなきゃいけないんだよね、どうしよう」と春から怖れていた。「こわいからやすみたい」等と言っている時に、りゅうから鬼に勝てるヒントの手紙が届いた。

「……だいすきなあなたたちに　ないしょでおつたえします。おにはにがてなものがあります。●くさいもの　●とがったもの　そして●まわるものです。みんなでちからをあわせて　おにのめをまわせばおにはにげていくでしょう。」

その手紙を読んで「まわるもの、ってなんだろう？」「あ！　こまじゃない！」「きっとこまだよ」「こまでおにがやっつけられる？」「きっとめがまわるんじゃない」ということになり、「よし！　みんなでこまをめっちゃはやまわししよう！」と、連日こまの猛練習に励む。「ぜんいんまわせると、パワーアップだから」と言って、苦手な子に教える姿も自然に出てきた。

＊2月　いよいよ「まめまき」当日

みんなで声と力をあわせてこま回しで鬼退治をする。「やったー！」とガッツポーズ。保育室に戻ると8枚目の手紙。

「がんばりましたね。まわるものがコマだということがよくわかりましたね。みんなでおにをたいじしてすごいです。」

「さっきまでりゅうがいたんだね」「りゅうが応援してくれていたんだよ」と鬼をやっつけた満足感と合わせて、子どもたちの表情はイキイキ輝いていた。

＊3月　卒園式当日

式を終えて保育室に行くと「そつえんおめでとうございます！　いちねんかんいろんなことをがんばりましたね　みんなのおおきくなったすがたがとてもうれしいです　しょうがっこうにいってもがんばってくださいね　いつまでもおうえんしています」という手紙が届いていた。保護者も含めて、みんなが歓喜の声をあげた。

今回のこのとりくみは、〝りゅう〟とのやりとりを通して、それにそったとりくみを継続することで、みんなが共通体験の中で共感しながら活動を進めることができた点で成功している。強くてかっこいいりゅうが、自分たちのことを「だいすきなあなたたち」と応援し続けてくれ、チャレンジする気持ちを鼓舞し、意欲を引き出し、怖くてもみんなで作戦をたてて、みんなでコマを練習して、力を合わせれば乗り越えることも可能だということを実感している。このとりくみの中には、家庭での体験の差はない。子どもたちの遊びの可能性を実感できるとりくみである。

（4）生活体験・文化体験の差異をなくす共通の経験を——年長児「食に関するとりくみ」を通して

食は生きる源であり、土台である。家庭での食生活が子どもの意欲に大きな影響を与える。経済的背景だけでなく食文化も含めて、様々な状態があるが、園での調理体験の積み重ねは、その子の人生を支えるものになりうると感じている。

前述の年長児クラスでの4月、畑を耕し、ピーマン・パプリカ・オクラ・なす・きゅうり・トマト・

ゴーヤ・16ささげ・そうめんうり・すいか・サツマイモの苗を植え育てる。特にゴーヤと16ささげは、年長組テラス横のフェンスにつたわせたため、生長も実りもとってもわかりやすい。それら夏野菜を育てながら、6月には「しいたけの原木栽培」を行う。霧吹きで原木にシュッシュ吹き付けるだけで、ニョキニョキ大きくなり、1週間で食べ頃になった。ホットプレートで焼いてマヨドレとしょうゆで味付けて、しいたけ大嫌いの2人が「おいしい！」というほどの仕上がりだった。7~9月は、次々できる収穫野菜を、ゆでたり炒めたりして調理して食べたり、ピザなどのトッピングにしたり、時には給食室で素揚げにしてもらって味わったり、自分たちで作って食べることを満喫した。

そんな中で、食への関心はどんどん高まっていき、こんぶ・しいたけ・かつお・にぼしの「だしの味比べ」をしたり、調味料を入れる前の素材と、味付けた後の味を比べる味見当番をしたり、だしや調味料にも興味を広げていく。リンゴ酢と米酢の味を比べたり、ごま油の風味を味わったり、味覚も育っていった。毎日のご飯のおかわりは、自分でラップおにぎりにしたり、お月見団子を作ったり、ノウハウをどんどん身につけながら食べることがますます大好きになっていった。

玉ねぎ・にんじん等を秋に植え、年明けには、カレーライスとハヤシライスを作って味比べもした。みんなで野菜を育てて、作りたいものを選んで、実際に調理を体験する。調味料によって、食材の味の変化を体験して、調理の意味を実感する。自分の好みの風味を感じ、友だちと共有する。これらも、家庭での食生活の違いを乗り越えた体験となっており、全員が共通のベースで楽しめる活動となった。

(5) モノへのこだわりと収集欲の気持ちを満たすために

比較的とりくみやすい2つの実践を紹介したが、次に個別課題を解決することをめざして取り組んだ実践を紹介する。
保護者の養育能力が低く、生活保護世帯で、ネグレクト状態に近く愛着障害的な様相のある4歳児について。モノを集めることで心のすきまを満たしたい気持ちが強く、保育室のおもちゃを独占したりこっそり持ち帰ったりするだけでなく、コンビニでお菓子を持ち帰ろうとする行動に及ぶようになってしまった。「手に入りにくいからこそ求める気持ちが強い」ことに着目し、収集欲を満たす遊びを提案してみた。様々な種類の「こびと」が登場する「こびと図鑑」をテーマにした実践である。

スタートは、「こびと図鑑」でこびとに親しんでいる時の散歩。緑に染めた布を縫い合わせて、クサマダラオオコビトの抜け殻として、木の枝にひっかけておく。発見した子どもたちは大騒ぎ。次は、リトルハナガシラからの手紙が届く。散歩に行くたびに期待感が高まる。そうなってくると、カラスの羽根もアラシクロバネの耳を発見！　ピンクの花をみつけるとリトルハナガシラの頭発見！と次々にファンタジーの世界へ。イメージを共有して、次の散歩への期待感が高まり、散歩だけでなく園庭でもいろいろ探すようになり、発見場所を書き込む地図つくりへと発展する。どんな種類があってどんな役割があるのか、調べながら描きコレクションになっていく。始めは「かいて！」とせがんでばかりいたが、一緒に描いたり、切ったりしながら、まとめることで収集欲が満たされていく。かつ、その種類を友達と共有して、遊びのイメージへと広がっていく。なかなかやる気になれなかった鬼ごっこも、こびとをモチーフにするだけで参加するようになった。冊子にまとめた紙に、描きたしていく満足感で、おもちゃを独占したり、持ち帰ったりすることはなくなった。

3 まとめ――すべての子どもたちが共に楽しめ、達成感をもって、明日につながる保育

保育園は、子どもの生活を保障し、遊びを展開する中で、子ども同士の育ちあいを保障していく場である。様々な家庭背景や困難を抱えていても、保育園という生活の場で、共通体験を重ねて、イメージを共有することは可能であり、そこから広げる遊びは無限の可能性をもっている。

しかしながら、様々な生育状況の中で、一筋縄ではいかないことが現場ではあまりに多くなっている。その時に、目の前の子どもたちの抱えている問題を探り、必要な課題を考え、そのためになにをどのように準備すれば、子どもの気持ちとマッチングするか、子どものやりたい気持ちに響くのか、それは保育士の専門性が求められるところである。自分の経験だけではなく、他の保育士の実践や経験と合わせて、可能性を探っていく必要がある。しかしそこにこそ、貧困によって歪められかねない子どもの感性を豊かに育てていく可能性があることは前述の通りである。

どんなに語りかけても微笑みかけても、大人を頑なに拒絶する5歳児男児が、「ラキュー水族館」の本を見ながら、イルカ・サメ・クジラ・ニモ等作って黙々と並べている。横に行き、「海の仲間がいっぱいだね」と声をかけると、「うみなんかちがうわ！」といつものように怒鳴り声が返ってきた。そこで、青のビニール袋と段ボール箱をもってきて、横で構成し始めると、興味をもって横目で見始める。すかさず波のようにイルカにふわりと乗せると、そこで初めて顔をあげる。横にいた別の子が気付き「すげぇ～、

なみみたい」と言ったため、「じゃあ、段ボールに全部敷いて海と波にしちゃおうか！」と言うと、「べつにいいけど」の返事。「すげぇ～」と言った友達に見せるために配置し始める。その遊びが数日間続き、今度は動物を作っている別の子に茶色のビニールと丸めた新聞紙を見せて山を作る。「山の横に海があるといいね」「くっつけよう」ということになり、動物と海の仲間のやりとりが始まり、頑な5歳児男児の友だちとのかかわりが始まる。そんなささいなアプローチだが、遊びが楽しく発展するところで、頑な心も和らぐ瞬間がある。

　頑なに鎧で自分を守らなくてはならないような環境で育ってきた子どもたちには、まず「ここは安心できる場所だよ。ここにきたら自分を素直に表していいんだ」と実感できることが必要で、そのためには、そこに信頼できる大人の存在が不可欠である。自分の気持ちが受け止められる安心感と、わかってもらえた喜びが積み重なって人への信頼感につながっていく。

　しっかりと目と目をあわせ、子どもの気持ちやことばを受け止める。「そうだね」「わかった」と共感のことばを微笑みとともに返す。それから必要に応じて「～しようか」と子どもと気持ちと一緒に、方向を整理していく、そんな働きかけが何よりも大切だと感じている。「ありのままのあなた」「そのままの気持ち」を肯定しながら、「大好きだよ」を愛おしい気持ちとともに、日々のかかわりあいの中で、表情で、ことばで伝えていく。大好きな人に大切に思われることで、「そんな自分ってステキだなぁ」と自尊感情を育てていく。そのことが情緒を安定させ、発達要求を広げるための土台につながっていくのだと感じている。

　子どもの内面の気持ちに心をよせ、心の奥にある「本当はこうしたい、こうなりたい」という願いに寄り添いながら一緒に歩んでいく、その繰り返しで「ちょっとがんばった自分」に達成感を感じて誇らしく思ったり、「失敗しちゃった自分」も受け入れたり、かかわり合いの中で自己肯定感が育まれていく。そのことを目指しながら、どんな状況においても、まずは受け止められる心地よさを出発点にして、子どもたちがのびのびと自己を表現できるように向かい合っていきたい。

どんな環境の下で育っていても、すべての子どもたちが健やかに育つ権利をもち、可能性を有している。安心できる環境の中での情緒の安定と、豊かな遊びの体験が可能性を広げていく。保育園が「安心できる場所」になり、生活を支えながら「自尊感情」と「自己肯定感」を育てるためには、子どもが遊びを通して自己実現していくことが大切である。そのために適切な規模の集団でのやりとりを通して、子どもの遊びを豊かに広げていくことが、生涯にわたっての人間性の土台形成のために極めて重要であることを、いくつもの体験を通して実感している。

第5章

みんなが気持ちいい学童保育

…長谷川佳代子

はじめに

学童クラブ（学童保育、放課後児童クラブ）というのは、放課後児童健全育成事業を行う場所である。親が働くなどで、子どもたちの行き場がないということでできてきた、子どもたちをあずかる場だ。放課後や、長期休みをどうするか、保護者たちは小学校入学とともにどうすればいいか壁にぶつかる。いわゆる「小1の壁」である。

保育園を卒園した後の子どもの居場所としてできあがったのが学童クラブだが、保護者等の自主運営や市町村の単独補助による事業として全国に広がっていき、保育園と全く異なる歴史をもつ。1976年度から国庫補助が始まり、1998年度にようやく法制化された。

写真1　園舎全景

最近まで3年生まであずかる制度だったが、フルタイムで働く女性が増えてきてからは6年生まであずかる制度に変わり、各学校併設の学童クラブもできてきた。多くの保護者は、4年生くらいになれば帰宅後一人で待っていられる、長期休みは一日待っていられると思っているかもしれない。しかし、保育者からいえば異なる。保育園児の続きのような1年生と、下級生の面倒を見られるくらいまで育つ6年生とでは全く様子が異なる、それぞれの持ち味が違う。

私たちは、社会福祉法人わらしべ会（以下、「わらしべ」と略記する）の一事業として、埼玉県熊谷市内で学童クラブを運営している（写真1）。しかし、それは単に「子どもたちが来る」というだけの場所ではない。制度的には、まだ3年生までしかあずかれない時に、私たちの学童クラブは6年生まであずかってきたし、支援員（以前の制度では「指導員」）だけでなく保護者たちも、子どもたちにとって「楽しくて、面白くて、気持ちのいい学童クラブとは何か」という保育内容の問題に突き進んでいった。子どもたちに、子ども時代の保障がしたかったのだ。子どもは誰でも、どんな家庭環境でも「楽しくて、面白くて、気持ちいい」から人生が始まっていいと考えているからだ▼1。

1　学童クラブという場

（1）学童クラブの保育料っていくら？

学童クラブの保育料は市町村によって異なる。というのは、市町村に任せられている補助金事業でしかないからだ。その市町村がどういう立場で子どもたちをみるのか、どういう子どもたちが利用するのかで変わる。最終的には、保護者たちが、放課後の子どもたちをどう過ごさせたいか、わが子の行く学童クラブをどう継続させたいかによって変わる。

私たちの法人がある自治体では、公立の学童クラブの保育料は現在月額5000円＋おやつ代である。他の市町村の公立では月額1万円の所もある。それが高いか安いかはわからない。個々の学童クラブによって開所時間が異なるし、一日保育の時もあるが、だいたい1時間当たり50〜100円程度となる。費用負担は、保護者が2分の1で、残りを国と県と市町村が3分の1ずつ分けもつ。

私たちの学童クラブでは、平均して月額1万3000円になるが、それは長期休み（夏休み・冬休みなど）、土曜日、学校の創立記念日、学校休校日等の一日保育日や早帰りの日なども含め、さらに19時まで開けており、おやつ代や学校への送迎費も含んでいるためである（地域柄、全校にバス送迎をしている）。4年生以上になると、基本保育料が4000円少なくなり、ひとり親世帯（所得にかかわらず）には市から月額5000円の減免がある。また、市内の学童に兄弟が在籍している場合は、すべての世帯に月2500円の減免がある。

子どもたちは、学校から帰ってきてから思い思いに遊んだり宿題をしたりする。開いている時間が長い分金額は高くなるが、単価は変わらない。現在、私たちの学童クラブでは、親が支払う保育料については、支援員はほとんどノータッチで、事務局が対応している。それはお金の支払い状況によって、その子の保育内容を変えたくないからだ。それが、いいのかどうかもわからない。子どもにとってどういう状態がいいのか、いろいろやってみるしかない。

ただ、学童の支援員は、子どもを育てるのに、お金がかからないことって本当にいいのだろうかという悩みがある。無料というのは、保護者の気持ちを削ぐものにならないだろうかという悩みだ。安くなることは大事だと思っているが、無料というのは「人を育てる」という行為を他人に託すだけになってしまい、子育てに鈍感にならないだろうか、と不安を感じているのである。「長時間あずかってくれて無料ならそれでいいや」と考えてしまえば、生まれてきた子の命に感謝がなくなるような気がする。そのことは、金銭的貧困だけでなく、心の貧困問題まで招いてしまうのではないだろうか。

もちろん高額でいいということではない。でも無料ではない。そして経済的に困難を抱えた世帯でも払える。その金額には、支援員とコミュニケートすることや子育ては社会の問題だということを保護者同士考える金額も含まれている。「経済的には楽ではないかもしれないけれど、その子を取り巻く社会は豊かだよ」。そういう意味での豊かさを含む金額なのだ。

（2）アウトプットする場

私たちの学童クラブ（保育園もそうだが）は保護者とよく話す。その保護者が、どういう気持ちで子育てをしているのか、どんな子になってもらいたいのか、自分はどんなことに困っているのかを話す時間だ。懇談会もよく開く。保護者一人ひとりが「どんな意見でも言っていいのだ」と思えることが大切だ。もちろん、そこに強制力は全くない。参加しなくてもいいし、話さなくてもいい。しかし「何を言ってもいいのだ」と思える場があるのはいいことだと思っている。そんな時間をたくさんもっているので、保護者も迎えに来てもすぐには帰らない。ひとしきり話をして、帰宅する決心ができるまでに時間がかかる。

他にも、保護者たちは年2回のカウンセリングの時間をもつ。子育てのことだけではない。生活や子育てに疲れたりしてただお茶を飲みにくる場合もある。

さらに、子どもたちは年1回、学年末あたりに大人による「聞き取り」の時間をもつ。その子の喜び、楽しみ、苦しみ、辛さ、怒り等、何でも話していい時間をつくる。これは、保護者や学校の先生にも内緒にされるので、子どもたちも自分の内面を話す。家のことだけでなく、学校のこと、習いごとのことなど、何でも話す。

つまり、大人でも子どもでも、レッテルを貼られることなく、自分がもつ時間とストーリーを語る時間がふんだんにあるのだ。そして子どもたちは、それ以外の時間をひたすら遊ぶ。強要されるのではなく、自由な時間として、暗くなってもよく遊ぶ。自分の存在を、そこまで出すのに何年もかかる場合もある。支援員はその時間を一緒に過ごす。

写真２　穴掘って基地づくり

学校というものが「インプットする場」とすれば、学童クラブというのは「アウトプットする場」だと思っているからだ。学校が「知の宝庫」なら学童クラブは「経験の宝庫」だ。私たちは、生活の中で、経験を子どもたちに知らせていく。大きくなっても、保育園のこと、学童クラブのことをよく覚えていてくれて「あの時は面白かった」と言ってくれるのは、自分が主人公になって経験したからだ。

親も子ももてる力を発揮して、人生の主人公になるのに、低学年から高学年までの長期間、所属することが大事だ。なぜなら、学童クラブは子どもだけでなく、保護者も一緒に変化し、成長していく場だと考えているからである。単なる「仕事に行っている時間預ける」というだけの学童クラブではない。学童クラブにきてみんなで成長する。保護者は「そういう場が子どもにあって良かった。そういうところを自分たちは作ってきた」と自負している。子どもたちは、自分の時間をもっているということが自慢だ（写真２）。

（３）みんなでつくる

しかし、保育料が「払いたくても払えない」という問題はあると思う。だからこそ、制度がどうなっているのか、「制度に心があるのか」が問われるのだ。単なる金額の問題ではない。どれだけ色濃く、人間の心の成長を保障した制度なのか、が問題なのだと思う。

「育てる」という行為を、私たちは「みんなでつくる」ということにこだわってきた。それは保育園でも学童クラブでも一緒だ。どちらも地域で人が育つ場なので、一般的にいう「作り手」「利用者」という言葉はなじまない。「どの子も等しく育ってほしい」「どの子も育つ権利がある」と願って、私たちと思いを共有してくれる人が集団づくりをしてきた。

私たちは、支援員や保護者という立場の違いこそあれ「子どもたちを守ろう」「子どもを育てよう」と立ち上がり、自らを「住民立」と称してきた。その後「ここはなくしてはいけない」という思いから、平成の自治体大合併を機に「NPO法人立」となり、子ども・子育て支援法を機に「社会福祉法人立」と変化してきた。

子どもたちがこれから育つにつれて、「辛い」「苦しい」と思うこともあるだろう。でも、子ども時代がお金の有無で評価されることはない、と思える場所が子どもたちには必要だと考えたのだ。「みんなでつくる」は「みんなが主人公」につながる。そして「誰も落ちこぼすことはないぞ」という皆の決意になっていく。

私たちの法人は、自分たちが作ってきた場所で、自分たちの居場所でもある。何でも、好きなことを話して、好きなことをして、そして子どもたちはそこにいる皆で育てる。だから皆で話し合えばいい。

一番弱者である子どもにとって「楽しい、面白い、気持ちいい居場所」を作りたい、という一つの目的さえあれば、それは大人たちにとっての居場所でもある。できるところは自分たちでやる。親子という縦の関係、友達という横の関係、そして地域のおじちゃんおばちゃんという斜めの関係を紡いできた。それがコミュニテイだ。私たちにできるのは、地域のコミュニテイをつくることだと思う。

夏休みは、圧巻である。皆で作るから、学校の夏休みのあり方やどんな子どもたちが在籍するかによって、夏休みの「わらしべ塾」というものの内容が毎年変わる。夏の最初は、目隠しして2人で鬼ごっこしたり、自分の名前を使って文章を仕立てたり、絵本を感情で読んでみたり、といった感覚的なものだが、夏の終わりになると次第に情報的なものになってくる。

たとえば、オリンピックのあった年は、班ごとに白地図を囲んだ。1、2年生は白地図の開催国を色塗りするだけなので「ここの国、大きいね。なんて国だ?」「日本ちっちゃ（い)」と言って、国の大きさを知っていく。でも6年生は考える。「なんでこの年だけオリンピックがないんだ?……そうか、戦争があったからだね」とか。学ぶ事柄が地理から歴史に変わっていった。

年表づくりをした時は、園舎に入らないくらい長くなったので巻物になった。子どもたちは思った。「こんなに長い間、人間は生きてきたのか」。そして、紀元前と紀元後で時間が連続していることがわかった子が、そこで得たことは、「1」と「−1」の違いだ。学ぶ事柄が算数にも応用できた。

日本国憲法を取り上げた時は、「子どもは、みんな幸せになっていいんだよ。その権利があるんだよ」から始まった。1年生でも「うん、うん」とうなずく。そして幸福追求権に入る。6年生は原文を読んでも「なんかわかる」。偉いではないか。そして、一人5枚ずつ渡された紙に、自分の幸せと思うことを書いてくる。それを班長が模造紙にまとめる。班長になると、小さい子たちのまとめもしなければならない。

他にも、班長は時刻表を渡されて1、2年生を引き連れて電車で出かけたりする（時刻表の見方や、乗り継ぎも解らなければいけなくなるのが6年生だ)。1週間キャンプの予定を立て買い出しに行ったり、冬休みはスキー合宿をやったり、みんなで考え、みんなで行うのだ。子どもたちが考え、支援員も保護者も考える。みんなが考えなければならないから、長期休みは大変だ。

2　学童で出会った親子たち

私たちは、遊びの中から生活が生まれる、と思っている。だから豊かな遊びをしていきたい。大人からすれば未熟かもしれないが、子ども自身は自分を未熟とは思っていない。お金がなくても、心豊かに過ごすことができるのが子どもだ。体力も気力も知力もついてきた学童児は面白いものを面白いと言える。

様々な子がいて、いろいろな境遇があって、どの子にとっても「社会を知る」ことによって、経験量につながると思っている。そのうえで、「その経験をいかに活かすか」は今後のその子の仕事だ。正しいことを教えてもらうのではなく、自分で答えを探し出してほしい。「貧困」だとか、「しょうがい」だとか、「ひとり親」だとか等はレッテル張りになってしまうことがあるが、本当はその子の実力はそんな言葉でははかりしれないものなのだ。経済的に苦しいということで、その子が力を付けることができないとしたら、日本は何て貧しい国なのだろう。「子どもの貧困」という言葉も当たり前になってきた社会では、対策もたくさんできてきたように思うが、個人的には、昔よりも子どもたちを社会の荒波から守ろうという気概がどんどん失われているような気がする。

「どの子も」という言葉は「十把一絡げではない、一人ひとりの個性豊かな子たちが集まった一人ずつ」を指す。そこに「落ちこぼれ」という概念は存在しない。

そして生活は自主的なものだ。誰かに決めてもらうものではない。そして「生活」は、まだ幼い子どもたちにとって「遊び」そのものだ。「遊び」という生活の中で、すべての自主的な行動を経験として捉え、いっぱい経験をして、大人たちにその経験を誉めてもらい、愛情をもらってもらいたいと願っている。その子どもをほめる行為が「大人のコミュニティ」の始まりなのだ。子どもの生活が大人のコミュニティをつくると信じている。

私は現在乳児院の子たちともかかわっているが、そこに働く職員さんたちには必ず言っている。「この子たちは、親には恵まれなかったかもしれないけど、こんないい施設の職員さんたちとめぐり合えた。あなたたちが、子どもたちの宝物になってほしい」と。学童という場も同じなのではないだろうか。学童児はまだ子どもだ、そしてどの子も育つ。その思いが、子どもたちを育てる。そして、大人の居場所をつくる。

今、遊びを作り出すエネルギーが出ない子でも、明日を生きるエネルギーが生まれればいい。どんなに困っても仲間がいるし、仲間をつくることができる。それは自己肯定につながってくる。未来ある自分の境遇を卑下してはいけない。これからの長い人生において、今のこの境遇をどう活かすか、それが大事なのだ。

「貧困」の怖さというのは、そこに、その子が押しつぶされてしまうほどの重さと閉塞感があると思わせてしまうところにある。子どものせいではないのに、様々な結果が、その子の責任のように思われてしまう。明らかに子どもたちは今の社会に傷ついている。そんな時代だからこそ、周りの大人の出番ではないのだろうか。

（1）へいじ君▼2

当時、へいじ君は幼稚園に通う男の子。なぜ、わらしべが関与したかというと、幼稚園終了後、わらしべで預かっていたからだ。認可外で保育園をやっている時のことなのでずいぶん昔のことになる。お母さんは働いていて迎えは午後7時過ぎ。お父さんとお母さんは不仲なようで、お父さんとは、一度もお会いしたことはない。

普段お母さんとは、へいじ君のことではなく、お母さん自身のことをいっぱい話してもらっている。もちろん、へいじ君のことも話してもらっているが、まずはお母さんに、私と仲間になってもらうことが大事なのでいろんな話をしてもらっていた。

お母さんの仲間をつくることも、わらしべの大事な仕事の一つだ。一緒に話し、お茶を飲み、行事をつくる。その人が何を考え、何を思い、何をするのか。大事なのは、結論を出すことではなく、一緒に価値を共有することだ。親である前に、一人の人間として見てあげることだ。その人の境遇を知れば、私でも同じ行動を取ったかもしれない。そう思って、聞いている。親である前に、その人が、その人であることをまずは認めたい。子育てのことは、その後のことで、まずはその人と物事を共有したい。そして、お母さんとの信頼関係から、子どもの保育が始まる。

お母さんは自分が「小さい時に同和問題でいじめに遭ってきた」と言っていた。嘘か本当かは解らない。でも、そういったことを話していた。「そうだったんだ。辛かっただろうな。社会から排除されてきた過去があるかもしれない。辛い過去をよく話したね」そう思って話を聞いていた。でも、お母さんは「片づけられない症候群」でもある。おうちの中がしっちゃかめっちゃか。仕事で使う制服なんて3着ぐらいあって、どこにあるかわからないという。どうりで、へいじ君の服装は、いつも新品だ。泥をこすって洗濯

写真３　水辺を渡って、サワガニ捕って

したという形跡はあまりない。幼稚園に行くから、おかあさんが気にして新しい洋服を着せているのかも、と思っていたのだが、そうではないらしい。へいじ君の服がどこにあるかわからなくなると、買ってしまうと言う。

へいじ君はてんかんをもっている。食後に薬を飲まなくてはならない。給食がない幼稚園だったので、大抵はわらしべでお昼を食べてから薬を飲み、そして一生懸命に遊ぶ。ある時、そのへいじ君が「お母さんの虐待にあっている」という話が飛び込んできた。お風呂の水の中に顔を無理やりつけられたという。他にも、いくつか話が飛び込んできた。本当かどうかはわからない。

そのへいじ君が学童になった。学童クラブはわらしべを選んでくれた。夏のキャンプでは、子どもだけでなく、お母さんも一緒に来たいという（写真3）。「どうぞ」ということで、一緒に来てもらった。お母さんには仕事をしてもらい「これをもってきてね」と頼んだ。もってきてもらったものを見ると、同じものがたくさん入っていたり、大事なものが入っていなかったり。どうやら、お母さんの片づけられない症候群は、本当のようである。今でなら医療も進み、それが発達障害の一つであるとわかるが、まだ何もわからなかった時代のことである。

お母さんは冬のスキー合宿にも来てくれた。「川で泳ぐのも初めてだったけれど、スキーも初めて」というお母さん。一年中、童心に帰って、まずはいっぱい遊ぶこと。私たちには、子ども・大人を問わずそれしかない。コミュニケーションをいっぱいして、楽しんでもらって、いろいろな体験の中で、いろいろな場面に遭ってもらうこと。それが遊びの効用なら、素人の私たちにもできる。私たちは遊びの名人になるしかない。

相変わらず虐待が続いていたのかどうかわからないが、当時の指導員の話でも落ち着いている様子はうかがえたので、あえてその話には触れていない。お母さんが落ち着いているなら大丈夫と思ったからだ。へいじ君には児童相談所も医療も入っている。専門家も入っているなら、まずは大丈夫であろう、そう思ったのだ。

そのお母さんの口から、短期間でもあの子を24時間預けたいという話が出てきた。時は夏休みに入る頃だ。あちこち施設を見て回ったが、預けるにふさわしいと思える施設がないという。余計なお世話と思ったが「わが家でよければ、何日間か預かろうか？」ということで話はついた。

へいじ君はそれから、何日間かわが家にいて、学童に通った。夏休みだったので、私と一緒に学童に通った。へいじ君は工作が得意だった。「段ボール箱はないかな？　それとはさみ、ガムテープも」。いつもそんなことを言っていた。私としては、薬だけは忘れてはいけないと思ったが、あとは、あまり手がかからない子だった。ご飯や洗濯物が少し増えるだけで、そんなに負担はなかった。狭い家だったが、我が家の子たちとも仲良くやっていた。むしろ、お母さんが何度もやって来て大変だった。「それ、洋服だ」「おやつをもってきた」と。

そのうちにお母さんが迎えに来た。「へいじがいないと寂しい」と、しきりに言っていた。

そして、へいじ君は家に帰っていった。

その後、私は何回か児童相談所に呼ばれている。私がへいじ君を預かっていた間は、脳波にてんかん波が起こっていなかったとのこと。つまり、へいじ君は毎日定期的に薬を飲んでいなかったということだ。

学童クラブをやめたへいじ君は、学校で隣の子の髪を切ってしまったとか、いろいろなうわさを聞く。傷害事件ではないので表には出ないのであろう。もう大きくなったへいじ君はその後どうなっただろうか？

（2）ボビー君

ボビー君は、名前からわかる通り、日本人ではない。

たまたま、お母さんがわらしべに来て、入所の手続きを取っていった。入所の手続き書類を書くのにも、お母さんは四苦八苦。「ここは何を書いたらいい？」「ここはどう書けばいい？」「この漢字はどう書く？」「こう書きたいけど、どうすればいい？」質問攻めだ。入所一つでこんなに一生懸命に聴かれたことは初めてだ。やっとの思いで入所の書類を書いた。

「話すのは少しできるけど、読み書きはほとんどできない」と話すお母さん。日本人であるお父さんは、早くに病死してしまったという。ボビー君と二人で生きていかねばならないことになってから日本に来たという。私もボビー君のお母さんの国の言葉を話せないが、彼女がわかる範囲の日本語で一生懸命に答えた。

そのボビー君にとって、入所してからは面白くて楽しい生活になったようだ。友達はいるが学校のような成績という評価はない。子どもたちは、人種の違い、言語の違いなんて、全く気にしない。自由を感じたようだ。

お母さんもお母さんでどんどん日本語を吸収していくのがわかる。職場で覚えてくるのだろう。入ってきた時とはまるで違う。日に日に上達していく。

でもボビー君と私の文化の違いは、歴然としてあった。普段の遊びの中では関係ないけれど、少し深く話していくとそういった場面が出てくる。ボビー君はキリスト教信者。キリストも生き返ったのだから、人間は生き返るという。だからゲームは正しい、と言う。実際に人を殺すことはないだろうけれど、文化の違いって怖いな、理解してあげられないと、その時は思った。ほとんど、日本語が通用するようになってからの話だ。

でも、文化の違いは大きく、私も考える時間をもらった。理解するって本当に大変なことだ。相手を理解することって、相手と同じ文化をもって、同じことを考えて、同じ教育を受けなければわからないものなのだ。ただただ共感してあげられるように、日本の中で彼がいろいろな体験を増やすことを目標にしたほうがいいと思った。そして「それは違うのではないか」と意見を交わすことなのではないかと思う。相手をやり込めて、教え込むことではないと思った。日本で過ごすんだから、日本の文化になじめ、という強制的な話ではないと思ったのだ。それでは相手は納得しない。相手が納得しなければ何もならないではないか。納得してもらうように経験を踏んでもらってから話をすることが大事だと思った。

そのボビー君は、卒所していった。その後たまたまお母さんと会って話したことがある。「どうしてる?」「元気?」と。お母さんは言った。「とても大変。うちでは二人だから母国語で話すの（そりゃ、そうだ）。なんだけれど、学校では成績が大事。ボビーは、まず読み書きが大変。先生の言ったことを理解するのが難しい。多分高校に行ってもついていけないと思うし、リタイアしてしまうと思う。日本語が母国語にはならない。悩んでいる」とのこと。日本では、能力の問題よりも、学歴の問題が大きいようだ。学童時期までは、楽しく遊べたけど、日本は何て制約のある国なんだ。相手を理解することもできないコミュニケーションて何なんだ。

（3）まなみさん

赤ちゃんの時から来ているまなみさん。赤ちゃんの時からおむつを替えてもらった形跡がない、離乳食を食べさせてもらった形跡がない、といろいろなことで職員会議に何度も上った。「お母さんが何もやらない」とレッテル張りをするのは簡単なことだ。でも、なぜやらないのかということが大事なのだと思う。その子にとって「楽しい、面白い、気持ちいい」生活とはどういうことか、私たちは考えなければいけない。そして、お母さんにも理解してもらわなければいけない。

10代で妊娠出産をしたお母さんは今シングルマザー。男の人を何人も替えることはあっても、子どもの面倒はあまり見ない。でも、彼氏のことを私には必ず紹介してくれる信頼関係はできた。

もちろん、子どもにとって、それがいいことではないのはわかる。でも、少しでも、まなみさんにとって「楽しい、面白い、気持ちいい」場所の確保が大事なのだと思うから、学童クラブも継続していってもらえるようにしたいと思った。

ある朝、たまたま彼女の家の近くを車で通ったら、自動販売機で缶コーヒーを買うお母さんがいた。「おはよう」。窓を開けて挨拶をする私。「ああ、あの子は食べさせてもらえなかったのではなく、母親も食べるという行為をしていなかったのだ」。私は、咄嗟《とっさ》にそう思った。

身体が臭い、と担任から指摘があった。たまたま、母親との話の中で、母親もほとんどお風呂に入っていないことが判明した。母親も入っていないので、入らなかったんだ。それがわかったので、赤ちゃんの時に、おむつを替えてもらえなかった、ということとリンクした。

私は「人間は面倒だと思ったら、何もしない。誰かに影響を与えるから、行動する」と考えている。「私たちは、一人で生きているわけではない」「みんなでいるから面白い。みんなでやるから楽しい。でも、それは面倒なことだ」と、考えている。でも、それは教えることではない。感じ取っていくことだ。自己肯定感というのは感覚であり、集団の中で高めていくものだと思う。本人やお母さんを孤立させてはいけない。社会の中で、役に立っている自分を感じさせることだ。そして「うれしい」と思ってもらうことで、自己肯定感ができてくると思う。

まなみさんは、勉強でも遅れが出てきた。5年生になった時、お母さんと相談して、週に一回、1時間だけ勉強を手伝うことにした。といっても、私は学校の先生ではない。学校の先生の邪魔にならないように、学校の勉強ではなく、学ぶことって面白いと思ってもらうことが目標だ。担任の先生とその話もした。学童クラブの時間が終わってから、週1回の勉強を始めてみた。その代金はまなみさん自身のお小遣いから払うもので、自分でもってくる。まなみさんは、理解できている部分とできていない部分がごちゃ混ぜだった。教科書も使わない、参考書も使わない、だけど日常の中で勉強が使えるようにとの願いがあったので、絵本や漫画を読んでもらい、こづかい帖を付けてもらったりした。2年間やったら「勉強って面白いね」と3回だけ言ってくれた。

学校の面談にも顔を出させてもらった。お母さんから相談があり、先生も許可してくれた。私が出席することで、お母さんも先生も萎縮してしまうのでは私の出る幕はない。私たちの仕事は、コミュニケーションをとることが難しい親子の手伝いをすることだ。

まなみさん自身が面白がることが増えているというのが先生の意見だった。私には、そのぐらいしかできないが、本人が楽しいと思える場面が多くなってきたら、周りのみんなも少しずつ楽しくなってくると思っている。

（4）なおや君

なおや君のお母さんはシングルだ。なおや君のお兄ちゃんたちはお父さんが引き取っている。が、お父さんにはDVという悪い癖がある。お母さんは、そこから逃げるように、なおや君と家を出て、隠れた。学校の先生とも話したが、なおや君を心配していた。そして、なおや君は放課後に学童クラブで遊びながらお母さんを待つ。

お母さんから連絡のない日が時々ある。「お母さんはいつ帰ってくるんだろう」。そう思うだけで、子どもは不安だ。「帰ってこないのではないか」「迎えに来てもらえないのではないだろうか」、そういう思いが出てくるのだ。

ある日、支援員が心配して職場に電話したことがある。「19時半までには迎えに行きます。その後、なおやを家で寝かせ、また、仕事に行きます」とお母さんは言う。「働かなくてはいけない。そうでないと暮らせない。そのためには子どもと一緒にいる時間さえ保てない」。現実は厳しい。しかし今日はいつまでたっても連絡がない。迎えもない。「どうしたんだろうね」さらに心配がつのる私たち。私たち以上になおや君自身のほうが心配だろう。だがなおや君は、疲れてぐっすり眠ってしまった。

2週間ほど前の夏休みに入ったばかりの頃、なおや君はオドオドして、歩く姿もぎこちなかった。だから、友達ともうまく遊べない状態だった。夏休みになってからは、少しずつ自分を取り戻していった。その分疲れるのだろう、夕方になると眠くなるようになっていった。早く帰って眠れるといいのにねえ。学童児のお迎えが来て人数が減ってくると倒れこむように眠ってしまうことが多くなった。

この日も、みんな帰ってしまうと眠ってしまった。20時を過ぎたころ、お母さんが迎えに来た。でも、なおや君は疲れてなかなか起きない。お母さんも、忙しいのだと思う。一人で、子どもを育てなければならないのだから。お母さんに抱っこされたなおや君は目を開けた。「おうちに帰って、早くお休み」。私たちは願うしかない。車に乗せてもらったなおや君は、何度も窓の外にいる私たちに手を振った。「とにかく早く帰って、早く寝な。元気になっていいんだよ」。

子どもが眠い時に自由にたっぷり寝かせてあげられない。大人だってそれは辛い。それなのに、子どもたちに降りかかった貧困が、眠ることさえさえぎってしまう。

子どもたちの生活さえ脅かしてしまう貧困って、一体何なんだろう。貧困が身体までむしばんでしまう、歩く姿さえ変えてしまうというのは、本当にあることなのだ。

（5）たかのり君

私たちの保育園では給食に1日分の栄養所要量を出している。朝ご飯を食べさせてもらえない、夕ご飯を食べさせてもらえない家庭もあるからだ。学童になる前の年長の時には、ご飯のつくり方も含めて、たくさんのことを楽しく覚える。たかのりくんの時も、それが活きてきたのは、学童になってからだ。たかのり君は、朝ご飯をつくる。保育園でつくり方を知ったからだ。お母さんはそれを食べて、朝元気を出す。たかのり君は、年1回の聞き取りの時に、その話をしてくれた。

当時の理事（旧制度の時）の一人が「聞き取りをしたい」と申し出てくれた時に、「あの子は虐待があるのかな？」と心配してくれたことがあった。「そう思われましたか？　それとも、本人がそう言いましたか？」という私の質問に、その理事は「本人が言ったわけではないよ。そう感じたんだ」と言っていた。

私が聞き取りをした時も、本人からそれ（虐待があるかどうか）は聞かせてもらえていない。しかし、家庭内が複雑であることを私は知っていた。だからこそ、年長までに、一通りのことはできるようにと思って、楽しく、面白く、気持ちいい状態で課題として取り組んでみた。なにせ、学童も続けてきてくれるという保証はないのだから、年長までに何とかするしかない。まして、学童期になると、学校から帰ってきてからの時間しかお付き合いできない。だから生活と言っても何も教えることはできないし、疲れて帰ってくるので、何も受け取ってもらえないことが多い。

「たかのりの作ったみそ汁は最高だね」。この言葉によって、たかのり君は小学生でありながら、大きくなったら調理人になろうと思った。そして、私に言った。「そのうちに自分の店をもちたい」。「いいね。店をもったら、真っ先に行って、お客さんになるから」。私はそう約束した。

私たちは、そういった子どもたちとともに歩み、保育を変えてきた。それは学童クラブだけのものではなく、保育園の年長組あたりから小学校を見据えて徐々に考えていくのである。半数程の子たちは、地域の学童クラブに散らばっていくのだから。

保育というのは連綿と続くものだ。だから、学童クラブだけで成り立つものではない。学童時代を見据えて、年長組にさかのぼる。だから、私たちの所は保育園と学童が一緒にある。長い歴史をもつ保護者だと、子どもを何人も産んで、20年以上法人と関わりをもっていることもある。

＊　＊　＊

心配していた子たちも、次の世代の保護者たちが、世代を超えて仲間にしてくれる。わらしべの実践をはじめた頃の子どもたちが、成長し、子どもをもって、またわらしべに戻ってくる。そして、新しい親子を支えてくれる。わらしべの良さは、時代を超えた「みんなでつくるコミュニティ」なのだ（写真4）。

物心ついた時に、「うちにはお金がない。でも、地域に育ててもらった」と感じるのは、地域に受け入れられている証拠だ。ここに登場してもらった子たちのほとんどが、保育園からの付き合いだ。ということは、学童になってはじめて貧困に遭遇したわけではない。社会の中で、子どもたちの貧困がなかなか見えにくくなっている実態があるのではないだろうか。

3　学童クラブは「育つ権利」を育むところ——おわりにかえて

「子どもの貧困」は格差社会の現れだ。つまり人が大事にされていない社会があるということを意味している。「どうせ何をやってもだめなんだ」と、子どもに思わせたら、社会は終わりだ。子どもには「あなたの未来がある」ということを伝えなければいけない。

貧困は大人たちの問題なのに、社会経験の少ない子ども時代に自己責任という名でふりかかってきて、子どもに過酷な状況を与え、そしてレッテルを張られる。「余裕のない」「自由のない」「安心できない」世界に、子どもたちは連れ込まれている。そんな場所で「自己肯定」などできるはずがない。

いっぱい「経験」して、いっぱい「できる」を感じて、「やってみたい」と思ってから大人の世界に行ってほしい。私は、その子に「そ

写真４　泥山固め

の子の人生を渡してあげる」「その子をその人生の主人公にしてあげる」ことが大事だと思っている。そして、子ども本人が安心して主体的に「できる」「できない」「わからない」と自分の器を図りながら、素直に言えるようになるまで待つ時間が学童期だと思う。学童期はまだ子どもなのだ。

学童クラブは、人生の最初にいろいろな異なる人たちと触れ合い、様々な体験をする場所だ。子どもたちには、そこで「人間ていいな」という思いをもってほしい。人と人のコミュニケーション能力、自己肯定感、仲間意識、ストレス発散の方法、様々な体験の数、分析能力、知的好奇心、自由、など多くのことを子どもたちは遊びの中で学ぶ。子どもたちは「育つ」ことを目的化しない。楽しんで遊んでいるうちに結果として育ってしまうのだ。

学童児も高学年の最後になってくると、思春期の入り口にさしかかり、認識も深まり、子どもの問題と大人の問題がまぜこぜになってくる時代になる。その後、自分の人生に覚悟と責任をもつことになると思う。

それまでに、私たちは、子どもたちに「明日があるよ、大丈夫」ということを渡さなくてはならない。どんな子でも存在を否定されない、どんなことがあっても、社会は私を見捨てない、という安心感が子ども時代は大切なのだと思う。

「貧困」を背負いながら学童に来ている子たちは、お金がなくて貧しいから困っているのではなく、社会から切り離されるという心配が心の隅にあるのではないだろうか。「落ち着いて安心して育つ」という行為ができないことを心配しているのだ。

「満足感」というどの子も手に入れていい「育つための権利」が「貧困」という経済的な問題ではく奪されていいのだろうか。子どもにとって「貧困」は偶然の産物でしかないのだ。この子たちは「満足感」

も得られないまま大人社会に投げ込まれるのだろうか。

子育て中の親たちは、子どもに幸せになってほしいと願っている。その子たちが社会に大事にされてほしいと願っている。それができた時に「子育てという行為」が成功したと思っている。そして、自分自身も社会に少しでも貢献できたと思うのだ。

だからこそ、大人の子どもへの見方（社会の子どもに対する見方）が、子どもが社会を生きていくための応援になるような見方がされる社会にできるといいなと思っている。

「人育て」とは、その子を育てることだ。その子の心がすさまないように、そして、その子にとって社会が恐くないようにしてあげることだ。そのために、子どもの経験を増やし、感情豊かに育ててあげることだと思う。子どもたちは社会の弱者の一つなのだ。せめて子ども時代は「社会に出てきていいよ。社会に出るといろいろあるけど、社会はあなたを思っているよ。社会はそんなに怖くないよ」ということを、子どもたちに知らせてあげたいと思う。子どもを萎縮させてしまう必要はない。周囲の人たちの心の温かさを感じながら育つことって、大人になってからの心の財産だ。それを最初に知ることができるって素晴らしいことだ。それで救われる子がどれだけいるだろう。子どもたちは社会や大人に対して「希望」をほしがっているのだ。

私は、親が働いているかどうかではなく、子どもは皆、学童のような場所で育てばいいと思っている。そこには、遊ぶための「時間」「空間」「仲間」という三つの間がある。この三つがある場は、現代の中ではもはや学童という場だけなのかもしれない。本来は子どものいるところすべてに、そして、すべての子どもたちに保証されなければいけないものだと思っている。玩具とかそんなものでは与えられない大事なものを社会が与えてくれるのだ。

学童クラブは、学校の勉強をするためにあるのではない。子どもが大人になる社会を知って、社会に対しあこがれるためにあるのだ。その社会が「面白い、楽しい、気持ちいい」であろうと思わせることが大人の役目だ。

そして、それを知るために自主的に生活する。学童期にとってふさわしい生活とは、「遊ぶ」ということに尽きる。遊びは探求心そのもので、年齢も、所得も、学歴も関係ない。未来にあこがれるためには、今の時間を満足するまで遊ぶことだ。「勉強したい」も「働きたい」もすべて「やってみたい」という自らの要求から始まる。要求の最初に充てはまるのが遊びだ。それが、制度として守られているか、周囲の人たちの力で何とかなる部分があるかということを考えていかなければならない。そうすれば、救われる子がいっぱいいると思う。

学童クラブは「子ども時代」を謳歌《おうか》するところ、遊びながら「育つ権利」を育むところだと考えている。

注

1　私たちが運営してきた保育園でも、こうした理念を共有している。保育園での実践については以下で連載したことがある。連載「みんなが気持ちいい保育園」『現代と保育』70号（2008）〜92号（2015）、ひとなる書房。

2　以下、子どもの名前はすべて仮名である。

第6章

やはり、授業がプレイフルであること

…石川 晋

1　授業がプレイフルであることが、一応の答えかな…と

大阪府の二つの小学校の教室に通年で入りました。仮に北部のほうの学校をA、南部のほうの学校をBとしておきます。

AとBの小学校にはそれぞれ教職をスタートして数年の若手がおり、共に中学年を担任しています。この二つの学級は崩壊に瀕《ひん》しており、授業の状況は極めて深刻です。ちなみに1年間のサイクルでみると、Aの教室は緩やかに教室の状況が改善していき（大きくは変わりませんでしたが）、Bの教室は改善がなかなか進みませんでした。両方の教室を私は見ているので、いくつかのポイントがあると感じているのですが、その一つが子どもたちが協同で遊ぶ力を育てているかということにあるのでは、ということです。これは休み時間や放課後の遊びという意味もあります。また学校のほとんどの時間を占めるのは授業ですから、授業の中に遊びがあるか、授業で子どもたちが協同的に遊ぶ文化があるかということでもあります。

さて、両クラス、どんな様子かといいますと……。

Aのクラスは3年生でしたが、ぼくが読み聞かせをメインとする授業に入っても、崩壊の状況は収まりません。具体的には、最初から全員は着席していなくて、教室後方のロッカーの上に2、3名は寝そべっています。目はこちらを向いています。参加意思はあります。担任が教室リフォーム▼1の岩瀬直樹先生の実践などをもとに畳を教室に入れています。その上に座って、カードゲームをしながらこちらを見てい

る子たちもいます。授業開始時点では入室しておらず、しばらくして、廊下から畳を一枚かついで入室してきて、自分の好きな場所において遊ぶ子もいます。騒然としていますが、読み聞かせをしながらいくつか問いを子どもたちに投げると、後ろのロッカーの上から不規則に発言してきたりします。担任がおっしゃるには、それでも普段よりも圧倒的に先生の話を聴いているし、参加もしているということでした。

Bのクラスは4年生です。こちらは『学び合い』▼2で立ち歩き自由の授業を展開してみたのですが、なかなかすごいです。学習からすぐに離脱してしまい、教室後方に行ってなぜか置いてある段ボールに入って遊ぶ子が数名。さらに教室後方の壁をぼこぼこたたく子もいます。その日は、東京学芸大学の渡辺貴裕さん▼3にも同行していただいたのですが、渡辺さんは後ろで壁を叩く子どもをじいっと観察した後、うれしそうな顔でぼくのところにやってきて、「晋さん、あれって○○太鼓だよね！」とおっしゃいます。たしかに！　それはその太鼓のリズムです。Bの小学校のある地域は、巨大な神輿《みこし》を地域の青年たちが担いで勇壮に駆け抜ける全国的にも有名な奇祭があり、それを中心に街が回っていると言ってもよいところです。学校は子どもたちにその奇祭以上の「遊び」を提供することに失敗している（できない）んだなとその様子を見ながら思います。

AとBの学校の両方の担任も親しく、先日お互いに双方の教室に行き来して終日教室を観察する機会がありました。この機会をとらえて、互いのクラスにあるもの、片方にだけあるものを問うてみたところ、Aの教室には、子どもたちがチャレンジバイチョイスできるドイツゲーム▼4が大量に置かれているという点があがってきました。実際、Aの教室は教室が落ちつかない時期にも子どもたちが休み時間に、ボードゲームやカードゲームを子ども同士で選択し、自分たちでルールを決めながら楽しむ様子がくり返され、それは教室の文化として定着している感じでした。遊びを通して協同的なコミュニティづくりを学んでいる、と言えそうなわけです。

さて、両方の学校とも、私は学校の許可を得てプロのカメラマンを帯同し、写真を撮っていただいていました。Aの小学校参観の夜、関西圏の教員が数名で集まりその写真を見ながら話し合いをする場をもうけたのですが、参加していた教員の一人（わりとハイソな地域の小学校教員）が、写真を見るなり、「あっ」と声をあげる場面がありました。訊いてみると、「これはまずしいんやねぇ」と。「着ている服が私の学校の子どもたちと全然違っていて、子どもたちの表情も暗い」と。

それで改めて、子どもたちの暮らす地域による体験の格差、遊びの格差、学びの格差について思いをめぐらせることになりました。

本稿では、授業・教室が楽しい、授業・教室がプレイフルであるということの価値（大切さ）を体験的に語ってみようと思います。それが貧困と遊びという本書のテーマとうまく重なるものになるかどうか、ぼくにもよくわからないところがあります。でも、ぼくは研究者ではなく、長く北海道の公立中学校で国語を中心とする授業をしてきた一介の実践者です。たとえば貧困の問題についても基本的にはその本質を説明したりできません。また、貧困の状況を変える施策が打てる立場でもありません。ただただ、楽しい学校、楽しい学級、楽しい授業をどうやって作っていくかをずうっと考えてきた一教師です。その枠組みを飛び出した難しい話はできません。ただ、ぼくなりに、授業・教室生活が楽しいということが、学校が貧困に向けて差し出せる最も重要なこと（の一つ）なのではないかという確信めいたものはあるのです。ぼくが見てきたこと、ぼくが考えていることに伴走していただくことで、ぼくの確信を共有していただけたならいいのだが、と思っています。

2 「伴走者」として走る日々

２０１７年３月に28年間勤務してきた北海道内の公立中学校の教職員生活をいったん終えました。都内に居を構えて、日本じゅうの学校に入り、授業をしたり、先生の支援をしたり、校内研修のデザインとファシリテーションをしたりしています。全国のお声掛けのあった学校をぐるぐると回っています。ＮＰＯ授業づくりネットワーク▼5の理事長でもありますから、自前で研修会を実施したり、研修会の講師として呼ばれたりすることもあります。

たとえば２０１８年度でいえば、４月の二週に活動を開始。某大学の講義を拝見し、その後は都内の中学校、徳島の小学校、北海道の小学校、大阪・京都・奈良の小学校や中学校、名古屋の中学校と回りました。いわゆる学級開き・授業開きを見る機会にもなり、とても貴重で、ワクワクする日常でした。その間の土、日曜日には全国各地で小さな研修会をずうっと開催します。稚内や南紀太地町、沖縄といったできるだけはずれの小さな場所を回ります。10月は16校に入りました。23の飛び込み授業をしました。そのほかに学校外で６つの研修会にも関わりました。

さて、それで、学校に入って何をしているのかというと、①教室に入って授業をするというパターン。②校内研修の講師として校内で講座をするというパターン。③先生個人（や学年団など）の授業を拝見してリフレクションのための対話をするというパターン。④校内研修のデザインとファシリテーションを丸ごと担当するというパターン。この4つのパターンの組み合わせです。①②はこれまでも日本中の学校で行われてきたことですが、③④は多分ほとんど前例がありません。特にぼくのように大学の先生でもなく、指導主事でもなく、初任者指導担当教員などでもない立場の人が、一つの学校に継続的に入って個人なり学校なりを支援していく（年間10数回入る現場もあります）というのは今のところ特異でしょう。先日は大阪南部の中学校に入りましたが、依頼を受けているのは中学校3年生の教室での国語の授業、そして放課後の校内研修の講座です。でも朝から入って朝の学級活動を拝見し、終日ほぼすべての教室に入って授業を拝見し、国語の教科チームの先生のお話を聴き、学校長と対話し…それを踏まえて6時間目の国語授業と、放課後の校内研修での提案をしていきます。朝から6時間授業をつづける日もあります。

最近、自分がしているこうした「仕事」を、仮に説明する言葉を見つけました。「伴走者」です。実際には現場の先生方と地を這うような仕事ですから、走ってさえいなくて、「伴歩者」というぐらいがふさわしい感じなのですが、まあ、とりあえずぼくの仕事は「伴走者」です、ということで、説明するようにしています。

3　都内の中学校で一緒に考えましょう

2018年から入っている都内の中学校の子どもたちの話をします。小学校時代には学級崩壊も体験をしてきた子が集団の多数を占めています。大人への強い不信感も言葉の端々に見えますし、学びにも正面から向き合うのは現状ではなかなか難しいのです。

それで理科担当の先生である井上太智さんは、生物単元の学習で、校地内の空きスペースを管理職の了解を得て畑にしてもよい許可を取りました▼6。同じ一時間の中で、教室で実験している子も、外で農作業する子もいる、ちょっとめったに見られない光景が展開していきます。6月に見に行くと、10名ほどの男女が耕作しています。

「今日は夜から大荒れの天気になるから、今日のこの時間中に種うえを終わらせたい」と彼らは言います。天気予報なんておそらくついぞ見ることのない子たちが朝天気予報を見て、天気図まで確認して登校してきています。立派に理科、ではありませんか。

写真１　子どもたちが栽培している大根

7月に行くと、単元はすでに生物単元から化学単元に変わっていました。しかし、子どもたちの農作業は同時並行で進んでいました（写真1）。子どもたちは理科室と圃場《ほじょう》（笑）を行ったり来たりして、実験をしたり、農作業をしたりしています。今、何をするのかを決めていきます。そもそも理科室内の実験も、子どもたちが問いを出し合い、それを実験で確かめ、再び出てきた問いをまた追究し…それを繰り返しています。協同的な学びと個別の学びとを、子どもたちはプロジェクト思考でいったり来たりしています▼7。もちろん受験圧力の中で問題集を解く子もいます。しかし、これまでの授業と比べると圧倒的にプレイフルな日常が展開されています。10月、圃場では大根が栽培されていました。「できあがったらおでんパーティをしよう」と校長先生に言われた、と男子生徒がうれしそうに話します。普通の、普通の、公立学校の出来事です。

とはいえ、自分たちで問いを立て、自由に試行錯誤しながら「個別・協同・プロジェクト」的に実験を繰り返していく『学び合い』の授業は、当初はなかなかうまく進みません。授業の肝《きも》は、子どもたちが「遊びながら」学ぶということだとぼくは思うのですが、子どもたちは自由に遊びなさいと言われると何をしたらいいのかわからなくなってしまう。無秩序に教室の内外で暴れることはできるのですが……幼保まで遊びの中で学んできた学び方が(これ自体が不十分である場合も多々ありますが)、小学校以降「整地」されてしまっている実態が、かえって浮き彫りになってくる感じでしょうか。

4　千葉の定時制高校で一緒に考えましょう

千葉に、伊藤晃一さん[8]という若手の高校定時制の国語の先生がいます。彼は定時制の子どもたちは「まなびほぐし」が必要なのだといいます。「学び直し」ではなく「まなびほぐし」です。不登校やいじめを経験してきた子たちがたくさん進学してきます。たとえば彼らと源氏物語を読みながら、伊藤さんは子どもたちと一緒に、蹴鞠《けまり》を本気で作る授業をします。源氏物語で蹴鞠を楽しむ場面が活写されているわけですが、本当にそんなもんで遊んで楽しいのか、まずはやってみようじゃないかということなのです。日本で唯一蹴鞠づくりができるというおじさんに手ほどきを受け、早速試行錯誤しながら作っていきます。完成したらもちろん体育館で遊びます。阿部学さんとの共著[9]にその実践のいくつかは収められています。

不登校やいじめを経験して入学してきた子どもたちは、定型的な学びの流れからこぼれてしまっています。高校までの途上で学ぶはずだった様々なことが抜け落ちてしまっていたりするという国語科では当たり前の活動の経験がとても薄かったりします。たとえば読んだり書いたりすると一冊の本を完全コピーするという授業に取り組んでいます。「視写」ですね。そんなことを生徒はおもしろがるんですか、と尋ねると、子どもたちは「完コピゲーム」を(キッがりながらも案外)楽しむというのです。なるほど、ゲーミフィケーション▼10の発想で授業を再構築しているわけです。伊藤さんも蟻一匹逃さぬ正確さで一人ひとりの提出したものを点検するそうです。「完コピゲーム」と捉えれば、こういうディテールのリアリティがとてもとても重要なことはぼくにも理解できます。

一冊を丸々書き写すことで、生徒は文章を読み進めることも、また文章を書くことも、圧倒的にできるようになるのだ、と伊藤さんは言います。学びなおしではなく、まなびほぐしなのですという伊藤さんの言葉の意味がわかるような気がします。

現在の定時制は外国につながりのある子どもたちも多く入学しています。伊藤さんの教室には特に東南アジア系の子女がたくさん入ってきているそうです。そうした状況なので、長年行ってきた視写の授業ももう難しい。そこで、日本語とタガログ語の入門講座を生徒同士で進めるという授業を導入している、とか▼11。ところが生徒たちが進める授業形態が生徒に発音させ、意味や単語のスペルを黒板に書いて、生徒が書き写すという、日本の伝統的な一斉授業スタイルそのものになってしまうというのです。一斉スタイルの授業に最も適性が低い子どもたちが、いざ自分たちで教えようとすると、その方法を再生産してしまう…ぼくらの国の教育の「貧困」を物語っていると思えます。

5　千葉の小学校で一緒に考えましょう

2018年3月1日。全生研の実践者として著名な塩崎義明さん[12]の教室に入りました。小学校5年生。千葉の浦安の小学校です。

東京ディズニーランドにほど近いこの学校は、巨大な団地に囲まれ、ほとんどの子ども達はそこから登校してきます。都心にも近い立地であり、保護者の経済水準も高く、子どもたちの「学力」も高い学校です。

塩崎さんはしかし、子どもたちは考えることが苦手だ、と語ります。

事実、シルヴァスタインの『大きな木』の読み聞かせと、「男と木、どちらが幸せですか」というシンプルな問いによって構成された道徳の授業では、子どもたちが綴る作文は思いのほか一様で、量も少ない。そもそも、「幸せと訊いて思いつくことをあげなさい」という導入の場面から、子どもたちの「幸せ」観はいささか一面的です。多くの子たちが、保護者にしてもらったこと、自分ができていることを、取り上げるわけですが、誰かに支えてもらったこと、誰かを支えたことの体験が出てきません。

この一例をもって、今の子ども達の現状を説明するには無論不十分ですが……しかし、全国各地の教室に入る中で、こうした傾向は都市部だけでなく、田舎の学校の子どもたちに至るまで顕著な傾向として指摘できそうな気がします。

この背景には、やはり子どもたちの遊びの貧困化を指摘できそうです。子どもたちのグラウンド遊びは、サッカーなどの競技スポーツに回収されつつあります。体力増進のための活動は学校によってはたくさんしていますが、いわば学校側が提供している活動を子どもたちがこなしている感じも強い……。

そういえば、塩崎学級参観の最中にはおもしろいことがありました。

この日は、春の嵐で、子どもたちの登校は10時。グラウンドは昼の時点でもぬかるんでいます。昼休みを前にして、教務主任か体育主任かわかりませんが、校内放送で若い先生の声でやや申し訳なさそうに「今日はグラウンドがまだぬかるんでいるので、もう天気は回復していて申し訳ないんだけど……外遊びはしないでください」と放送が入りました。

すると、塩崎学級の隣のクラスの子どもたちが、「やったー」と大きな声を上げて大喜びする一幕がありました。意外です。

塩崎さんは、「ああ、隣のクラスは、昼休みにグラウンドで学級レクやる予定だったから。やらなくて済むからだろう」と。あてがわれた「遊び」に緩やかにNOを示す子どもたちの姿にドキッとします。一方の塩崎学級の子どもたちは、というと、教室のベランダに出て、男女入り混じって外遊びさせろと、かわいらしい「怒号」を挙げているわけです。

遊びが先生に制御されている、子どもたちが選べないというこの現状を、どう見るか。先生がよかれと思い、いわば善意で準備している「遊び」は、本当に「遊び」なのか……。

6　中国地方の中学校で一緒に考えましょう

中国地方のある中学校。若手の理科の教師の授業に入りました。

数年前に都内で面談をしたことのある先生です。

まだ30歳前の先生。地域の疲弊のしんどいところに赴任になって二年です。今年その先生が授業をしているのは中学校3年生。生徒数は20名強。二学級をかろうじて維持できる規模の生徒数は、新卒の先生にはいきなり40名の教室で授業をすることを考えればアドバンテージだなあと思います。

7月初旬、大きな学習単元も一服し、少し自由な学びに挑戦できる時期。

手元でパキッと割ると冷える触媒（商品）が、どのような化学反応で起きているかを、実験器具と溶液を使って実際に再現する授業です。

授業開始時点では全員は理科室に入室していません。2、3分遅れて入ってきた女子生徒が「どうもすいませーん」とやや間延びした声で一応謝って入室してきます。若い先生は「遅れてくるなよ」と一言。その女の子は教室の一番前の決められた席に座ります。

先生の授業が本格的に始まっていきます。

先生の声が、とても大きい。さして広くない理科室で体育館のような大きな声です。普段の生徒指導状況の厳しさが垣間見えると感じます。後で映像を見ながら一緒に振り返りできるといいなあと考え、回していたビデオの位置を教室の中央付近から後方の入り口ぎりぎりに置きなおします。教室の中で先生の声がどのように響いているかを実際に比較しながら感じてもらえるようにするためです。

さて、先の女の子は、短いスカートで膝も見えそうな感じです。その足を机の脚を支える横棒に乗せています。一般的にはだらしないとみなされるでしょうか。隣の女の子もほぼ同様です。でも、先生にしきりに話しかけ、実験への関心もとても高いのです。早く始めたくてうずうずしている感じが伝わってきます。

肝心の実験はなかなか始まりません。先生が、やんちゃな子が多い中で実験を「手放す」のが心配なのだなあと感じます。説明を繰り返したり、おそらく必要ない説明をつけ足したり……。結局実験に入るのに25分を使ってしまいました。

実験が始まると生徒は夢中です、大声をあげたり、奇声をあげたりしながら、しかし、猛烈に取り組んでいきます。先の遅刻してきた女の子たちは中でも一番夢中です。「なにこれー」「どうなんってのよ」「おい、それこっちにもくれや」などと言いながら、遊ぶとも学ぶともなく、実験を進めていきます。

残念ながら大きな実験結果が得られる前に、先生が片づけの指示をします。最後まで実験器具を手放さない女の子たちの手元から、「はいはい、そこまでですよー」といいつつ器具を回収していきます。女の子たちは恨めしそうな顔です。まだまだやりたいのです。でも素直に指示に従います。信頼関係ができあがっています。でも、授業を最後まで実験で終えるということも当然ありうるはずです。では、なぜ器具を回収してしまうのか……。

ご本人に訊いてみると、「振り返りをしなければいけないから」と言います。そう、授業の最後に「振り返り」をするように指導されているからです。最初にめあてを示し、最後に必ず振り返りをするようにという定式が結構強い圧力のようになって、この若い先生の上に降りてきているのです。めあても振り返りも無論重要です。しかし、それが一律同じ形で教室の真ん中まで降りてくる……。若手教師と子どもたちの日々の上に横たわっているものの重さ・強さに思いを向けざるを得ない場面です。

さて、授業はここまでなのですが……。

この先生は白衣を着ていました。出身大学の名前が背中に刺しゅうされた白衣です。実はもともとはこの白衣ではなく普通の無地の白衣を着ていたのだそうです。校内では、以前から白衣着用はあまり教員仲間の評判が良くなく、時には清潔感がないから脱ぎなさいと言われていることもあるとか。しかし、以前に、今着ているこの大学時代の白衣を引っ張り出して着たところ、当時の教室のやんちゃな女子生徒たちに「かっけー、いつもそれ着ろよ」と言われたのだというのです。それで彼は、「今もこの白衣だけは絶対脱がないようにしようと決めているんですよね」と言います。

そもそも先の女子たちは、他の教科をエスケイプすることもあるのだとか。でも実験重視のこの先生の授業が受けたくて、授業に「戻っている」子たちなのです。この学校は何年もなかなか校内が落ち着かないそうですが、先生は赴任当初に物置と化していた理科室を、一人で孤独に片づけ、実験のある授業を回復して二年になるのだとか。この先生が赴任することによってたくさんの子どもたちが実験の楽しさを知ったのだと思うと、不覚にも言葉が継げないほどの感動を覚えました。

それにしても、子どもたちと先生との様子を見ていると、これは遊びなんだなと思えます。というかゲーム、なんだな、と。実験に取り組む子どもたちの様子はまさに遊びというか、ゲームそのものなのです。厳しい生活の中で、ようやく学校にやってくる彼らにとって、学校という場所の中でかろうじてプレイフルな場所、それが、この理科室での新卒教師の実験授業ということになるのでしょうか。

7　ぼくの教員としての歩みに少しだけ伴走していただきましょう

ぼくが教員になったのは、1989年4月でした▼13。オホーツク海に面した興部町《おこっぺちょう》という町の漁村にある中学校が最初の赴任地です。国語教師として赴任したわけですが、担当者がいないので、音楽も担当することになりました。ぼくの教員最初の仕事は、入学式で、一度も聴いたことのない校歌の伴奏を弾くことでした。より正確に書けば、歌唱譜しかない楽譜に伴奏をつけるのが初めての仕事でした。前任者は適当に弾いていたらしいです。

北海道の第二の都市である旭川で生まれ育ち大学までを過ごしたぼくにとって、はじめての一人暮らし、田舎暮らしである。とても新鮮な毎日だったが、正直に言ってしんどかったです。

当時学校は大変な荒れの中にあり、厳しい低学力の中でもありました。

時には朝、生徒が学校にスノーモービルで登校してくることもあります。もちろん無免許運転ですが、教員もなすすべなしという状況でした。校内では弱い立場の生徒がしばしば上級生のいじめの対象にもなっていました。対教師暴力もあり、授業は完全に崩壊。ぼくの授業でいえば、授業中にたばこを吸う生徒もいる状況でした。

ぼくは学校で、子どもたちに「教える」ことはほとんど成立せず、放課後も深夜までひっきりなしに遊びにやってくる生徒たちに悩まされ続けました（学校の前の教職員住宅に住んでいました）。いくつかの本や雑誌の原稿としても書いているので、ここで詳述はしませんが、様々な手立て、授業のネタを持ち込んでは全く見向きもされない状況を繰り返し、万策尽きた後、絵本の読み聞かせをすることになりました。はじめて教室に持ち込んだクリス・ヴァン・オールズバーグ（村上春樹訳）の『急行「北極号」』（河出書房新社、現在はあすなろ書房）を読むぼくの前に、いつの間にかふだんは荒れ狂う子どもたちが集まり、終わると拍手をして「石川、こういうんなら毎回やってもいいぞ」といった場面は今でも、そのように言った生徒の表情も含めてよく覚えています。

それ以後も、彼らは今思えば、学校的なものをことごとく拒否し続けました。本物であること真正なものにだけ真剣に取り組みます。学校的なものに誰よりも縛られていたぼくは、最後まで彼らの心の願いに寄り添えなかったと思います。今ならどうだろう、もう少しマシにやれるでしょうか。

その後も、ぼくは、そのオホーツクの地で流氷の授業を開発し、本物の映画を校内で上映し、隣町の公共図書館を訪問し……そういう彼らの必要に近いもの、本物の学びにつながるものにだけは、彼らは反応してくれました。当時はほとんど誰も取り組んでいなかったディベート学習などもそうでした。今でいうワークショップの一形態ともいえるディベートは、彼らの生活改善に近い論題にすると大いに盛り上がりました。たとえば「学校には全員が自転車で登校することができる、是か非か」といった論題です。

30年近くたった今、あそこでぼくが子どもたちに教えられたことは、授業を楽しく、ということと、底の浅い楽しさではない本物につながる楽しさがプレイフルな場を創るということでした。実際にはほとんどそういう場を創ることはできなかったわけですが、でも、間違いなくそういうことなのでした。

当時の学校は、一番近いそれなりの都市機能をもった街まで15キロの海岸線にありました。車を盗んで出かける猛者《もさ》もいましたが、基本的には、自分の生まれ育った小さな町で遊ぶしかないのでした。大都市の子たちは、携帯電話の普及はもう少し先だけれど、たとえばゲームセンターや、そろそろ広がり始めていた郊外型ショッピングモールで遊び始めていた頃です。遊びの質の変化も含め、地方と都市部との間には、大きな遊びの格差がすでに生まれていたように思います。

ぼくが赴任した１９８９年は、この町にとっては大きな節目の年でもありました。旧国鉄の長大路線（本線）ではじめて名寄本線が廃止になり、興部町も鉄路がはがされることになったのでした。それまで旭川、さらには札幌へと通じていく山間部の国道・高速道路は脆弱でしたが、前年度に堅牢なトンネルが完成し、廃線の条件が整ったところでした。道路網の充実は都市部との物資・情報の格差の是正につながると為政者は吹聴しましたが、待っていたのは、甚大な人口流出とインフラの格差、そこにつながる貧困の波でした。これは、後年、インターネット網の充実が地方と都市圏との情報の格差を埋めるとまことしやかに語られたのと同じ構造だなと思います。

今思えば、すでに最初の赴任地であるこの地においても貧富の深刻な格差は見え始めていました。はじめて引率した修学旅行先の都市で生徒が親から預かったキャッシュカードを片手にＡＴＭから数万円のお金を引き出すのを見て驚きましたが（もちろんルール違反です）、一方でその修学旅行代金を支払うのもままならない家庭もすでにありました。貧困は単に貧困家庭の選択肢をせばめるだけでなく、富めるものとの格差こそ、横並びを強いる学校においては重大な問題をはらむことになると感じます。経営に失敗し、農協に牛も牛舎も差し押さえられる中で小作人同様の状態で働く家庭は、学校への納入金さえ支払いが滞ります。その一方で最新の遊び道具を次々と消費していく家庭の子もいるのです。

シビアな生活格差の中で、豊かな水産資源に恵まれた漁業者の子どもたちが幅を利かせていました。彼らは命を張って漁に出て、豊かなお金を生み出す親の姿と、学校の薄っぺらな授業を天秤にかけていたのだと思います。ぼくも含めて、当時の教職員集団は、この子たちに、学ぶことの楽しさを伝えることにおおむね失敗していました。授業そのものがプレイフルになるか（遊びになるか）は、重要なポイントだったわけですが、知識の化石のような教科書を粛々と教えることがほとんどだったと思います。

8　大規模校に転出しました

オホーツクの地を離れて、二校目は生まれ故郷の旭川の大規模校に赴任しました。この地で、教師としては初めて、クラスの子どもたちの本格的な貧困と出会うことになりました。１９９５年前後です。

家庭訪問に行くと玄関がどこにあるのかわからない家がありました。平屋のつぶれそうな長屋です。そこに暮らす家族。息子は学力も深刻で、発言も行動も粗野でした。クラスの内外の疎外感をもったメンバーと一緒に深夜徘徊《はいかい》します。そうした子どもたちはどの子もおおむね貧しい家庭の子たちでした。彼らの多くは授業に関心をもっていませんでした。地域がら授業妨害は少なかったのですが、エスケイプ、授業中の就寝は日常的でした。一日の大半を過ごす学校の、その大半を占める授業がプレイフルでないことは、彼らにとって深刻な問題だっただろうと思います。

そうした中で、ぼくは教科書以外の学びにも少しずつ力を入れはじめていました。たとえば「見たこと作文」▼14と呼ばれる短い探究型の作文にはこうした子どもたちの多くも前のめりになりました。前任校から引き続き取り組んでいたディベートへの関心も高く、さらに90年代の末から挑戦していたテレビＣＭなどを分析的に読み解くメディアリテラシーの授業は大好評でした。生活や本物と地続きの学びには、関心を寄せてくれたと思います。

この学校で出会った貧困な家庭の子Aちゃんについては、鮮烈な記憶があります。

どうにも勝手がつかめぬまま授業も教室経営も進めていた転勤一年目。担任した中2クラスにいた子がAちゃんでした。Aちゃんは物静かで、しかし思慮深く、比較的小さな友達集団の中で静かに暮らす、いわばめだたないタイプの生徒でした。教室の大半の子どもたちは知らなかったのですが、脊髄に病の後遺症があり、常時コルセットをしていました。母と二人暮らしでしたが、母は病気がちで家で臥《ふ》せっていることも多く、要保護の家庭でした。学力は高く、聡明な子でした。

陸上競技大会（旭川では体育祭ではなく、市の陸上競技場を借りて実施する陸上種目によるクラス対抗の競技会が一般的でした）で、どの種目を誰がするか、学級会が開かれました。学級づくりもあまりうまくいっていない中で、案の定いくつかの不人気種目の出場生徒が決まりません。中でも女子の砲丸投げの選手を互いに押し付け合う空気になり、教室内が重苦しい空気になりました。しばらくの沈黙の中、突然Aちゃんが、机をばんとたたき、立ち上がって言い放ちました、「私が、砲丸投げやればいいんだろ！　その代わりさっさと他の種目決めなさいよ」と。

脊髄を痛めている彼女にさせるわけにはいかないと彼女のところに行きかけると、Aちゃんはきっとぼくをにらみ、「先生は黙ってて」とさらに言い放ちました。

生涯忘れることがない場面だと思います。

この生徒たちを3年生まで持ち上がりました。三者面談の前の生徒本人との進路確認である二者面談がやってきました。Aちゃんと二人で話します。Aちゃんは市内の商業高校へ進学すると言います。しかし、成績も大変優秀であり、より学力の高い普通科の進学校に行き、大学で勉強を続けていけたらいいのにと思わずにいられませんでした。二者面談の席上で、思わずぼくの本音がこぼれ出てしまうと、ここでも彼女が「先生、うちの家庭のこと知ってるでしょ。そんなお金、あるわけないでしょ」と…。15歳の女の子にぴしゃりと言われたときに、彼女の背負う貧困の重さの前に何も言葉を継げませんでした。

ずうっと後になって、旭川の町の中で、友人とAちゃんが歩いているのを見かけたことがあります。向こうも気が付いて、素敵な笑顔を返してくれました。この子がずうっとずうっと幸せなままでいられる社会であってほしいとその瞬間に胸が詰まるような感じがしたのを覚えています。

もう一人後に担任した学年で出会ったBくんの話もしましょう。Bくんは母と妹と兄の4人暮らしでした。関係機関の方々が協議をして、小学校時代にBくんを母と離し、道北にある親の養育が難しい子どもたちや保護者のいない子どもたちを育てる施設に入っていました。しかし、中学校2年生になり、母にBくんが電話をし、それを機に、母に戻ってくるように言われて、電車に乗り一人で帰ってきてしまいました。そのまま本来の在籍学級であるぼくのクラスにやってきたのです。最初の一週間で不登校になりました。

家庭を訪問すると、新聞受けに聖教新聞と赤旗と「ものみの塔」の資料が入っています。部屋の中に通されて驚きました。立っているものがない。棚は全部倒れてそのままのごみ屋敷です。その中でピアノだけがなぜか立っているのです。妹がピアノを習っているのだと言います。Bくんも高校生の兄も弾けるそうです。母が言うには、Bくんは留守なのだそうです。

冷蔵庫の中から母親がウーロン茶を出してきました。コップに入ったままのウーロン茶を二つ。そして、息子（Bくん）が最近、冷蔵庫に自分のおしっこをコップに入れて冷やすので困ったなあと思ってるんですよ、と言います……。そうですか、とその話を受け流しながら、ウーロン茶をぐっと飲み干します。

母親の話はどこまでを信じればいいのか皆目見当がつきません。二階でがたごと音がするのは、息子（Bくん）がいるからでしょう。しかし、そのことを指摘していいものかどうかもわかりません。母は、家ではしっかり勉強させていますから心配しないでくださいと言います。一体どうすればいいのか、母による暴力やネグレクトに初めて出会ったケースでした。

9　再び田舎の教師になりました

こうした深刻な家庭状況と直面して、ぼく自身も精神的なしんどさを感じました。それであんなに切望した旭川での教員生活を捨てて、もう一度田舎に戻って考えることにしたのです。ぼくは今から20年ほど前に、旭川市を離れて、十勝管内の広尾町に赴任しました。ここでは6年間の在籍中に1万人弱の人口が8000人台にまで減少する深刻な地域崩壊を目の当たりにしました。中学校では、卒業生の楽しみとして卒業式前の時期に卒業アルバムをみんな見て、後ろのサイン・メッセージ頁に、友達同士でいろんな言葉を書き合うというのがあります。ところが、卒業アルバム購入の時期になると、クラスの中に必ずと言っていいほど、購入しないという生徒が現れるわけです。いじめを受けたり、子ども同士の関係性が思わしくなくてほしがらないという事例はほぼなく、高額化する卒業アルバムを購入できないという問題です。

卒業担任をもったある年、Cちゃんが購入しないと言います。「せんせ、あたし買わないから」とあっけらかんと言います。Cちゃんの家は決して裕福とは言えない地域の中でも、際立って貧しいのです。でも、卒業前のアルバム交換の日のことを思うと、とてもそのままにはしておけず、ポケットマネーを出して、彼女の分を購入しました。アルバム配付の日、Cちゃんの机に卒業アルバムを置いた時に、Cちゃんの感謝と恥じらいの入り混じった微妙な顔をぼくは今でもはっきりと覚えています。

卒業アルバム回覧なんて、まあ、卒業前の子ども達同士のお定まりの遊びなのだと考えれば、遊びすらも経済格差の進行の中で、はっきりと格差が生まれてきているのだと考えると実に重苦しい気持ちになります。

その後に転勤した上士幌町の中学校で、ぼくは授業も教室づくりも、それまでのものをすっぱりと捨てました。子どもたちの学びやすさや過ごしやすさを優先に、授業そのものが知的に楽しいということを絶対条件にしてみようと思いいたりました。教室には発達の凹凸が大きい子もいて、授業中に大暴れしたりすることもあります。そこで、教室を三分割し、仕切りを作ったり、教室の奥にプチプチを置いて、子どもたちがいらいらした時は自由にプチプチしていいことにしたりしました。

何よりも授業を変えました。それまでも小さな協同学習をユニット型で積み上げるような授業にしていました。また「合法的立ち歩き」▼15と称して、子どもたちが授業中に自由に立ち歩いてもいい時間を設定したりしていました。しかし、もっと大胆に一時間で完結しない大きなワークショップ的な授業にどんどん取り組みました。子どもたちの学習場所も、教室だけでなく、廊下もOKやがては学校中を使ってもOKの授業に変わっていきました。

上士幌での8年間は町自体が劇的に変化した時間でもありました。町はふるさと納税に力を入れ、人口5000人を切り納税額が4億円弱程度の財政基盤の街が、全国トップクラスのお金を呼び込むようになりました。多い年は20億円を超えます。人口も5000人を回復しました。総務省主導のこうした施策そのものへの批判があることはぼくもよく知っています。ただ、同じ町に暮らすものとして、このイノベーションが町の中で起こる源は何だったのかに大きな関心をもっていました。いろいろな方に聴いてみて、一つの納得いく結論が見つかりました。施策を中心的に進めてきた人たちは小中高校の前後何年かの同世代の同窓生たちでした。いわば遊び友達です。学校が基軸になっていることは明らかでした。では、この集団はなぜ生まれたのかと考えると、偶然だろうと思いました。ただし、子どもの数が減る中で、これからはもっともっと地方における奇跡は起こりにくいだろうとも思いました。学校が子ども同士、じゃぶじゃぶと遊ぶ（ように学ぶ）場所になるように、かつてのようにいわば放し飼いにするだけではなく、教師が学校が子ども同士の関係が十分に実りあるものになるように仕掛けづくりに腐心していく必要があるだろう、と。

でも、実際の学校は今どうなっているか……。一番の本丸である授業が、やはり協同的に、遊ぶように、本質に迫るものでなければ、無理でしょう。そもそも少人数になればなるほど、人間関係は固定化し、微細な違いも許しにくいものとして顕在化します。習熟度別小編成、個別の取り出し授業によって失われているものがあることを先生はちゃんとわかっていなくてはならないと思います。

10　太鼓の学校のその後に伴走していただきましょう

冒頭で紹介した太鼓を叩く子のいる教室がある学校の話です。

支援2年目となった2018年度の夏、校内研修で、単元型『学び合い』の授業について紹介しました。迷いましたが、小学校4年生の定番教材『ごんぎつね』を例に、実際に、先生方に体験していただきました。

単元数時間の授業課題を、最初の一時間の冒頭にすべて子どもたちに渡してしまいます。その課題に子どもたちはどこからでも自由に取り組んでいきます。この流れを実際に体験していただいたのです。課題とルールはこんな感じです。

【ごんぎつねの課題】

①ごんになって「ごん日記」をつけましょう
②図書館からごんぎつねや新美南吉の絵本をさがして、読み聞かせの練習をし、1年生に読んであげましょう
③ごんぎつねに「色」の表現がたくさん出てきます。何か所か取り上げて、それぞれの色にどんな意味が隠されているか秘密を探りましょう
④ごんぎつねの作者、新美南吉さんについて調べて年表を作ってみましょう
⑤1から6の場面のうち、ごんが一番幸せなのはどの場面か、根拠を示して、まとめ、友達に説明しましょう

⑥ごんぎつねの中の難しい言葉をたくさん辞典で調べて「ごんぎつね難語句辞典」を作りましょう
⑦ごんぎつねと、これまでに教科書で読んできたお話とを比べて、似たところを見つけて、まとめましょう
⑧1から6の場面をいくつか選んで友達とお芝居を作り、仲間に発表しましょう
⑨「ごんぎつねそれから」というタイトルで続きのお話を作ってみましょう
⑩兵十やごんへ、お手紙を書いてあげましょう

【ごんぎつね　単元型『学び合い』のルール】

- 教室・学校図書館、どちらを使っても構いません
- 必要な道具があれば先生に相談してください
- 全部で8時間で挑みます
- ①から⑩まで、どれから始めても構いません。8時間の中で半分の課題には挑戦できることが目標です
- 9時間目と10時間目に、一番自信のある内容を発表します

この提案は、実際に4年生の先生が教室で試行をしてくださいました。

さて、冒頭でご紹介した太鼓のクラス。5年生になり、活動型の授業を精力的に行ってきたこれまでの担任から、2018年度は担任が変わりました。一斉授業の腕も特段に高い中堅の先生です。その先生が「晋さん、ちょっともうあかんので、本気で単元型『学び合い』をやっていたいと思うんだけど」とおっしゃいます。「では、やってみましょうか」とぼく。二人で「世界で一番やかましい音」の単元開発をし、実際に10時間弱を教室で体験です。

写真２　大阪南部の小学校で

『注文の多い料理店』の単元型『学び合い』の課題として提示された「山猫軒を再現しよう」という課題に挑んだ子どもたち。段ボールを教室に持ち込み、作品を読みながら制作していく。できあがった山猫軒の中に入り、説明を聞くために集まってきた子どもたちに、作品に関わる質問などをしていく。その準備の様子。

その後、担任は引き続き『注文の多い料理店』に同じ形式でトライしました。ぼくは、その最後の発表の時間を見せていただいたのですが、驚愕《きょうがく》でした。教室の中だけでなく廊下にまであふれた出店のような発表ブースが作られています。段ボールで作られた巨大な山猫軒が教室の真ん中にはあり、玄関の扉を開けると、中にいる（隠れている）女の子が顔を出して、作品についての質問を繰り出してきます（写真２）。難語句辞典を作り、それを基に参観者に意味クイズを出すチームもあります。読書会みたいなブースもあります。山猫軒の内部について屋根を取り、俯瞰《ふかん》模型状のものを作り解説するチームもあります。一人で紙芝居状の場面解説を作り、間に質問をはさんでプレゼンする子もいます。かつて授業がはじまってもグラウンドの真ん中でボールを蹴っていた子たちが教室に戻ってきている…それだけでもすごいことなのに、まさに壮観です。

実は翌週に縁あってもう一度同じ学級を訪問しました。次の単元の一時間目。説明文の単元なのですが、単元型『学び合い』よりも構成的な展開です。先生の説明が最初にあり、あらかじめ決められたグループメンバーで学習を進めていくための問い出しが行われていきます。構成的な協同学習に近いのですが、なんと全員が着席しています。そして、４人チームのアイランド型で座りワイワイ言いながら、先生の話

「も」聴いています。

これまでの生活経験の中で、知的ないわば「学び・遊び」の経験を十分にしてこれなかったであろう彼らが、二度の大きなプレイフルな授業体験を通して、遊ぶように教室の真ん中に帰ってくる…。そういう光景を目の当たりにして言葉を失いました。

学校ができる一番のことは、楽しく学ぶ場、プレイフルな授業体験を提供し続けることだと思います。貧困な子どもたちに朝食をサービスしたり、早寝早起きを推奨したり、放課後の個別学習を充実させたり…いろんな取り組みが学校主導でも行われ始めていることは知っています。また、一つ一つの必要性も切実さも、全国の教室を回り続ける中で実感もしています。でも、学校は本丸である知的で楽しい授業と学級生活を豊かに提供し続けることを、まず一番に進めるべきことだと、ぼくは考えます。

注

1　岩瀬直樹・有馬佑介・伊東峻志・馬野友之（2017）『クラスがワクワク楽しくなる！ 子どもとつくる教室リフォーム』学陽書房に詳しい。

2　上越教育大学の西川純氏が提唱する協同学習。西川氏は繰り返し「方法」ではなく「考え方」であると関連著作の中で述べている。他の「学び合い」と区別するため『学び合い』と表記している。

3　東京学芸大学教職大学院（大学院教育学研究科）准教授。ドラマ教育、教師教育などを研究対象とする実践的研究者。近著（2019）『授業づくりの考え方——小学校の模擬授業とリフレクションで学ぶ』くろしお出版がある。

4　コーポラティブなボード・カードゲームなど。近年静かなブームになっている。

5　1988年に立ち上げられた教育研究団体。学事出版から年3回、同名の書籍を刊行し、全国で様々な教育研修会を開催している。

6　ネットワーク編集委員会編（2018）『授業づくりネットワークNo.29——現場発！ これからの授業とクラス～

ひらく・つくる・つくり続ける』学事出版に詳細な教室の報告がある。

7 苫野一徳氏が提唱している。詳しくは、苫野一徳（2014）『教育の力』講談社現代新書を参照のこと。

8 千葉の定時制高校教員。ユニークな実践で知られる。

9 阿部学・伊藤晃一（2017）『授業づくりをまなびほぐす――ここからはじめるクリエイティブ授業論』静岡学術出版。

10 授業づくりの世界でも近年注目されつつある。藤川大祐編（2017）『授業づくりネットワークNo.26――ゲーミフィケーションでつくる！「主体的・対話的で深い学び」』学事出版が詳しい。

11 2018年9月に聖心女子大学で行われた「未来の先生」展の授業づくりネットワークの実践発表ブースでの発表内容。

12 2018年3月で千葉の公立小学校を退職した。しおちゃんマンの愛称で広く知られる教師で、著作も多い。現在は千葉大学、都留文科大学の非常勤講師。

13 次の二冊の本に石川の特異な教員歴は記載されている。
石川晋（2013）『エピソードで語る教師力の極意』明治図書出版。
石川晋（2016）『学校でしなやかに生きるということ』フェミックス。

14 東北福祉大学教授の上條晴夫氏が山梨の小学校教員時代に開発した作文メソッド。上條晴夫（1990）『見たこと作文でふしぎ発見――たのしい作文の授業づくり』（ネットワーク双書）、学事出版にその実践がまとめられている。

15 2000年前後に、石川が開発した授業手法。先に紹介した『学び合い』などで頻繁に行われるような自由な教室内立ち歩きによる学習活動。石川の前掲書などにも詳細の報告がある。

第7章

地域子育て支援拠点事業の多様なあり方

――夜の多世代型子育てサロンはじめました

…小林真弓

1　NPO法人ねっこぼっこのいえの概要

ねっこぼっこのいえ（札幌市豊平区）は、「赤ちゃんからお年寄りまで集える多世代交流ひろば」である。学校法人月寒キリスト教学園黎明幼稚園の保育後の園庭とホール、幼稚園に併設されている日本キリスト教団月寒教会の旧牧師館を、ご協力の下に無料で活動場所としてお借りして活動をしている。ひろばは、幼稚園の保育環境がそのまま生かされ、外遊びや、室内遊び、遊具やおもちゃの使用なども自由にでき、北国ならではの冬の雪遊びも、園庭がホールに隣接しており、小さい子連れの親子も、園庭で雪遊びに興じても、すぐ暖《だん》をとれるので安心して遊べるなどの遊び環境に恵まれている。

ねっこぼっこのいえの近隣施設には、中学校、高校、幼稚園、学童保育所、児童発達支援事業所、札幌市直営の子育て支援センターなど、子どもたちが通う施設が比較的近くに点在し、住居では大規模な国家公務員宿舎もある。

人口195万の政令指定都市である札幌市は、少子化率が全国比でもかなり高く、核家族世帯や転勤族の子育て家庭も多い。近くになにかあっても頼れる親族などがいない、夫の就労時間が長く、残業などで帰宅時間が遅いなど、母親がワンオペ育児に陥っている家庭も多く見受けられる。そんな中、子育てを孤立させず、地域のみんなで支え、またその周囲の人たちも育ち支え合えるような拠点を創ろうと、月寒教会、黎明幼稚園、幼稚園関係者の子育て親などの三者が運営を協力し合い、ボランティア団体「ねっこぼ

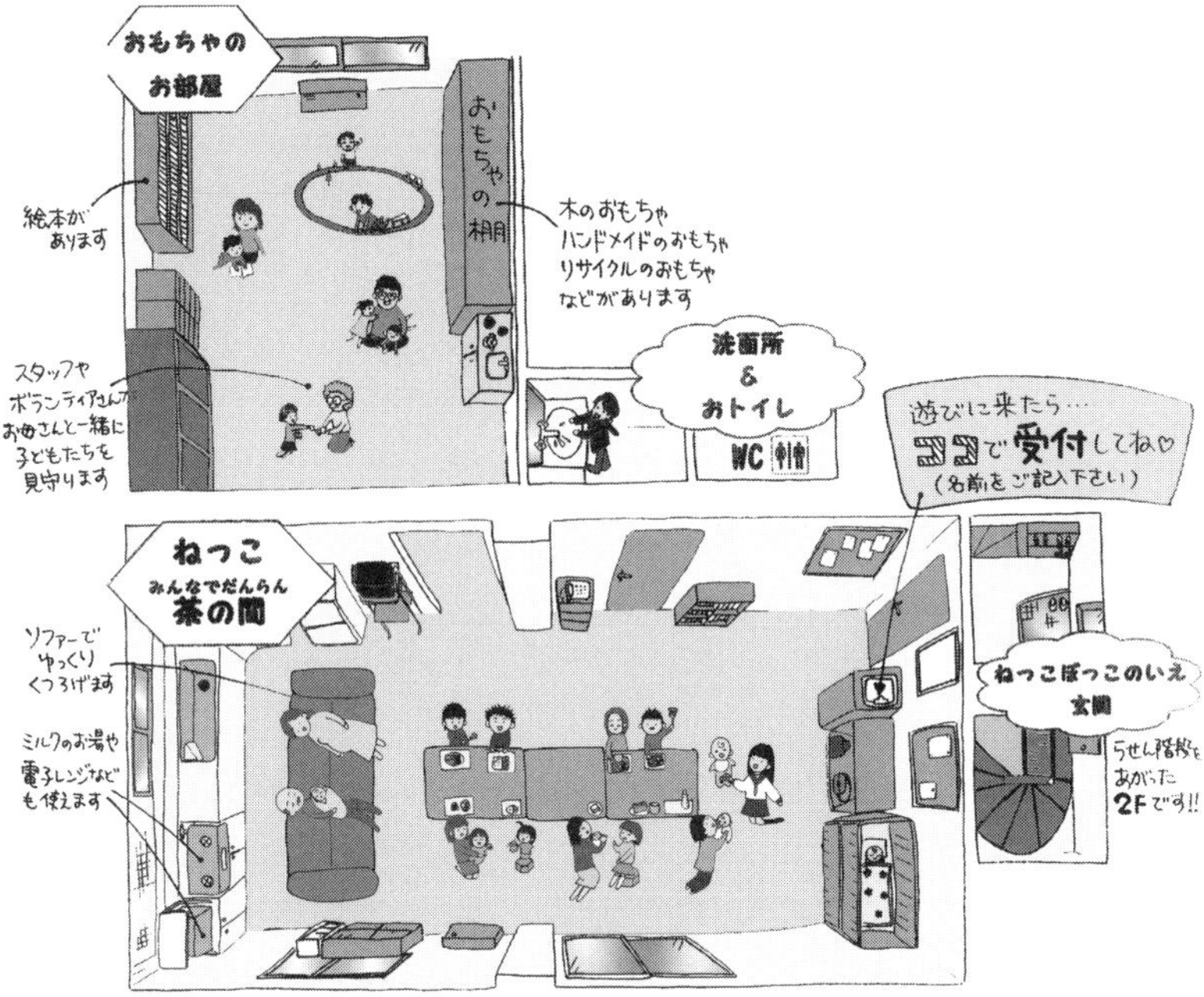

図１　ねっこぼっこのいえの俯瞰《ふかん》図

っこのいえ」を、２００７年に創設。幼稚園に通う親子に限らずに、地域に開かれた年齢も限定しない、誰でも自由に参加できる無料の多世代交流ひろばの活動をスタートさせた。三者が運営する形として、子育て中の親たちはスタッフとなり、実際のひろば活動の担い手となり、幼稚園や、教会は、建物を無料で提供するなど運営をバックアップするといった形で行われた。２０１１年には、ひろばは、それまでの実績を認められ、札幌市の「地域子育て支援拠点事業」として指定を受けることになり、ひろばの担い手として活動してきた子育て中の親たちが独立して運営する形で組織も新生された。２０１８年１月には、活動10周年を機にＮＰＯ法人格を取得している。活動の概要は以下の通りである。

①ねっこひろば（地域子育て支援拠点事業）

週3回の多世代交流ひろばを開催し、参加費は無料である。毎回の平均参加者数は約40人で、年間のべ約6000人が参加している。参加者の8割が乳幼児親子だが、残りの2割は学生や若者やシニア等である。多世代多様な人たちが集う中、現在やそれまでの生活の中でいろいろな背景をもつ人たちも集っている（DV、貧困、不登校、障害、病気、ひとり親家庭、育児不安、生活保護等）。

②ほかの活動

ひろばの他にも、季節のイベント、中高生以上の若者の居場所づくり、経済的に困難を抱えた子どもたちへの学習支援、講座も実施している。過去には、DV被害者のための心のケア講座や、鬱病の家族をもつ人のための講座、ひとり親支援制度の講座、障がいのある子の親への就学にむけての情報提供やおしゃべり会など、目の前の人のニーズに添った講座や企画などを実施してきた。

2　ねっこひろばのよくある1日

ねっこひろばには、赤ちゃんからお年寄りまで多世代多様な人たちが集っている。ねっこひろばの、よくある1日の様子を紹介してみたいと思う。

11時半　スタッフ2名が、今日の予定や申し送り事項を確認し合った後、オープン準備を始める。通りから見えるように外に出した看板には、「いいお天気ですね。お茶でもいかがですか。どなたでも遊びに来てください」などと、ひとことメッセージを書く。

12時　参加者が次々とくる。お昼は、皆で食べ、お題付きの自己紹介を1人1人する。「今日のお題は、今、はまっているもの」となると、「今、韓国ドラマにはまっています」と出る。すると、「お勧めのドラマはなに？」とか、「私も好き！　あの俳優さん、かっこいいよねー」とかで盛り上がったりする。せっかく一緒に同じ場で過ごすのだから、そこに集うみんなの声を1回は聞けたらいいねという意味と、お題に沿って自分のことを紹介することで、その後、集う者同士の会話のきっかけになることもあるからだ。

13時　「お茶でも飲む？」と、常連の親が皆に何を飲むか聞いている。初参加の親にもちゃんと声をかけてくれる。「(私も)いいのですか？　お茶まで淹《い》れてもらえるなんて。それじゃあ、コーヒーをお願いします」初参加の親は自分にも声をかけてくれたのがうれしそう。「誰かにコーヒー淹れてもらえるのは久しぶりです。美味しい」と顔をほころばせている。「ここは、人遣いが荒いから、自分で淹れないとね」と、常連のお母さんが冗談を言うと、スタッフも「そうだよー。ここはみんなで助け合わないとやっていけないところだから」と笑い合う。みんなが、なんとなく輪になって、お茶を飲みながら、他愛もないおしゃべりを楽しんでいる。

　こんな時は、最近の困りごとをみんなに相談する時間にもなる。「最近、ジュンが、おもちゃの取り合いで、お友達を叩くようになって困っているんだ」と言うと、スタッフも「そうなんだね。そんな時、親も辛いよね。〇〇さんのところは、そういうことはなかった？」などと、他の親に話をふり、経験談を引き出したりする。「うちもそうだったよ。どうしてそうなの！　って、怒ってばかりいて辛い時期もあったよ」などの話が出る。同じ経験をしてきた親の声が聞け、自分の子だけではないと知れたり、うちは、そんな時はこうやったよ。などの知恵を教えてもらえたりして親同士の交流が深まっていく。

「こんにちはー」と玄関で大きな声。スタッフが出ると、ジャガイモが入った段ボールをもって、カノさんが差し入れをもってきてくれる。開設以来ずっと応援してくれている80代のおじさんだ。スタッフと玄関先で冗談を言い合い「また、もってきます」と元気そうに階段を降りる。「おじさん、ありがとう！　気をつけてね！　今度はお茶飲んでいってねー」と見送る。

14時　おやつを作ってくれるシニアボランティアのヤマちゃんが、台所で、「今日はジャガイモを揚げるよー」と腕まくり。ジャガイモは、先ほどもってきてくれたカノさんのジャガイモ。若者ボランティアのユキちゃんが「ヤマちゃん手伝うよー、何したらいい？」と言って、台所に2人並びながら、ジャガイモを剝いている。4歳のケイ君が、何してるの？　と、2人の後ろから台所を覗《のぞ》いている。「今日のおやつはオイモだよ」と言うと、「やった！　オイモ大好き！」と言うと、ヤマちゃんの笑顔がこぼれる。最近、ちょっと物忘れが出てきたことを気にしているようで「もう忘れぽっくなってきて、ひどいのさー。あんまりひどくなったら、おやつ作る人、他に探してね。」と何度も言う。スタッフは「大丈夫、骨になるまで働いてもらいますから」と笑うと、ヤマちゃんも「ここは人遣いが荒いから、こわいなー」と、大きく笑い、そしてちょっとうれしそうだ。

若者も1人2人とやってくる。20代のシュンは、軽度の発達障がいをもっている。「先週は、なんか気持ちが落ちて、ひろばに行けなかったんだ」。「そうなんだね。先週来てなかったからどうしたのかな？

って、思ってたんだよー。なんかあったのかい？」「うん。実はこの間ね」などと、スタッフに話を聴いてもらっている。ひとしきり話し終わると、また、他のボランティアさんに同じ話をして聴いてもらいながら、自分の気持ちを整理している。人に話を聴いてもらうことで、自分のストレスを軽くするというシュンの技術のすごいところは、1人の人にそれを担ってもらうのではなく、複数の聴いてくれる相手を作っているところだ。「15分だけ聞いてもらえるかな？」と相手の都合の了承をとるところも、コミュニケーション技術の高さを感じる。「その技術はどこで身につけたの？」と聞くと、「今まで色々失敗してきて、どうしたらいいのか必死に考えて身につけたよ。ここは、話を聴いてくれる人がいっぱいいるから、助かってるよ」と言う。しばらくすると、「ちょっと疲れたから横になるわ」と、ソファーの上で昼寝を始めた。よくある光景なので誰もあまり変に思わない。しんどい時には個室でも休める。ひろばでは、参加する人は、緑のガムテープにマジックで記名し、胸に貼る約束になっているが、今日は調子が悪いなどの時は、周りにも調子が悪いことがわかるよう、ピンクのガムテープに記名してもらっている。子の夜泣きで疲れ切った親がピンクのテープを貼っていたら、他の親が「うちの子と一緒に○○ちゃんも、見ておくから少し休んだらいいよー」と声をかけていたりする。メンタルが弱っている人が参加することも少なくない。ある若者は、1人でいると死にたくなる。同じ建物で人の声が聞えているだけで違うからと、デスクワークをしているスタッフの横で寝ている時もある。「よく来たね。賢明な判断だ。いいかい。ここの建物は低いから、飛び降りても死ねないよ。ケガするだけだから飛び降り損だよ」とスタッフが言うと、「わかってますよ」と少し笑う。そんな若者も、調子が良い時は台所でよく働いてくれる。「今日も助かったわー。また来て助けてね」と言うと、「調子が良かったらまた来ます」と言って、時々ふらっと現れたり、しばらく来なかったりしながら、数年そんな過ごし方をしている。

15時　シニアボラのヤマちゃんの手作りおやつを皆でほおばる頃、放課後の小学生もやってくる。小学生のテツが、おやつタイムの自己紹介の司会を買って出る。テツは、学校では友達とあまりうまくいってないそうだ。軽い障害もあり、なかなか友達ができなくて。とお母さんが少し心配そうにスタッフに話す。「でも、テツは、ひろばに行くのを楽しみにしているんです。学校や家以外の居場所があって助かってます」と話してくれる。テツには、小学生だけど、ボランティアのように簡単なお手伝いをスタッフもお願いをしたりする。頼られるのが楽しいのかうれしいのか、テツはひろばでは生き生きしている姿を見せてくれる。大学生のボランティアもテツをボランティア仲間として扱っていて、頼られるのが誇らしかったりするのかもしれない。

皆が、ボードゲームで遊んでいると、小6のナナが、「なにそれ。そんなのやっておもしろいの?」と、いきなりつっかかってくる。ゲームに誘うと「いやだね」と言うがその場をいったりきたり。もう一度誘うと「じゃあ、やってもいいよ。でも、あんたと2人でやりたい」とスタッフに言うので、要望に応え2人で遊ぶ。キャッキャッと遊ぶ。帰り際、「ねえ、来週またやろう。約束だよ。でも2人で遊ぶんだからね。他の奴らが来たら殺す!」と乱暴な言葉遣いながら、必死で約束を取り付けてくる。最近のナナの言動については、スタッフミーティングでも話題にあがっていた。しばらくは、スタッフとの安心した関係を築く時間が必要との方針を決め、ボードゲームが始まる前に、時間を限定しスタッフと2人で遊ぶ時間を確保することにした。すると、ナナは、ボードゲームの部屋に入るなりドアを閉め、その前に椅子で高いバリケートを作り、「さあ! これで誰も入って来れないよ!」と言った。ゲームをしながら、「うちは、一軒家ですごく広いし部屋もいっぱいあるんだよ（実際はアパート在住）」「この前、お父さんとお母さんと外国に行ったよ。よくみんなで旅行に行くんだー（現在、母子家庭）」「昨日は寿司、その前はステーキ、ケーキも毎日食べてるよ」と、意気揚々《ようよう》と話してくる。ん？　という話も否定せず聴く。時には、「私は、ほんとに超最悪だよ。悪魔だよ」「私は、ほんとに意地悪で嫌な奴だから！」と言うのを「そうなんだー。でも、私はいい子だと思っているよ」と返したり、ナナの良い面を伝えるようにした。限定時間が過ぎると、ボードゲーム場には、他の子たちもやってくる。スタッフの側を離れたくないナナは、小さい子がくると「邪魔！　しっしっ！」「あ～～ほんとうざい！」などと言っては、スタッフにその言葉をたしなめられ、ぷいっと部屋を出ていくこともあったが、またそばに寄ってきて、「仕方ないから一緒にやってもいいわ。暇だし」と小さい子を交えてゲームを一緒にする場面も出てくるようになった。そのうち、遊びの中で、他の子と一緒に遊びを共有するおもしろさを感じ始め、遊んでいた小さな子にやり方を教えてあげたり、準備を手伝ったりするようなことも時折見られた。また、最初の頃は、言葉や行動の乱暴さと一緒にテンションも異常に高かったのだが、だんだん、そういった言動やテンションの高さも落ち着いてきたようにも思える。

17時　ひろばが終わる頃、中高生も多くやってくる。中には、不登校や、元不登校だった子、発達障がいのある子もいる。また、学校や家庭以外の居場所を必要としている子もいる。ひろばの後片付けの手伝いを終えると、仕事を終えたスタッフも交えて、他愛もないおしゃべりが始まる。ユーモアのある気さくなやりとりや、寝転がりながら、時に一緒に、ご飯を作って食べながらのリラックスタイムになる。「この時間が好き」という若者も多い。時には誰かが悩みを打ち明け、その場にいる人たちとそれについて話すこともある。「大人とも色んな話ができる。自分の意見に、共感されることもあるし、違う意見が出ることもあるが、とりあえず自分がそう思ったことに対して、ここでは否定されたりすることがないので、思ったことを言ってもいい、言ってもまずいことにはならない。という安心感があるかな。」という声も聞く。信頼できる大人がいる中で、ある意味「あそび」（学校でも家庭でもない、行かなくてはいけない場ではなく自由意思で行くフリーな場。真剣勝負の失敗できない場ではない）の場で、自分を表現し安心して試す、チャレンジできる場にもなっているのかもしれない。

3　身近な出会いから知ること、始まること

（1）シングルマザーになったヨウコさんと再び出会う

ある日、私に、ヨウコさんから話を聴いてほしいというメールが入った。ヨウコさんは、保育園児と小学生をもつお母さんだ。昼に開催しているねっこひろばに毎回のように参加していた常連の親子だったが、数年前に引っ越をし、家が遠くなってしまったのと、お母さんも働き始めて、昼間のひろばには参加できなくなり、しばらくぶりの連絡だった。

後日、飲食店でヨウコさんの話を聴くことにした。「あれから、どうしても無理で、長男の入学を機に離婚した」とヨウコさんは話し始めた。以前から、家庭のことで相談にのっていたことがあった私に、自分の心の内を聴いてほしいと思ったとのこと。夫からのＤＶがあり離婚に至った。元夫は病気で働けず養育費の支払いはなく、離婚後、自分もフルタイムで仕事はしているが家計は苦しく、家事や2人の子育ても、せいいっぱいやっているが追いつかない。子どもを怒鳴ってばかりで、自分で育てるより養護施設に入れたほうが幸せかもと思える。結局、家庭も守れず子どもたちも守れていない。自分の心にも刃がいっ

ぱい刺さっていて、子どもたちの心のケアもできない。もうどうしていいかわからない。という内容だった。子どもたちも、DVがある環境で育った影響なのか、落ち着きがなく、言動の荒さも出ていた。ヨウコさんの話を聴いた後、店を出ようとすると、レジで会計は済んでると言われ、ヨウコさんに私の昼食代を聞くと要らないという。そんなわけにはいかないというと「違うの。コバ（著者）、私ね、それだけ聴いてもらいたかったの」と言った。子どもたちを大らかに見守っていた優しいヨウコさんを私は知っている。まず早急に、再びヨウコさん親子とつながらないといけないと私は考えた。

（2）若者の居場所づくり「ねっこアフター」へ、そして周囲の葛藤

ヨウコさん親子に再びつながるにはどうしたらよいか。本来は、昼間のひろばに通ってもらい、子どもたちと遊んだり、ヨウコさんの話を聴いたり、休んでもらったり、今後のことを相談したりしながら、親子に寄り添い支えていくのがよいのだが、ヨウコさんは、昼間は働いていて、昼のひろばには来ることができない。そこで思いついたのが、数年前から若者の居場所づくりとして月1回夜に開催していた「ねっこアフター」だ。ねっこアフターとは、数年前、ある1人の不登校だった中学生の子をきっかけにつくった無料で学習支援と食事をとることができる若者の居場所づくりである。本来は、中高生以上の若者が参加対象なので、ヨウコさん親子は対象外である。しかしながら、緊急的な措置として、「ねっこアフター」にヨウコさん親子も参加する運びになった。アフターに月1回通うようになり、ヨウコさんは大人たちとおしゃべりして過ごし、子どもたちは若者に遊んでもらえるので、「次のねっこアフターは、いつあるの？」と、楽しみにしてくれた。私は、ヨウコさんと、今後の生活を立て直していくうえで、利用できそうな支援を挙げ、選択してもらい、支援機関や施設見学にも同行した。

そんな中、アフターに参加する若者の中に「ヨウコさんの子がやんちゃすぎて、一緒に過ごすのがキツい」という声が出始めた。アフターには、不登校や、障がいをもっている子たちもいて、大きな声が苦手だったり、小さな子どもとはいえ、激しい動きや荒い言葉遣いに敏感に反応する子たちもいた。「もともと若者の居場所なのに、なぜ、ヨウコさんたちは来るのか？」という声も出始め、違う部屋に避難する子も出てきた。しかしながら、彼等にも、自分はなぜ受け入れてあげられないのか。自分には、寛容さが足りないのではないかという葛藤もあったようだ。だが、ある程度守られてきた、やっと見つけた自分たちの安心できる居場所が脅かされる。彼らにしても自分を守りたいという本能的な心の動きだったのだろうと思う。

(3) 若者たちの気持ちの変化

しばらくして、シングルマザーの厳しい現状を特集するニュース番組でヨウコさん親子が取り上げられることになった。後日、その番組を録画したものを、ある日集まっていたアフターの若者たちと見ることにした。

1人の高校生は、「うちのお母さんもシングルだけど、こうやって苦労して私を育ててくれているんだなぁと思った」と、涙ぐんだ。この時、若者たちは初めて、ヨウコさん親子の生活背景が見えてきた瞬間だったのかもしれない。若者たちの葛藤が続く中、ある日のアフターで、今後のアフターをどうしたらいいか一緒に考えないか？　と、若者たちに水を向けてみた。参加対象はどうしたらいいと思う？　という投げかけに、若者たちからは、「もともと不登校の子のために始めたのだから、不登校の子を対象にしたらいい」「学校に行っている子だってしんどい人もいる」など意見が飛び交った。「若者の居場所なのだから、若者限定でいいんじゃない」という意見が出た時だった。それまで黙って聞いていたヨウコさんが「それじゃあ、困る！」と言ったので場が静まり、皆がヨウコさんを見た。「それじゃあ、うちは行けなくなってしまうから困る。私がここに来るのは、これから先も、子どもたちが何かあった時に、親じゃなくても、相談できたり困ったことを話せたりする人が子どもたちには必要だから。だから、ここにつながっていたいから、行けなくなったら困る……」と、涙をこらえ、やっと言葉にしながら発言した。若者たちは、それを聞き「じゃあ、今、来ている人なら来てもいいことにしたらどうか？」等、その後も意見が交わされた。若者たちには、自分たちの居心地の良い場を守りたい気持ちはあるが、自分たち以外にも、この居場所を必要としている人がいることを知った時間になったのかもしれない。その後も、葛藤は続きながらも良い場面も時折見られた。コミュニケーションがうまくとれず、気付けば独りになってしまう高校生は、ヨウコさんの子どもたちのやんちゃさが苦手だと、違う部屋で過ごすこともあったが、将棋を教えてほしいとヨウコさんの長男がなつき、高校生の膝の上にのって遊ぶ光景には、同世代の子たちに対しては見られない高校生の柔らかい表情がそこにあった。また、クリスマス会の企画を若者たちがしていた時に、「小さい子も来るのだから、小さい子も楽しめるようなものがいいんじゃないか」という意見も出たという。若者たちの中で、少しずつだけど、ヨウコさん親子への気持ちの変化がみえたのは、出会ってしまったその人のことを、一緒に過ごす中で、知らざるを得なくなり、また知る中で多面的な視点をもつようになったからかもしれない。若者たちが葛藤の中で、そんな変化をみせたことをおもしろいことだと私は思う。

（4）大人やスタッフの変化

変化があったのは若者だけではない。関わっていたボランティアやスタッフの心にも変化が起きた。ヨウコさんのケースは、はたして稀《まれ》なケースなのか？　働いている子育て家庭でも、気軽に寄れ、誰かに相談したり、情報をひろえる場が必要な人は、実は他にもいるのではないか？　という想いが湧いてきたのだ。私たちは、市から「地域子育て支援拠点事業」に指定され、日中の子育てサロンを開催してきた。地域子育て支援拠点事業の目的は、「すべての子育て家庭の孤立を予防する」とされている。しかし、全国的にみても、地域子育て支援拠点事業は、ほぼ日中の開催のみで、働く子育て家庭の親子が、仕事が終わり保育園帰り等に立ち寄れるという選択肢はなく、あるとすれば土日開催のひろばを利用するか、仕事がお休みの日に利用するという限られた選択肢しかない。すべての子育て家庭のために地域子育て支援拠点事業があるのならば、働く子育て家庭が増えている現在、もう少し広く選択肢があってもいいのではないだろうか。

ヨウコさんは、その後、母子生活支援施設に入所を決めたが、「そんな施設があるって、コバ（著者）に聞くまで全然知らなかった。役所は昼間しか開いていないので仕事があるから相談に行くこともできない。私は、たまたま、ここ（ねっこぼっこのいえ）とつながっていたから知れたけど、他の人は、どこで誰にそんな情報を教えてもらえるのだろう？」と言った。必要な人が必要な情報を受け取れる窓口は多様なほうがいい。地域子育て支援拠点事業のあり方も、もう少し多様性があってもよいのではないだろうか？　と考えるようになったのである。

（5）夜の子育てサロン「おかえりひろば」の試行

２０１７年10月。夕方17時。にぎやかな声が、ねっこぼっこのいえから漏れる。「夜の多世代型子育てサロンおかえりひろば」の1回目が開催されたのだ。夜の子育てサロンのニーズはあるのだろうか？　そんな私たちの心配をよそに55名の参加者で大にぎわいになった。乳幼児の親子が多く集う中、小中学生は、上の階の自習コーナーで、大学生や社会人ボランティアのお兄さんお姉さんに宿題をみてもらっている。18時半には、地域のボランティアさんが作ってくれた大鍋のカレーを夕食に皆で食べる。お弁当持参の人もいる。さながら地域の大家族のようだ。ヨウコさん親子の姿もそこにはあった。夕食後は、ボードゲームで遊んだり、大人たちはお茶を飲んでゆっくりおしゃべりを楽しんでいた。お父さんも仕事帰りに、おかえりひろばで妻子と合流し、わが子だけではなく、よその子たちとも一緒に遊んでくれたりする姿もいい光景だ。夜のニーズは、働いている子育て家庭ばかりではないこともわかった。「いつも夫の帰りが遅いから、子どもと2人でご飯食べるより、ここで一緒に過ごしたほうがいいの」という親たちの声も多くあったのだ。

ヨウコさんのケースをきっかけに、私たちは、「ドコモ市民活動助成金」をいただき、夜の多世代型子育てサロンを月に1回試行することにした。おかえりひろばは、無料で参加できる。毎回、無料の学習支援や低額での食事提供を行い、年に数回、ひとり親支援制度や、奨学金について等の無料講座を開いたり、専門員により無料個別相談会を開催している。また、寄付された服や学用品等を無料提供する「おさがり会」も実施している。毎回約60名の参加者があり、アフターの若者たちも、おかえりひろばに来ている。時には、上の子をお母さんが世話する間、泣いている下の子をあやしてくれたり、台所で茶碗洗いを手伝っている姿もあった。多世代多様な場だからこそ、彼らの力が必要な場面も多く、自然と彼らも誰かのために、そしてこの場のために動く姿がそこにある。不登校だったり、障がいをもつ子たちも、ここでは、支えられるばかりではなく、支える側にもなり、立ち位置は、いつもいったりきたりしている。人は、支えたり、支えられたりしながら生きるのだ。支えることも、そして支えられることも、時に人の力になったり喜びになったりする。

ヨウコさんのように、どんなに個人が努力していても、困難な状況に陥ったり、限界につきあたることはどんな人にとっても可能性のあることだ。それを個人の責任や資質の問題として、できないあなたが悪いといっていいほど人間は強くつくられてはいない。もともと人間は、弱く不完全な個体なのだ。だからこそ、人とつながり、助け合わねばならない。でも、誰かを1人で支えるのはしんどい。しかし多数の人が少しずつ力を持ち寄ることができれば、誰かを支えることも難しいことではない。そんな支え合いの拠点。そんな場所が、地域のあちらこちらに、多様な形であったらいい。ねっこぼっこのいえも、その支え合いの拠点の1つとして、この地域に根付いていきたいと願っている。

2018年5月には、市内の保育園と地域子育て支援拠点事業を利用している乳幼児がいる親を対象に夜の子育てサロンのニーズに関するアンケート調査を、自主で実施し100あまりのサンプルを得た。アンケートでは、夜の子育てサロンは、必要、どちらかというと必要と答えた方が8割以上という結果が出ている。その年の夏には、札幌市の地域子育て支援拠点事業を担当している子ども未来局の職員の方も夜の子育てサロンおかえりひろばを見学に来ている。その時に、夜の子育てサロンのニーズに関するアンケート調査の結果データも提出し、夜の時間帯の地域子育て支援拠点事業の実施についても検討してほしいとお願いした。

2019年1月。先日、市から連絡が入った。検討の結果、これまでの活動の実績も鑑み、2019年

4月より、札幌市の地域子育て支援拠点事業として、夜の多世代型子育てサロンおかえりひろばを認めるという報告だった。夜の時間帯の地域子育て支援拠点事業の活動は、たぶん全国初なのではないかと思う。ニーズに合わせた、地域子育て支援拠点事業の多様性に、小さな突破口を開くことができたのではないかとうれしく思う。これを札幌モデルとして、全国に、夜の時間帯も利用できる地域子育て支援拠点事業が拡がり、それを必要としている親子の元に届くことを心から願う。

ただし、夜間の実施といっても、小さな子どもたちの生活リズムや健康に配慮しながらの実施でなければならないということは忘れてはならない視点である。

4 多世代多様な場の可能性

多世代多様な人たちが集っているこの場ではなにが起こっているのだろう？ あるとき、『ホビットの冒険』（J・R・R・トールキンの小説）を読んだとき、「ああ、これは、ねっこぼっこのいえで起きていることに似ているな」と感じた。物語に出てくる、どの登場人物も完璧なキャラクターは1人もおらず、それぞれ強みや弱みをもつ凸凹なキャラクターである。だからこそ、ケンカしながらも、時にはさげすみ合いながらも、旅を続けていくには、互いに補い合わなくてはいけない。自分ではできないことを、時に補われ、誰かにできないことを時に補う。その場面は多様であり流動的である。思わぬ場面で、思ってもみない人の存在の力をみる。誰かと誰かの中で起きる関係性の出逢いの中でミラクルが起こる。それが不思議でもあり、神秘でもあり、そんな関係性の出逢いが「その人がいてよかった」という他者への尊敬になる。

時に、厳しい環境をサバイブしてきた子ども若者の中には、他者への共感を麻痺《まひ》させ、独力で生き抜いてきたゆえに、人の弱さを憎み、さげすむ子たちも少なくない。自分が強くならなければ生きていけなかったからだ。でも人は弱い面もあるし強い面もある。弱さを憎んで生きるには人間は不完全すぎる。人間には個体の限界（弱さ）があり、ゆえに、他者とつながることで、個体の限界を超えることをしてきた生き物だ。だからこそ他者が必要なのだ。あなたにも限界があり、あなたにも他者が必要なのだ。だからこそ、できることなら、弱さも強さもある他者をおもしろがり、弱さも強さもある自分を許しおもしろがり、その弱さや強さがあるがゆえに、他者とつながり、他者を必要としまた必要とされる、緩やかなつながりをおもしろがって子どもたちが育つように私は祈っている。

第8章

放課後の地域の居場所から考える

…山下智也

1　地域に生きる子どもたちの現在

（1）子どもたちの放課後の現状

放課後、子どもたちはどこにいるのだろうか。大人になってしまうと、自身の子ども時代の記憶を手掛かりに想像することはできるものの、現代の子どもの放課後の姿については、意外と知る術《すべ》をもたない。私も、放課後の子どもの遊び場に身を置いて実践を始めるまでは、その現状を〝わかったつもり〟でしかなかった。ただ、子どもたちの放課後に日常的に寄り添い、14年が経過すると、そこに潜む課題の多様さや深刻さを目の当たりにするようになってきた。子どもたちが放課後に生きる姿は、大人が意図的に子どもの世界を覗《のぞ》き込もうとしないと、なかなか見えてこないようである。

もちろん、仙田（1992）が子どもの遊び環境の調査を通して、子どもが地域で遊べる空間自体の喪失の問題を訴え、寺本（1988）が地域での子どもの遊びや生活が急激に変化しつつあることへの危機感を示すなど、１９９０年前後にはすでに、子どもの遊び環境の激変が問題視されていた。しかし、現代においては、「子どもの遊びに必要な〝サンマ（時間・仲間・空間）〟が足りない」という言葉が最早使い古されたように感じるほど、その状況に拍車がかかっていると言えよう。

塾や習い事の増加により、遊び〝時間〟の減少のみならず、「今、何時何分?」と、分刻みのスケジュールに追われている子どもが増えている。彼らは、時間も忘れてとことん遊ぶことのできる子ども期を、満足に過ごせているだろうか。もちろん、塾や習い事で出会う遊び〝仲間〟もいるだろう。そうなるとむしろ気になるのは、塾や習い事に行けない子どものほうである。野球やサッカーで遊びたくても、遊び仲間が十分に集まらず、結果的にクラブチームに入らないとそのスポーツを存分にできないという皮肉な現状も耳にする。遊び〝空間〟に関しては、かつてあった広場や空き地は姿を消し、唯一残されている公園においても、「ボール遊び禁止」に代表されるように、子どもの遊びが制限される看板の設置もめずらしくない。それでも、わざわざ公園まで出てきて、携帯用のゲームに興じる子どもの姿を見ると、彼らからの何らかのサインにも見えてくる。

このような子どもの放課後の現状を前にして、私たちに何ができるのだろうか。最近の子どもは〝遊ばない〟と嘆く声を耳にすることもあるが、その責任は子どもの側にあるのではない。むしろ、〝遊びづらい〟環境にしてしまった責任が、今私たち大人に突きつけられているのである。

地域での豊かな遊びは本来、「相互的な〈関わり合い〉の場としての自己形成空間」（高橋 2002）であり、「仲間集団や隣人集団等の間での社会的相互作用を通して社会化」（住田 1999）されていくという、重要な役割を果たす。しかし現状のままでは、〝サンマ〟の喪失のみならず、本来子どもが「地域の中で切り結んでいくべき関係性をも喪失」（山下 2010）してしまうのではないだろうか。

（2）多様な放課後施策とその課題

①多様な放課後施策

そのような子どもの放課後の現状を踏まえ、現代では、多様な取り組みが行われるようになってきた。厚生労働省は2018年7月、社会保障審議会児童部会及び放課後児童対策に関する専門委員会の中間とりまとめとして、「総合的な放課後児童対策に向けて」と題した報告書を公開しているが、その中の参考資料として、「子どもの放課後に対する主な取り組み」を整理している。

たとえば、共働き家庭などの児童を対象に、学校の余裕教室や児童館、公民館などで、放課後に適切な遊び及び生活の場を与えて健全育成を図る「放課後児童クラブ」や、放課後や週末などにすべての子どもの安全・安心な活動場所を確保し、地域と学校が連携・協働して、学習や様々な体験・交流活動の機会を提供する「放課後子供教室」などが代表的な施策と言える。文部科学省及び厚生労働省は、2018年9月に「新・放課後子ども総合プラン」を策定し、両事業の一体化または連携実施を目指すことを発表したばかりである。また、児童に健全な遊びを与え、その健康を増進し、または情操を豊かにすることを目的とする児童厚生施設としての「児童館」も、放課後の子どものための代表的な施設である。特定の対象者のニーズに合わせた取り組みも行われている。たとえば、障害児等への支援・訓練の場としての「放課後等デイサービス事業」や、貧困の連鎖の防止を目的に、ひとり親家庭や生活保護受給世帯の子どもなどを対象とした「子どもの生活・学習支援事業」や「子どもの学習支援事業」などである。

このように概観すると、多くの子どもを対象とした放課後施策に加え、特定の対象者のニーズに合わせた放課後施策も取り組まれており、放課後の子どもの課題が多様かつ深刻化している現状を踏まえると、時代に合わせた発展を遂げていると言うこともできよう。

②多様な放課後施策に通底する懸念事項

ここで大切なのは、それらの放課後施策の中でどこまで「子ども主体」を重視できているかという点である。本来、子どもの放課後は、子どもが主役の世界であり、そこに大人の姿はほとんどなかったはずである。しかし、子どもの放課後の環境を保障するために、大人が多様な取り組みをせざるを得ない状況となってきた今、〝大人の意図が入り込み過ぎることで、「子ども主体」が脅かされるのではないか〟という懸念がつきまとうのである。

池本（2009）は、子どもの放課後に関して、「財政難を理由に、公的な制度はむしろ後退しており、商業ベースで提供される傾向が高まっている」点や「企業がビジネスチャンスとして放課後分野に参入しつつある」点を指摘し、そのことが教育格差の拡大や安全に対する不安の問題等、多様な問題を生み出すことを指摘する。また、増山（2015）は、「子どもの放課後生活への市場化・サービス化の拡大と囲い込みは、子ども主体の仲間づくり・地域生活づくりとは逆行していく」ことに警鐘を鳴らす。子どもの思いとは裏腹に、大人の意図で用意された遊びや活動をさせられ、そこに月謝が発生するような〝放課後のビジネス化〟がさらに進んでいくと、子どもの放課後に格差が生まれ、子どもは放課後を主体として生きるどころか、放課後を消費するかたちで過ごさざるを得なくなる。

さらに池本（2009）は、「学童保育を利用する子どもも、利用しない子どもも、放課後を学校で過ごす傾向が強まっていること」を「放課後の学校化」と表現し、「子どもが日常的に多様な人と継続的な関係をもつ機会が減っている中、単純な放課後の学校化は問題である」と指摘した。その問題に加え、これらの実践の現場が学校内へと閉じ込められることで、〝子どもの放課後ならではの自由度が制限されてしまうのではないか〟という懸念も拭えない。もちろん、学びの場として学校はとても大切な場であることは間違いない。ただ、放課後は、あくまで放課である。学校の世界から解放されることで、自分らしさを発揮できるというという子どももいるだろう。大人の意図で学校に閉じ込められ、学校という場の意図が影響する放課後を過ごす、そんな〝放課後の学校化〟によっても、子どもは受け身となり、「子ども主体」は脅かされてしまうのである。

放課後の子どもの世界を、子どもの手に戻していく。それは決して、放置すればよいということではない。大人が責任をもってその環境を保障したうえで、そこから先を子どもに委ねるということではないだろうか。その責任が大人の側にあるにもかかわらず、子ども本来の世界を大人の外圧で奪ってしまうことのないように、私たちはもっと慎重に、子どもの放課後と向き合う必要があるような気がしてならない。

（3）「子どもの貧困」に関する放課後の取り組み

ここで、「子どもの貧困」に対する施策や実践に焦点を当ててみたい。こども食堂安心・安全向上委員会の調査では、2018年時点で子ども食堂は全国に2286か所設置されていることが示されており（朝日新聞 2018）、その後の勢いも考慮すると、かなり急速に増え続けていることが見て取れる。興味深いのは、この「子ども食堂」に代表される子どもの貧困支援を目的とした実践が、前述した〝放課後のビジネス化・学校化〟という懸念とは一線を画し、地域コミュニティに根差した活動を展開している点である。厚生労働省（2018）も、子ども食堂が「子どもの食育や居場所づくりにとどまらず、それを契機として、高齢者や障害者を含む地域住人の交流拠点に発展する可能性があり、地域共生社会の実現に向けて大きな役割を果たす」ことを期待するとしている。子どもを中心に据えながら、新たな地域コミュニティのモデルを探り、さらには地域づくりへと発展していく力を内包しているこれらの実践からは、他の放課後実践は学ぶべきところが大いにあると考える。

窮屈になった子どもの放課後。そこに子どもの貧困というキーワードが重要なファクターとして絡んできたことで、様相が変わってきた。もちろん、子どもの貧困に関する実践においても、大人の意図が入り過ぎることもあり得るだろうし、〝見える化〟することの難しさや継続性の問題など、各々に課題がないわけではないだろうが、子どもの貧困に関する取り組みは、子どもの放課後を子どもに返していくうえで、重要なヒントを私たちに教えてくれているような気がする。とはいえ、子どもの貧困に関する取り組みについて、現場レベルでの特有の難しさがあることも耳にする。生活困窮世帯の子どもを対象にした学習支援事業に携わっている実践者から、こんな悩みを聞いたことがある。「実践を続けていると、ただ学習をすればいい、食事を与えればいいのではなく、彼らにとって『居場所』になることが大切だと感じている。とはいえ、どうしていいかわからない」という声である。特に、学習支援や貧困支援を目的に集まるボランティアスタッフに対し、子どもの居場所になるように関わることを求めること自体に、難しさを感じているようだった。学習だけを支援すればいい、貧困だけを支援すればいいということではなく、子どもが放課後を生き生きと過ごすための居場所であることが土台として必要で、そのうえで子どもの貧困問題に対する具体的支援を行うべきではないかという問題提起のように私には感じられた。言い換えれば、子どもの貧困問題解決のための実践においても、居場所としての機能が求められているということではないだろうか。その子どもにとって地域に居場所があるということは、その子どもが主体としていることができている証拠でもあると言えよう。そしてそれこそが、放課後の「子どもの世界を守る」ということにつながる重要なファクターである。

では、どのようにすれば、地域を舞台に、子ども主体の居場所を保障していくことができるのだろうか。そこで第2節では、子どもの遊び場「きんしゃいきゃんぱす」における14年間の実践を元に、子どもの放課後を豊かにするための、そして子どもの世界を守るための地域の居場所について検討する。そのうえで、第3節では、経済的な困難を抱える子どもを被支援者として捉えるのではなく、彼らを同じコミュニティに生きる生活者として捉えるコミュニティ・アプローチの視点に立ち、自己化や領域性といった概念を用いながら、さらに検討を重ねる。

2　子どもの遊び場「きんしゃいきゃんぱす」実践から考える

（1）子どもの遊び場「きんしゃいきゃんぱす」の概要

「きんしゃいきゃんぱす」とは、福岡市東区箱崎にある箱崎商店街きんしゃい通り内の一店舗を借りて、平日の放課後に2時間程度開放している子どもの遊び場である（山下 2017; 2013; 2010）（写真1・2）。このきんしゃい通りは、全長100メートル程度の小さな通りで、対面販売が行われている温かみのある商店街である。かつてはこの地域の商業の中心地で、通り抜けるのも困難なほどにぎわう時期があったようだが、現在はお店の数も激減している。

空き店舗が目立ち始めた頃の2004年7月、大学の研究室の分室として空き店舗に入り込む形で「きんしゃいきゃんぱす」は誕生した。商店街の他店の協力を得て、かき氷屋をオープンしたところ、子どもが口コミで集まり始める。そのつど彼らと遊んでいると、秋には次第に子どもの遊び場となっていった。そのような経緯もあって、この遊び場のスタッフは、立ち上げ時は筆者ら大学院生や大学生が担い、現在はそのOB・OG・大学院生・大学生が担っている。15年目にもなると、かつてここで遊んでいた子どもが大学生や社会人となり、今では4名がスタッフとして舞い戻ってきた。このように、地域の子どもが育ち、この場を担うという循環の土台ができつつあることをうれしく感じている。

この遊び場は、特に登録制でもなければ、遊びのプログラムもない。私たちが場を開いていて、そこに

写真１　きんしゃいきゃんぱす外観

写真２　商店街の中にあるきんしゃいきゃんぱす

子どもが勝手にやってきて、勝手に過ごし、勝手に帰っていく、そんな場所である。そして、私たちが子どもを遊ばせるのでもなく、遊んであげるのでもなく、互いが主体として遊び過ごすということを大切にしている。また、子どもにとってできる限り日常的な場でありたいという思いから、平日の放課後にはほぼ毎日こだわって開け続けてきた。毎日10～20名程度の子どもが入れ替わり立ち替わり遊びに来ては、思い思いにこの場を過ごすのが日常の風景となっている。立ち上げ時は、やってくるのは小学生ばかりであったが、最近は近隣に住む未就学児や、かつてここで過ごした中高生も顔を見せるようになってきた。

今では、商店街にはもちろんのこと、学校や地域にも認識される場となったが、立ち上げ当初は、怪訝《けげん》な目を向けられていただろうし、大学生らが卒業したら無責任に終えるだろうと思われていた節もある。それでも、毎日商店主や買い物客の方々と顔を合わせ、学校行事や地域行事にも積極的に参加するプロセスを経て、地域の中にある「きんしゃいきゃんぱす」として定着するに至った。

なぜ、この遊び場が地域に受け入れられたのか。取り立てて私たちの努力をアピールしたいわけではない。何よりも大きかったのは、子ども主体の遊びが、地域に見える形で展開していたということに尽きる。子ども主体の遊びは、見ていて非常に魅力的である。子どもの生き生きとした姿は、周囲の人々を惹《ひ》きつけ、地域の方々の活力にもなり得る。ある大学生スタッフが当時、こんなことを語っていた。「ここは、今日はこれをして遊ぶというのが決まっていないので、ある意味では毎日がサプライズ。どんな遊びが生まれてくるかは、そのときのメンバーや雰囲気次第だし、行ってみないとわからない。なので、行けない日におもしろい遊びが生まれていると、損をした気になる」と。これは、子ども主体の遊びが保障される場だからこその特徴と言えるだろう。子どもやスタッフが遊び場の力にエンパワメントされ、その姿に商店主や地域の方々もエンパワメントされていく。もちろん、迷惑をかけたことも多分にあるだろうが、それでも強《したた》かに継続できたのは、主体として生き生きと過ごす姿を毎日見せ続けていた子どものおかげである。

(2) 子どもが自ら居場所にしていく自己化プロセスの重要性

多様な背景を抱えた子どもが、その子の意思でふらっと立ち寄り、子ども主体の遊びを展開する。子どもらしく生きることができるからこそ、無自覚のうちにエネルギーを蓄えて、また日常に戻っていく。きんしゃいきゃんぱすという場は、そんな居場所として在り続けられたらと願っている。

このとき、「子どもが自らその場所を自分の居場所にしていく」、いわば「自己化」のプロセスが重要となる（山下 2013）。大人が子どものために物理的な居場所を与えればよいのではなく、子どもがその場を我がものとして、主体としていられるようになっていくという視点である。子どもの居場所に関しては、「居場所づくり」という言葉が当然のように使われているが、私は以前から、この言葉に違和感を覚えていた。「大人が居場所をつくる」、つまりこの言葉の主語は「大人」ということになる。そうなると、子どもは受け身になってしまう。大人が決めた「居場所」に居させられてしまうという感覚に近いだろうか。

そうではなく、「子ども」を主語にしていく必要があるのではないか。大人が子どもに居場所を与え、子どもをお客さんにしてしまうのではなく、子どもが自分のいる場所を居場所にしていく。その営みこそが本質的であると考える。そのように自己化された居場所が、子どもにとってのある種の安全基地となれば、子どもは地域を舞台にさらに主体として遊び、子どもとも大人とも多様な関係性を切り結び、時に社会へとつながっていくことを可能にする。そのような豊かな展開を切り開いていくためにも、子どもが自らその場所を居場所にしていくことの大切さを、私たちは肝に銘じておく必要がある。

（3）子どもの居場所の自己化プロセスに大人はどのように関わるか

増山（1986）は、「〈子どもの自主性〉を大切にしながら〈大人が働きかける〉という課題」の重要性と難しさを指摘しているが、子どもの居場所においても、子どもの居場所の自己化を重視しながら、そのプロセスを促すために大人がどのように働きかけるかという点が非常に大きな課題である。子ども主体だからといって、完全に子ども任せで放置していいわけでもない。一方、大人が関わり過ぎてしまうと、それこそ子ども主体を揺らがしてしまう。そこで本稿では、子どもの遊び場「きんしゃいきゃんぱす」での経験をもとに見えてきた手掛かりを整理したい。子どもの居場所において、自己化を促すためには、大人がその場をコントロールするのではなく、子どもが主体となるようにうまくコーディネートしていくことが重要であると考える。その際のポイントは三つ挙げられる。

①「多様な隙間をつくること」

遊び場において、子どもに「自由に遊んでいいよ」と伝えても、なかなか思うようには自分たちで遊び始めないものである。そんなとき私たちは、大人自身が遊びに没頭するようにしている。そこで魅力的な遊びが展開され始めると、子どもはその様子を斜め後ろ辺りからこっそりと眺め、興味を惹かれると、「それ、おもしろいと？」、「ちょっとさせて」と、次第に遊びに加わり始めるのである。あるいは、私たちがくだらない遊びに熱中していると、「そんなこともしていいんだ！」と気づき、遊びの幅を自ら広げていく。もし私たちが最初から子どもと遊ぼうとして正面から向き合ってしまうと、身構えてしまう子どももいれば、「遊んであげる・遊んでもらう」関係性になってしまう子どももいるだろう。だからこそ、大人が遊びに没頭することで、子どもが入り込みやすい隙間を意図的に生み出すのである。そうすると、子どもは大人の目を気にせずその遊びを観察することもでき、その遊びの主体として、そこに入り込むことが可能となる。それは遊びに限らない。たとえば、シャッターを開け閉めする・長椅子を出す・掲示板を書くといった、この場所の運営に関わるような作業に対しては、常連になり始めた子どもの多くが興味を示す。自分もこの場所に関わりたいという思いの表れだろうか。そういうときも、自然と子どもに委ねながら、この場の運営の一部に入り込める隙間を生み出すように配慮している。友達を連れて来たり、この場所に関わる質問を投げかけてきたり、スタッフにお菓子を分け与えようとしてくれたりと、子どもたちはこの場への居場所意識を芽生えさせ始める（山下 2007）。いわば、この場所を自己化し始めた子どもに向けて、さらに主体として入り込める隙間を用意するということである。子どもによって、興味・関心も違えば、居場所意識の芽生えのタイミングも違う。その意味で、子どもが入り込める隙間は多様にあることも重要ではないだろうか。そうすることで、子どもがその場所を自分の居場所として自己化していくための一歩を、その隙間に踏み込んでくるのである。

その隙間は、子どもと大人の関係性においてだけではなく、物理的にも見て取ることができる。**写真3**

写真３　隙間を生んだスタッフの居方の変遷①

写真４　隙間を生んだスタッフの居方の変遷②

写真５　隙間を生んだスタッフの居方の変遷③

写真６　隙間を生んだスタッフの居方の変遷④

の遊び場の中央に座っている男性スタッフの居方▼1に注目してほしい。彼は最初、この位置に座って過ごしていた。その後、長机の置き方がよくなかったのであろう、遊びづらさを感じたのか、彼は遊び場の向かい側に座る場所を変える（写真４）。すると、彼との関わりを求める子どもの存在もあって、彼の周りに小さな遊びのコミュニティができる（写真５）。遊び場と向かい側に遊びのコミュニティができたことで、そのエリア全体が遊び空間へと変貌したからだろうか、その隙間に子どもたちは入り込み、そこで鬼ごっこの鬼を決めるためのじゃんけんが始まった（写真６）。このように、スタッフの居方の工夫次第で、遊び空間としても隙間が生まれ、そこに子どもたちが主体として入り込むことで、この場を彼らの場所にしていくのである。私たちの居方一つでも、子どもが入り込み、主体となれる隙間は生み出せる。このとき、大人が上から目線で、子どもの動きや遊び方をコントロールしようとすると、おそらく別物になってしまう。子どもが自然と主体となれるように、大人がその場をさりげなくコーディネートすることが重要なのではないだろうか。現代の子どもの放課後には、「時間・仲間・空間」の保障のみならず、大人が「隙間」を生み出していくことも欠かせないのである。

②「その場の領域性に配慮すること」

この遊び場において、私が常に意識を向けていることがある。それは、その子どもが今どのようにいるかという点である。常連の子どもは、臆することなく室内奥まで立ち入り、ゆったりと過ごすのに対し、居着き始めたばかりの子は室内と路上の間に留まるか、内と外を行ったり来たりするなどして落ち着かない。初めて来た子は、若干の緊張感を帯びながら遠巻きにこの場を見ていて、内側まではなかなか入ってこないことが多い。このように、子どもの自己化プロセスの進み具合によって、この場での子どもの居方には違いがある。そのとき、彼らがどこにいるかという視点で見直してみると、この場の領域性は均質ではなく、グラデーションを帯びているということに気付く（写真7）。路上といったセミパブリックな領域から、路上と室内の間の領域、そして室内というセミプライベートな領域といったグラデーションである。

子どもがこの遊び場を居場所として自己化していくプロセスは、この場の中でセミパブリックな領域からセミプライベートな領域へと入り込んでいくプロセスとも言える。そして、自己化のプロセスを促す、つまりはそれぞれの領域間の流動性を生み出すには、〝領域の境界を曖昧にしておく〟ことが重要ではないかと考える。この場がもし、その領域ごとに壁などで区切られていたら、このようなグラデーションは生まれていなかったかもしれない。室内と路上を遮る壁もなく、領域の境界が曖昧であるからこそ、初めて近くを通った子どもも中の様子を伺うことが可能となるし、何度か遊びにきた子どもにとってはその日の自分の状況に合わせて居方を調整することも可能となる。そのような領域の濃度についても意識を向け、必要に応じて、領域の濃度にグラデーションを生み出したり、その境界を曖昧にしたりすることは、子どもの居場所の自己化を促すための有効な手立てであると考える。

③「その場の主（あるじ）として居続けること」

写真７　領域のグラデーション

写真８「主」も含めたそれぞれの居方

「主（あるじ）」とは、田中（2010）によれば「その場所に（いつも）居て、その場所を大切に思い、その場所（の運営）において何らかの役割を担っている人」であり、「『まちの居場所』と『主』はセットでしか語り得ない」という。きんしゃいきゃんぱすにおける「主」は、私ともう一人のメインスタッフが該当する（写真８）。

この遊び場では、時間内に作品作りが終わらなかったり、けん玉遊びがブームになったりと、その日のうちに遊びが完結せず、連日に渡ることも多々ある。そんなとき、遊びの主体である子ども自身がその遊びをつなげることができればそれが一番だが、主が連日居続けることで、遊びの連続性が担保されやすいという側面がある。また、主とのコミュニケーションを目的にやってくる子どももいる。それは中高生によくみられる光景で、遊び場の奥や周辺で話に花を咲かせていたりする。また、かつてこの場を居場所にしていた子どもが大きくなって、ふと立ち寄るときにも、主がいるかどうかで、立ち寄り方が変わるようである。久しぶりに再会したその子は、以前も近くまで来たが、見知ったスタッフがいなかったことで、通り過ぎたこともあったとのことだった。主が居続けることで、遊びの連続性が担保され、時に語り合いの相手にもなり、ふとしたときに居場所に立ち戻る契機にもなる。このように主は、子どもの居場所の自己化プロセスを促す重要なキーパーソンであると言える。

3 コミュニティ・アプローチによる支援の視点

(1) 子どもの居場所と子どもの貧困の支援現場

きんしゃいきゃんぱすという居場所において重要なのは、大人が子どものために場をつくるのではなく、子どもが自らその場を居場所にしていくという自己化プロセスであった。その自己化を促すために、実践に携わる大人の居方・関わり方として、三つのポイントを論じてきた。このことは、子どもの貧困の支援現場においても転用可能なのではないだろうか。たとえば子ども食堂の場合、子ども食堂に定義はなく、やり方も自由であり、そのスタイルや雰囲気は子ども食堂ごとに違うため（天野 2016）、それぞれが抱える実践上の課題も多岐に渡るわけだが、子どもがその場を居場所にしていくこと自体は、どの支援現場においても共通する重要な一歩ではないかと考える。そして、そのように子どもが居場所として自己化できれば、子どもの貧困に関する様々な支援も、より行き届きやすくなるはずである。

（2）コミュニティ・アプローチの視点

ここで、コミュニティ・アプローチの視点について整理しておきたい。コミュニティ・アプローチとは、コミュニティ心理学の発想に基づく支援手法である。そもそもコミュニティ心理学とは、植村・高畠・箕口ら（2006）によれば、これまで心理学は人に注目し、人の方を変える（環境に人を適応させる）ことで対処しようとしてきたのに対し、コミュニティ心理学においては、環境に人を一方的に「適応（adjustment）」させるのではなく、人と環境の「適合（fit）」を目指すということを整理している。また、コミュニティ・アプローチはそのコミュニティ心理学の視座に立ち、人を消費者ではなく生活者として捉えるとともに、対処療法的ではなく予防的に関わっていくアプローチであると言える。

前節を振り返ってみると、子どもが居場所を自己化していくプロセスが子どもと環境との適合のプロセスと重なる点や、遊び場での「隙間」「領域性」「主」という環境に着目している点など、多くの類似点があることがわかる。その意味において、このコミュニティ・アプローチの視点は、きんしゃいきゃんぱすの実践に通底する考え方であると言える。よってここからは、居場所の自己化を促す三つのポイントを軸に、コミュニティ・アプローチの視点も織り交ぜながら、子どもの貧困の支援現場への転用可能性とその課題を探る。

（3）子どもの貧困の支援現場への転用可能性とその課題

①「隙間」：「看板の掲げ方」の可能性と課題

まずは「隙間」についてである。大人は、子どもがその場に入ってきやすいような隙間をどれだけ多様に用意できているだろうか。前項に示したように、大人が居方を微調整することで、子どもが中心に入っていきやすいような「空間的な隙間」を生み出すことや、大人が子どもとの距離感を絶妙に取り計らいながら、子どもが〝この人なら話せそう〟と心を許せるような「心理的な隙間」を生み出すことなども考えられるが、ここでは、「その場自体がもつ隙間」に焦点を当ててみたい。

筆者は、きんしゃいきゃんぱすのことを簡潔に他者に伝える際、どのような言葉を用いるのがよいのか、以前から頭を悩ませていた。最初は、「地域に開かれた日常的な子どもの遊び場」という長い枕詞を使ってもいたが、地域にあること・毎日開けることが当たり前になると、その修飾の必要はなくなった。「居場所」という言葉を付け加えることも考えたが、違和感を覚えて外した。むしろ逆に、「子ども」と示しているものの、誰が来てもいい場所ではあるし、「遊び場」とはいうものの、遊ばなくてもいい場所でもあるし、ということを自問自答したりもした。結局のところ、わかりやすさを重視して、今は「子どもの遊び場『きんしゃいきゃんぱす』」と名乗っている。

そういえば、以前「中高生の居場所を紹介するリーフレットにきんしゃいきゃんぱすを載せていいですか」と尋ねられたとき、迷いが生じたことがある。そのことでこの実践自体が変わることはないのだが、リーフレットに「不登校の中高生のための居場所」として掲載されたとき、それを見た子どもたちにとってこの場の意味合いは変わり得ると感じたからであろう。きんしゃいきゃんぱすを、たとえば「不登校の子どもの支援の場」だと掲げると、そういう場を自覚的に求めている子ども（あるいは保護者等）にとってはアクセスしやすいが、それ以外の子どもを寄せ付けないばかりか、本当に支援の必要な子どもやセンシティブな子どもにとっては、逆に行きづらい場所となってしまいかねない。むしろ、「誰でも来ていいよ」というメッセージを発するような、対象を定めない緩やかな〝看板の掲げ方〟をしていたほうが、様々な背景を抱える子どもも、多くの子どもたちに紛れて自らやってきていたように思われる。

そもそも、きんしゃいきゃんぱすは、〝居場所として〟子どもを呼び込んできたわけではない。〝遊び場として〟場を開いていたことに意味がある。澤田（2003）は「居場所としての駄菓子屋」に着目し、「ある場所に駄菓子屋的な大人との関係を付加していく」ことの価値について触れているが、そのことを踏まえると、駄菓子屋に限らず、自転車屋、カフェ、スナックなど、むしろ「居場所」と看板を掲げないことに意味があるのではないだろうか。別の主目的がある方が、その場にアクセスしやすいからである。そして、本来の目的から自身が主体的に逸脱していくことが、その場を自己化していくことと重なり、それを通してその場が居場所になっていくと考えられる。

それは、子どもの貧困の支援現場においても、同様に起き得ることではないだろうか。きんしゃいきゃんぱすの場合、看板の掲げ方をずらし、その場自体に隙間を生み出しているからこそ、多様な子どもが入り込んでくるとともに、必要に応じてその子どもに適した支援を行うことができる。貧困の連鎖の防止を目的とした学習支援の場は、まさにこの看板の掲げ方をうまくずらしている一例であろう。子ども食堂の場合は、ネーミングからして、かなりダイレクトに貧困支援の看板を掲げた一例ではあるが、ネーミングの工夫やその場の見せ方によって、その隙間は十分に生み出せるように感じている。

もちろん課題もある。看板の掲げ方を広げ、誰でも来られるようにしているということは、子どもそれぞれの背景をきちんと認識しないまま、その子どもと関わることにもなり得る。いざ支援を行う必要があるという場面となっても、情報が不足して動くに動けないという状況を抱えやすく、そもそも、そのような支援が必要かどうかに気づけないというリスクもある。貧困の連鎖防止のための学習支援の現場においても、看板の掲げ方を曖昧にしすぎると、ただ学習支援をするのみであって、本来的な支援にまで辿りつかないという結果を招きうる。

つまり、特定の支援を約束した場として看板の掲げ方を狭めると、支援者は情報を得やすく、対処療法的に一人ひとりに支援を行き届かせやすいが、多くの子どもに携われるわけではない。一方で看板の掲げ方を広げると、支援者は多くの子どもへの予防的アプローチを可能とするが、きめ細やかな支援を届かせにくい、あるいはその必要性に敏感になれないという課題も抱えやすい。このようなジレンマを踏まえつつ、看板の掲げ方にも配慮することで、子どもの貧困への支援が必要なところへ確実に行き渡ることを願っている。

②「領域性」：「場の開き方」の可能性と課題

次に「領域性」についてである。子どもの貧困の支援現場においては、ハード面も様々であるため、できることとできないことがあるとは思われるが、その場の領域性に意識を向け、均質化することなくグラデーションを帯びさせるだけでも、自己化を促す一助となり得るのではないだろうか。

近年、子どもの安全性確保のため、子どもの生活空間が室内へと押し込められる風潮にある。冒頭に述べた「放課後の学校化」もその流れを受けてのものであろう。もちろん、安全性の確保は大切だが、その場を開き、グラデーションを帯びた領域にしていく工夫も重要ではないだろうか。室内の様子が外から少しでも窺《うかが》えるように窓や扉を開いたり、その境界を曖昧にすべく、間に観葉植物を置いてみたりすることもできるだろう。室内においても、流動性や回遊性を確保したゾーニングを意識するだけで、子どもの居方は多様に広がるのではないだろうか。きんしゃいきゃんぱすには多様な椅子があるのだが、背もたれのない椅子があるだけで、流動性を高めることも可能となる。このように、子どもへの直接的支援ではなくとも、些細《ささい》な環境デザインの工夫といった間接的支援だけでも、領域はグラデーションを帯び、子どもの自己化を促すことにつながると考える。これらのアプローチに共通するのは、やはり「子ども主体」を重視していることに尽きる。子どもが自ら居方を選択し、自分で調整し、この場をわがものにしていく。環境を通した間接的支援は、子どもを主体にするのである。

ただ、子どもの自己化が進む場であればあるほど、その子どもにとっては居やすくなる一方で、そこに独特な空気感が生まれ、他の子どもにとっては物理的にも心理的にも入りづらさを感じることもある。常連の子どもによる内輪話などが最たる例であろう。つまり、居場所の自己化が進むほど、あるいは領域のグラデーションが滑らかでないと、ある種の排他性も生まれやすいということである。実際、この遊び場も、立ち上げ当初は子どもと地域の大人の関わりがよく見られたが、子どもたちがこの場を居場所として自己化し続けてきた結果、大人への排他性が生まれ、以前ほどの関わりが見られなくなったようにも感じている。

その排他性を全否定するというよりも、まずは私たちがそのことに自覚的であることが必要ではないだろうか。そして、よそ者の入りづらさが生まれていないかをモニタリングし、必要に応じて居方を変えるなどして〝換気〟することで、自己化と開放性のバランスをとりながら場をコーディネートしていく。それらを通して、子どもとその環境との適合を臨場的に支えていくことが、私たちに求められている役割であると感じている。

③「主」：「主の専門性」についての可能性と課題

最後に、「主」についてである。主がいることで、子どもの日常をつなぎ、中高生との関係をつなぎ、また時間を超えて子どもと居場所をつなぐことが可能となる。

そのような主は、どのような専門性をもつのだろうか。この問いに関連して、子ども食堂の先駆的存在であるWAKUWAKUに携わる栗林・天野・松宮・西郷（2016）は、座談会の中で「専門性を出さずにやっている」ことの重要性を語り合っている。実はきんしゃいきゃんぱすにおいても、心理学や教育学の専門性をもつスタッフはいるものの、それをあえて表には出さず、子どもとフラットな関係で関わることを重視してきた。さらに岩堂・松島（2001）は、コミュニティ・アプローチを行う際、「非専門家的態度をもった良き隣人」として援助に関わることの意義について述べている。つまり、「非専門的態度で子どもと関わる」ということ自体が、主の専門性なのではないだろうか。もちろん、必要に応じて、専門機関などと結びつけることも主の役割であることも忘れてはならない。そしてこれらのスタンスは、子どもの貧困の支援現場には十分転用可能なものである。

ところで、本章の冒頭に示した子どもの放課後施策の多くは、誰がスタッフになったとしても成り立つ仕組みであることに重きが置かれている。それは、継続性を考えると当然のことではある。一方、居場所実践においては、居場所と主は切っても切り離せない関係であるため、主が活動できなくなると、その場自体も維持できなくなるという課題を抱えていることは否めない。しかしながら、やはり主あってこその居場所である。居場所の主と子どもの関係は、その瞬間のみならず、その子どもの長い人生に並走して続いていくものでもあるだろう。そう考えると、居場所においては、誰がスタッフになっても成り立つ仕組みを考えるよりも、その主が居続けられるように主を支える仕組みを整えることを目指す必要があるのではないだろうか。

（4）守られるべき子ども主体の世界

本来の子どもの放課後は、お金のあるなしに限らず、その場にあるものと想像性・創造性で、仲間とともに自由に遊ぶことが許された子ども主体の時間・空間だったはずである。しかしながら、ますます厳しくなっていく子どもの放課後。多様な施策や取組みが行われてはいるものの、そこにビジネス化や学校化の波が押し寄せると、低所得世帯の子どもから、そんな当たり前の遊びの世界をも奪ってしまう。一方で、子どもの貧困の解決に向けて地域コミュニティを舞台とした実践は、それら危惧する流れに逆行し、本来あるべき姿を示してくれているようにも思われる。むしろその価値に、もっと着目していくべきかもしれない。

いずれにしても、まさにその「子ども主体の世界」が崩れつつある今、私たちにできるのは、子ども主体の居場所を保障し続けることにある。それは、きんしゃいきゃんぱすのような緩やかな遊び場はもちろん、子ども食堂や学習支援などの子どもの貧困を支援する現場も同様である。特に遊びの世界では、貧困等は関係なく、誰もが主体になれる。そんな遊びの大切さを保障し続ける居場所が地域コミュニティの中に生み出していく必要がある。このとき、やはりコミュニティ・アプローチの視点は欠かせない。子どもは支援の必要な「消費者（対象者）」である前に、共に地域コミュニティに生きる「生活者」なのである。私自身もその視点に立ちながら、「主」として「隙間」や「領域」をコーディネートしつつ、子どもの居場所の自己化プロセスを促し続けたい。そして、そんなプロセスが多様に折り重なっていくことを通して、すべての子どもたちが「子ども主体の世界」を当たり前のように生きることができるようになることを願ってやまない。

注

1 「居方」とは、その場に居る様を表す言葉である。居る位置や身体の向き、視界の確保の仕方など、その場の中でどこに身を置き、何に意識を向けながら、どのように居るのかを示している。

引用・参考文献

天野敬子（2016）「子ども食堂って何だろう？――いま、子ども食堂が熱い！」NPO法人豊島子どもWAKUWAKUネットワーク編『子ども食堂をつくろう！――人がつながる地域の居場所づくり』明石書店、12～19頁
朝日新聞（2018年4月4日朝刊1面）「広がる『子ども食堂』、全国2286ヵ所 2年で7倍超」
池本美香（2009）「日本の放課後対策の現状」池本美香編著『子どもの放課後を考える――諸外国との比較でみる学童保育問題』勁草書房、1～21頁
岩堂美智子・松島恭子（2001）『コミュニティ臨床心理学――共同性の生涯発達』創元社
厚生労働省（2018a）「総合的な放課後児童対策に向けて社会保障審議会児童部会放課後児童対策に関する専門委員会中間とりまとめ」
厚生労働省（2018b）「子ども食堂の活動に関する連携・協力の推進及び子ども食堂の運営上留意すべき事項の周知について」（通知）
栗林知絵子・天野敬子・松宮徹郎・西郷泰之（2016）「座談会・子ども食堂のミライ――子ども食堂はなぜ必要か？」NPO法人豊島子どもWAKUWAKUネットワーク編『子ども食堂をつくろう！――人がつながる地域の居場所づくり』明石書店、131～154頁
増山均（1986）『子ども組織の教育学』青木教育叢書
増山均（2015）『学童保育と子どもの放課後』新日本出版社

文部科学省・厚生労働省（2018）「新・放課後子ども総合プラン」について（通知）
澤田英三（2003）「居場所としての駄菓子屋――子どもとおばちゃん・おじちゃんとのななめ関係の実際」住田正樹・南博文編『子どもたちの「居場所」と対人的世界の現在』九州大学出版会、319～343頁
仙田満（1992）『子どもとあそび――環境建築家の眼』岩波新書
住田正樹（1999）『子どもの仲間集団と地域社会』九州大学出版会
高橋勝（2002）『文化変容のなかの子ども――経験・他者・関係性』東信堂
田中康裕（2010）「まちの居場所を読み解くキーワード2場所の主（あるじ）」日本建築学会編『まちの居場所――まちの居場所をみつける／つくる』東洋書店、42～47頁
寺本潔（1988）『子ども世界の地図――秘密基地・子ども道・お化け屋敷の織りなす空間』黎明書房
植村勝彦・高畠克子・箕口雅博・原裕視・久田満（2006）『よくわかるコミュニティ心理学 第2版』ミネルヴァ書房
山下智也（2017）「地域に生きる子どもたち――『子ども主体の場』のひとつのカタチとして」久保健太編『子ども・子育て支援シリーズ第3巻　子ども・子育て支援と社会づくり』ぎょうせい、142～164頁
山下智也（2013）「地域における子どもの居場所の意味――子どもの遊び場『きんしゃいきゃんぱす』での実践的研究による一考察」『日本生活体験学習学会誌』13、51～63頁
山下智也（2010）「子ども参加再考――地域における大人と子どもの関係性に着目して」（九州大学大学院人間環境学府博士論文）
山下智也（2007）「子どもと地域を繋ぐ子ども参画のあり方――日常的な子どもの遊び場『きんしゃいきゃんぱす』の事例から」『生活体験学習学会誌』7、1～15頁

第III部
育ちの基盤を支える

第9章

子どもの健康と貧困

…佐藤洋一

はじめに

子どもは「遊び」を通じて、肉体的にも精神的にも成長する。医療は子どもの命を守るという大義のために、子どもの遊びを剝奪してきた経緯がある。近年は病気療養中であっても、子どもの成長発達のためには「遊び」も重要であることが認識されつつある。

たとえば、2002年度から小児入院医療管理料に保育士加算が導入され、小児科病棟に保育士が配置されるようになった。2007年より医療保育専門士の認定制度も開始されている。より専門的なスタッフによる「遊び」を通じた保育が提供されるようになった。

それでも、病気は子どもから「遊び」を奪うことは避けられない。病気療養中は通園・通学も制限され、友達と遊ぶこともできなくなる。健康な生活を子どもたちが送れることが子どもの遊びを保障することにつながる。

子ども時代に貧困を経験することは、子どもの健康を脅かすことが近年の疫学研究により明らかになってきた。本稿では、医療現場で経験した子どもの貧困の事例を示し、その後「子どもの健康と貧困」についての国内外の調査研究を紹介する。

1　医療現場で出会う貧困世帯に暮らす子どもの姿

これから紹介する事例は、私が実際に出会った貧困世帯に暮らす子どもたちである。個人が特定されないように事実を一部加筆していることをご了承いただきたい。

（1）精神疾患を抱えた母親に育てられているA君

A君は1歳の男の子である。ポットのお湯で背中をやけどしたため来院された。診察時に母親の態度がおどおどしており、虐待の可能性も考えられた。やけど自体はそれほどひどくなかったが、家庭での様子を把握するために、やけどの処置を毎日行うことにした。診察を重ねるうちに母親はスタッフと気軽に話せるようになった。やけどもほぼ治ったころには、母親自身の生い立ちを語るようになった。

両親からネグレクトを受けていた。親の愛情を受けた経験がないため、子どもへの接し方がわからない。病気やケガをした時の対処方法もよくわからない。高校生の頃はリストカットを繰り返し、現在でも精神科に通院中である。体調が悪く仕事ができないため、生活保護を受けている。そして、「子育ては大変だが、A君はとてもかわいく、自分の手で育てていきたい」という母親の気持ちを引き出すこともできた。

当初は、スタッフたちはネグレクトをするダメな母親という認識であったが、複雑な背景を知ることで母親に寄り添いながら対応することにした。子どもが病気になった時の家庭での看病の仕方について看護師から詳しく説明するようにしたり、予防接種のスケジュールを一緒に考えたりした。また、家事援助も必要と考え、ヘルパーの派遣も行うように福祉施設への紹介も行った。幸いヘルパーとの相性もよく物心両面にわたって生活を支えられている。現在、A君は小学生となり周りに支えられながら健やかに育っている。

（2）医療費の支払いが困難で治療中断しがちなBさん

Bさんは高校1年生の女の子である。自営業を営む父親と在日外国人である母親、年金暮らしの祖母との4人暮らしであった。Bさんには喘息《ぜんそく》の持病があり、幼少の頃は喘息発作のため入退院を繰り返していた。最近は喘息薬で発作のコントロールができ、入院することがなくなった。Bさんは薬を中止すると喘息発作が起こすため、薬を切らすことなく定期的に通院する必要があった。ところが、Bさんは喘息薬がなくなっても喘息発作が出現するまで受診することはなかった。本人や家族に定期受診の必要性を説明するが、通院は中断しがちであった。私たちはBさんの自宅を訪問し、ご両親の話を伺いにいくことにした。

父親は体調が悪く、仕事もままならない状態で、母親は父親の看病で仕事もできない。祖母の年金で何とか生活をしている。喘息の薬代で月に1万円程度必要であり、生活が苦しい中ではどうしてもBさんの受診を控えざるを得ない状況を知った。さらに、Bさんも家計を支えるために、アルバイトをしている。通院をすることよりアルバイトを優先していることもわかった。

父親の体調不良により仕事ができないことなどから、私たちは生活保護の受給を勧めることにした。再三の説得を行ったが、両親の理解が得られず生活保護の申請もできなかった。現在もBさんは通院も中断しがちで、喘息発作のたびに病院を受診している生活は変わらない。

（3）無料低額診療事業により治療が再開できたC君

C君は小学校5年生の男の子である。幼少の頃は体も弱く、毎月のように当院にかかっていた。小学生になると体力もついたのか、当院での通院は途絶えていた。小学校5年生の時に、熱が5日以上も続き、咳で眠れないと受診された。診察の結果、肺炎と診断し、入院することを勧めた。しかし、母親は入院することはできないと頑《かたく》なに拒否された。その様子に何か事情があるのではないかと考えて、詳しく話を聞くことにした。

最近父親の仕事が少なくなり収入が減っている。母親が家計を支えるために、昼間と深夜のパートをしていることを明かしてくれた。子どもが入院すると、母親である自分が仕事を休むことになる。そうなると収入が減り、家計のやりくりが難しくなる。普段は体調が悪くなっても、市販の薬で様子を見ていた。今回もできる限り早く受診したかったが、医療費の支払いが気になり受診できなかった。

当院は無料低額診療事業▼1を行っており、入院費用の一部負担金は不要にできることを伝えた。また、C君も小学校高学年であり、入院の付き添いも可能な範囲でよいことも説明した。その結果、母親も入院することを承諾し、無事に肺炎の治療を終えることができた。

最近は子ども医療費助成制度が充実し、医療費の自己負担分が不要な子どもたちも増えてきている。C君の事例を経験して数年後には、私たちの地域も入院費用の自己負担分は不要となった。これからも子どもも医療費助成制度が拡大され、すべての子どもたちが医療費の心配なく医療が受けられるようになることを願っている。

医療現場で出会う貧困世帯で暮らす子どもの実態の一部を紹介した。今回紹介した事例は決して特殊な例ではない。格差と貧困が拡大している中、悪戦苦闘している親子が日々増えている。貧困世帯で暮らしている子どもたちは、「治療に難渋する」「医師や看護師の助言を聞かない」「時間外受診ばかりする」など「困った患者」として医療従事者の前に現れる。そのため、医療現場では問題行動にばかりに目が行きがちで、その背景にある貧困に気づきにくい。今回紹介した事例も同様な傾向がみられる。

医療現場での貧困に気づくための模索は始まっている。カナダ家庭医協会では貧困は健康へのリスクファクターであることは確かな事実であり、家庭医が関わるべき課題であると提言している。貧困を発見するために、すべての患者に貧困の有無をスクリーニングすることを勧めている（カナダ家庭医協会 2015）。このような取り組みは日本でも日本ＨＰＨネットワーク（Japan Network of Health Promoting Hospitals & Health Services, J-HPH）を中心に始まっている。

2　子どもの貧困・社会的不利益と健康に関する調査研究

医療現場における子どもの貧困の実態をわかっていただけたと思う。この章からは、子ども時代の貧困経験が子どもの健康にどのような影響があるのかという国内外の調査研究の内容を紹介したい。

まず、本稿で使用する語句の説明から始めたい。貧困には、絶対的貧困と相対的貧困という2つの概念がある。絶対的貧困とは、衣食住が満たされず最低限の生活もできない状態である。一方で、相対的貧困とはその国の平均的な生活が維持できない状態である。先進諸国における貧困とは相対的貧困のことであり、本稿でも「貧困」と使用した場合には相対的貧困のことを意味する。

貧困以外に社会経済的な状況を表す指標として、両親の学歴・世帯構成・職業や居住区域などを含めた社会経済階層（Social Economic Status、以下ＳＥＳ）がある。低ＳＥＳとは低学歴、低収入などを指し、相対的貧困より幅広い概念である。また、社会的に不利な立場（social disadvantage）も低ＳＥＳとほぼ同じ内容である。

（1）貧困世帯で暮らす子どもは様々な健康障害を経験している

2016年にソフィーらが発表した総説の一部を紹介する（Sophie 2016）。英国で暮らす貧困家庭の子どもの特徴はとして、次のような点が挙げられている。

①1歳までの死亡率が高い
②低出生体重児が多くなる
③母乳栄養ではなく、人工栄養で育てられる
④受動喫煙にさらされやすくなる
⑤過体重もしくは肥満になりやすい
⑥喘息に罹患しやすい
⑦虫歯も多い
⑧学業不振になりやすい
⑨事故による死亡も多く経験する

さらに、SESによる発生頻度に影響を与えにくい遺伝性疾患の囊胞《のうほう》性線維症の場合でも貧困世帯の子どもは、発育状態や肺機能でも悪くなりやすく、緑膿《りょくのう》菌感染症のリスクも高く、就労の機会も低下し、生存率も悪いという結果も紹介されている。

表1　保護者の社会経済状態と子どもの病気との関係

		喘息	片頭痛	中耳炎	呼吸器系アレルギー	食物アレルギー	皮膚アレルギー
世帯収入[1]	FPL2が400%以上	1	1	1	1	1	1
	FPLの300-399%	1.10 (0.96-1.25)	1.14 (0.94-1.38)	1.06 (0.86-1.29	0.98 (0.89-1.07)	0.96 (0.80-1.17)	0.86 (0.76-0.98) *
	FPLの200-299%	1.11 (0.98-1.26)	1.10 (0.93-1.30)	1.22 (1.01-1.48) *	0.99 (0.90-1.08)	0.99 (0.82-1.21)	0.85 (0.76-0.96) **
	FPLの100-199%	1.17 (1.02-1.33) *	1.29 (1.08-1.54) **	1.40 (1.15-1.71) **	0.92 (0.83-1.02)	0.97 (0.78-1.21)	0.94 (0.82-1.07)
	FPLの0-99%	1.14 (1.21-1.71) **	1.61 (1.28-2.02) **	1.69 (1.31-2.19) **	0.96 (0.84-1.10)	1.06 (0.82-1.37)	0.89 (0.75-1.06)
学歴[1]	高卒以下	1	1	1	1	1	1
	高卒より上	1.11 (1.00-1.24)	1.06 (0.92-1.22)	0.76 (0.65-0.89) **	1.41 (1.29-1.54) **	1.27 (1.07-1.52) **	1.30 (1.17-1.44) **
就労状況[1]	就労中	1	1	1	1	1	1
	未就労	0.98 (0.85-1.14)	1.06 (1.05-1.67) *	1.24 (0.99-1.56)	1.13 (1.00-1.28) *	1.18 (0.94-1.49)	0.99 (0.84-1.17)

* P<0.05　** P<0.01

注：1　交絡因子として、性・年齢・人種・両親のメンタルヘルス・家族構成・同居者の喫煙・健康保険加入・世帯の子どもの人数・かかりつけ医の有無・住居を用いて多変量解析を行っている。
　　2　米国連邦貧困水準（Federal Poverty Level ）
出所：Charlemigine C Vicorino (2009) "The social determinants of child health: variations across health outcomes-a population-based cross-sectionala analysis." より、著者加筆・修正。

シャルルマーニュらは、2003年の「子どもの健康に関する米国全国調査」に参加した子ども（0～17歳）10万2353人を対象に、世帯収入、家族の学歴や職業などと子どもの健康状態についての関係について調査している(Charlemaigne 2009)。交絡因子で調整した後でも世帯収入が連邦貧困水準（Federal Poverty Level）に近づけば近づくほど喘息、片頭痛や中耳炎の罹患は増加していた。就労している人が1人もいない世帯は、過去1年間に片頭痛を経験しやすく、呼吸器系のアレルギーに罹患しやすい。高卒より上の学歴をもった家庭は、中耳炎になりにくかったが、呼吸器系のアレルギーや食物アレルギー、皮膚アレルギーの罹患が多い傾向がみられた（表1）。両親のSESにより子どもの健康状態に様々な影響を与えていることが示されている。

（2）子ども期に貧困に陥ると子どもや母親のメンタルヘルスは悪化する

貧困が子どもの中耳炎や喘息などの身体的な疾患に影響を与える以外に、精神面にも影響を与える。この分野に関する調査研究も多数報告されている。ソフィーらが行った調査を紹介する（Sophie 2017）。この調査は、英国ミレニアムコホート研究に参加した親子を対象に子ども期に貧困になった際の子どもや母親のメンタルヘルスに対する影響について検討したものである。英国ミレニアムコホート研究は、2000年から2001年にかけて誕生した1万9000人の子どもを追跡調査したものである。

対象者は、3歳時点で貧困世帯でない母子で精神的な問題を抱えていなかった6063組の親子である。この対象者に対して、5歳時点、7歳時点、11歳時点の3回にわたって母子のメンタルヘルスと貧困の状態について調査している。子どもの社会的・情緒的行動は、子どもの強さと困難さアンケート（Strengths and Difficulties Questionnaire: SDQ）を用い、母親の精神的苦痛は気分・不安障害調査票（Kessler 6）を用いて評価している。貧困の判定には相対的貧困（等価可処分所得の中央値の60％以下）を用いている。

11歳になるまでに新たに貧困に陥った世帯は6063世帯中844世帯（14％）であった。子どもの年齢や性別・人種などを調整した後でも、貧困状態への移行は子どもの社会的・情緒的行動に関する問題が増加し（表2-1、モデル2）、母親の精神的苦悩が増加した（表2-2、モデル2）。さらに、母親の精神的苦痛を調整したときには、貧困への移行が与える子どもの社会的・情緒的問題行動を減少する傾向（オッズ比の低下：1・41→1・30）がみられるが、統計的な有意差は認めなかった（表2-1、モデル3）。

3歳まで貧困でもなく精神的な問題もない親子が、11歳までに貧困を一度でも経験すると、母子ともにメンタルヘルスに悪影響を与えるということをこの調査研究が明らかにしている。この論文のまとめ

表2−1　貧困への移行と子どもの社会情緒的行動における問題との関係

		モデル1 オッズ比	P値	モデル2 オッズ比	P値	モデル3 オッズ比	P値
貧困への移行経験	なし	1		1		1	
	あり	184 (1.37-2.47)	< 0.0001	1.41 (1.02–1.93)	0.04	1.30 (0.94-1.79)	0.11

モデル1：交絡因子による調整なし
モデル2：交絡因子として、子の年齢、子の性別、子の人種、世帯内の子どもの人数、うつ病や不安障害の既往（母）・出産時の母の年齢、母の就労状況、家族構成を使用
モデル3：モデル2で使用した交絡因子に母親の精神的苦悩も加えて調整
出所：Sophie Wickham (2017) "The effect of a transition into poverty on child and maternal mental health: a longitudinal analysis of the UK Millennium Cohort Study" より、著者加筆・修正

表2−2　貧困への移行と母親の精神的苦悩との関係

		モデル1 オッズ比	P値	モデル2 オッズ比	P値
貧困への移行経験	なし	1		1	
	あり	1.84 (1.57-2.16)	<0.0001	144 (1.21-1.71)	<0.0001

モデル1：交絡因子による調整なし
モデル2：交絡因子として、子の年齢、子の性別、世帯内の子どもの人数、うつ病や不安障害の既往（母）、母の人種、出産時の母の年齢、母の就労状況、家族構成を使用
出所：Sophie Wickham (2017) "The effect of a transition into poverty on child and maternal mental health: a longitudinal analysis of the UK Millennium Cohort Study" より、著者加筆・修正

では、子どもの貧困を減らすことは子どもや母親のメンタルヘルスを良くすることにつながる可能性があるとしている。

（3）貧困などの社会的な不利な状態に置かれた子どもたちは、のちに日常生活が制限するような慢性的な状況に陥りやすい

次に紹介する研究は、慢性的な不健康な状態とも貧困が関係していることを示したものである。クレアらは、英国における社会経済階層（ＳＥＳ）と生活に支障をきたす慢性的な疾患や障害（Disabling Chronic Condition、以下ＤＣＣ）との関係について調査を行っている（Clare 2013）。ＤＣＣとは、障害、病気やケガなどの理由で日常生活が長期間行えない状態のことである。

この調査はイングランドおよびウェールズ地方に関する英国国家統計局の縦断的研究のデータを用いて行ったものである。調査対象者は１９８１年から１９９１年に生まれた子どもたちで、

1991年にDCC状態ではなかった5万2839人（0～10歳）である。2001年でDCCとなった子どもとそうではない子どもとの2群に分けて、対象者のSESの違いを検討している。

DCCの評価は、保護者への聞き取りで「長期間、日常生活や仕事を制限するような病気、健康上の問題や障害がありましたか?」という質問項目に「はい」と答えたものとしている。SESの評価項目は、1991年時点の社会階級、住居の所有形態、自家用車の所有状況の3つで行った。社会階級は、I：専門職、II：管理職、IIINM：熟練非肉体労働者、IVM：熟練肉体労働者、IV：半熟練労働者、V：未熟練労働者の6つに分類している。この社会階層がIVおよびVである場合、住居が持ち家でない場合、自家用車を所有していない場合をそれぞれ1点とし、3つの合計点を社会経済不利益指数（Socio-economic Disadvantage Index、以下SDI）として統計処理を行っている。また、交絡因子として、子どもの年齢（2001年時点）、性別、人種、家族構成の評価も行っている。

2001年時点で2049名（4％）の子どもが新たにDCCになった。DCC発生と関係があったのは、男性であること、年長であること、自家用車を所有していないこと、借家住まいであること、低い社会階級であることであった。人種による影響はみられなかった。さらに、子どもの年齢や性別、人種を考慮した場合でもSDI値が増加するにつれてオッズ比が増加する傾向に影響はなかった（表3、モデル2、3）。家族構成を考慮した場合に、わずかにオッズ比の減少がみられていた（表3、モデル4）。1991年時点でのSDI値3点であった子どもは、SDI値が0点であった子どもに比べて、2001年時点のDCC発生のオッズ比が2倍近くになっている。もし、今回対象となった子どもたち全員が社会的経済的な不利な状況を経験しなかったら、359名の子どもがDCCにはならなかっただろうと推計している。この研究からは低SESの家庭で10歳までに育った子どもは、10年後に何らかの理由で日常生活が十分に

表３　生活に支障をきたす慢性的な疾患や障害と社会経済階層との関係

		モデル1 オッズ比（95% CI*）	モデル2 オッズ比（96% CI*）	モデル3 オッズ比（97% CI*）	モデル4 オッズ比（98% CI*）
社会経済の不利益指標（SDI）	0点	1	1	1	1
	1点	1.15（0.94-1.41）	1.15（0.94-1.41）	1.16（0.95-1.41）	1.14（0.93-1.39）
	2点	1.49（1.25-1.79）	1.50（1.26-1.80）	1.51（1.26-1.81）	1.45（1.20-1.75）
	3点	2.20（1.86-2.59）	2.21（1.87-2.62）	2.20（1.87-2.62）	2.11（1.76-2.53）
性別	女		1	1	1
	男		1.20（1.10-1.31）	1.20（1.10-1.31）	1.20（1.10-1.31）
年齢	1歳未満		1	1	1
	1歳以上		1.02（1.01-1.03）	1.02（1.01-1.03）	1.02（1.01-1.03）
人種	白人			1	1
	非白人			0.99（0.92-1.08）	0.99（0.92-1.08）
家族構成	二人親				1
	一人親				1.11（0.97-1.27）

＊95% CI：95%信頼区間

出所：Clre M Blackburn（2013）"Is the onset of disabling chronic conditions in later childhood associated with exposure to social disadvantage in earlier childhood ? a prospecitve cohort study using the ONS Longitudinal Study fo England and Wales" より、著者一部加筆・修正

できなくなりやすいことが示唆されている。

（４）子ども時代の社会的な不利な立場は、成人期の不健康な生活習慣と関係する

子ども時代に受けた貧困などの不利益は、成人になってもその影響から回復しないということも明らかになっている。

エイミーらは米国のニューイングランド地方での家族研究に参加した成人５６５名（38～47歳）を対象にした調査を行っている（Amy 2016）。対象者が７歳までの家族やＳＥＳの状態を10項目にわたって評価している。家族の状況は、「３か月以上親元から離れていた」「兄弟・姉妹との死別」「３回以上の転居」「両親の離婚や再婚などの婚姻状態の変化」「７歳時点で母子家庭」で評価し、社会経済状態は「世帯の主な生計者が肉体労働者（出生時もしくは７歳時）」「父親が６か月以上無職（７歳時）」「狭い住居（７歳時）」「貧困世帯（出生時もしくは７歳時）」「両親の低学歴（出生時）」で評価している。これら10項目のうち、あてはまる

表4－1　成人期の生活習慣と子ども期の社会経済階層との関係

	喫煙	過剰な飲酒 1)	不健康な食生活	運動不足	肥満
低リスク	1	1	1	1	1
中リスク	1.99 (1.22-3.24)	2.36 (1.06-5.21)	1.05 (0.66-1.67)	0.59 (0.25-1.29)	1.2 (0.74-1.93)
高リスク	3.61 (1.86-7.03)	4.8 (1.63-14.15)	1.54 (0.76-3.24)	1.25 (0.42-3.29)	2.68 (1.34-5.45)

注1）「過剰な飲酒」に関しては、女性のデータのみ表示。男性は有意差なし
交絡因子として、年齢、性別、人種、調査地域を使用
出所：Amy L. Non (2016) "Early childhood social disadvantage is associated with poor health behaviors in adulthood." より、著者一部加筆・修正

表4－2　成人期の生活習慣と子ども期の社会経済階層との関係

	喫煙	過剰な飲酒 1)	不健康な食生活	運動不足	肥満
低リスク	1	1	1	1	1
中リスク	1.27 (0.72-2.20)	1.26 (0.48-3.12)	0.69 (0.41-1.15)	0.73 (0.29-1.67)	1 (0.60-1.68)
高リスク	2.34 (1.08-5.03)	4.71 (1.42-15.71)	1.22 (0.54-2.88)	1.69 (0.54-4.73)	2.34 (1.11-5.04)

注1）「過剰な飲酒」に関しては、女性のデータのみ表示。男性は有意差なし
交絡因子として、年齢、性別、人種、調査地域を使用
出所：Amy L. Non (2016) "Early childhood social disadvantage is associated with poor health behaviors in adulthood." より、著者一部加筆・修正

まるのが2項目以下を低リスク群、3～4項目を中リスク群、5項目以上を高リスク群の3群に分類した。これらの3群を成人期の生活習慣（喫煙、飲酒、運動習慣、食習慣、体格）との関係について多重ロジスティック解析を行っている。

低リスク群に比べて高リスク群であった子どもたちは、喫煙・肥満になりやすい傾向がみられ、過剰な飲酒は女性のみに有意な差がみられた。不健康な食生活や運動不足に関しては有意な差がみられなかった（表4－1）。交絡因子として成人期の収入や学歴も含めて検討した場合、喫煙・肥満・過剰な飲酒（女性のみ）に関して、オッズ比の低下がみられたが、統計的な有意差は持続していた（表4－2）。これらの結果から、乳幼児期に社会的不利益を被ることは、成人で社会的不利益な状態から改善したとしても成人期の不健康な生活習慣に

影響することが推測された。

（5）日本の「貧困と子どもの健康」に関する研究は遅れている

貧困と子どもの健康について海外の調査研究を中心にこれまで紹介してきた。日本の実態を伝えたいのだが、今まで紹介したような大規模な疫学調査は日本では遅れている。

武内は国内と国外の子どもの貧困に関する論文数を比較検討して報告している（武内 2017a）。国内医学論文検察ツールである医学中央雑誌を用い、「子ども」×「貧困」をキーワードにして、２０１４年からの過去10年間分で検索した。小児文献30万編あまりの中でわずか１４２編にすぎなかった。一方、世界的な医学論文検索サイトである「Pub-Med」では、同時期で「貧困」をキーワードで検索すると約６７００編であり、50倍近い開きがある。国内の論文について詳細にみていくと、２０１１年以降は小児医療分野からの報告もみられるようになってきた。その執筆者は社会福祉や教育分野で過半数を占めていた。

これらのことから日本の小児医療界は長い間「子どもの貧困」に向き合ってこなかった。しかし、ここ数年医療界でも変化が起きてきている。日本外来小児科学会での「子どもの貧困問題検討会」発足や日本小児科学会学術集会での「子どもの貧困」に関する特別講演（2016）など、医療界の貧困への取り組みが始まっている。

（6）両親の職業によって乳児死亡率が変化

日本国内でもＳＥＳの違いによる健康格差が進んでいる実態がある。厚生労働省は乳児死亡率と世帯の職業階層に関する統計資料を発表している（図1）。

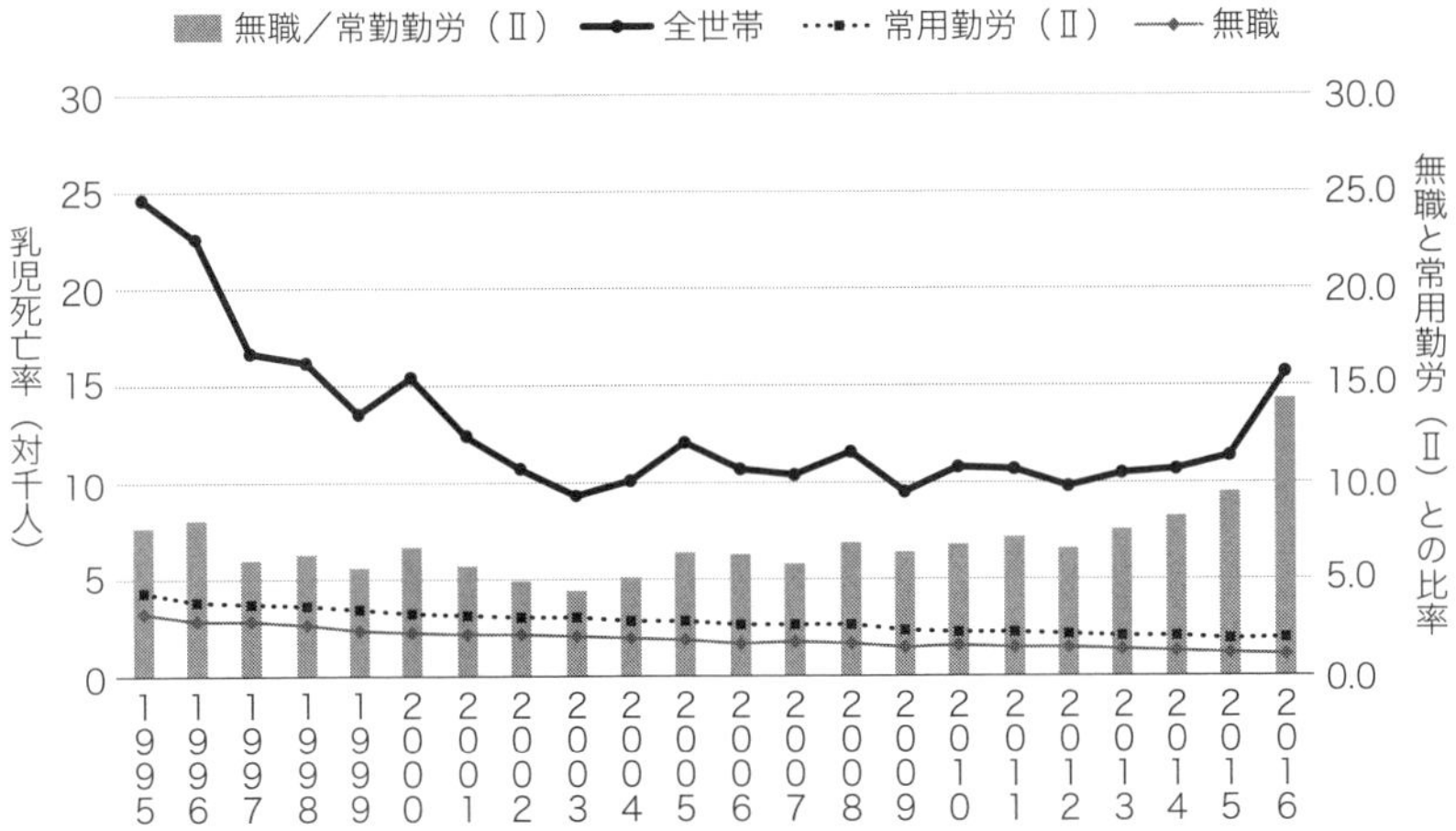

図1　乳児死亡率と世帯主の職業階層

出所：厚生労働省人口動態調査・人口動態統計の統計データより、著者が作成

1995年では、比較的規模の大きな企業で働く親の家庭（常用勤労Ⅱ）の乳児死亡率3・2(対千人)に対して無職の親の家庭の乳児死亡率24・6で、両者で7・7倍の差がある。その後、乳児死亡率は医療の進歩とともに着実に減少しているが、無職の乳児死亡率の減少割合が全世帯平均に比べても緩やかである。常用勤労（Ⅱ）世帯と無職の世帯との乳児死亡率の差は、2003年にかけて縮小していた。2004年以降、その差は再度上昇傾向がみられている。2016年では、常用勤労Ⅱの乳児死亡率1・1(対千人)に対して無職の親の家庭の乳児死亡率15・7で、両者で14・3倍となり、1995年に比べて約2倍となっている。両親の職業により乳児死亡率に著しい格差があり、近年その傾向が拡大している。この傾向が今後も継続していくかどうかは注視して行く必要がある。

(7) 医療機関が行った日本における貧困世帯で暮らす子どもの実態調査

私たちは佛教大学の武内教授とともに、貧困世帯で

表5－1　佛教大学との共同研究の概要

	対象	対象児年齢（中央値）	調査期間	調査対象世帯（貧困世帯）	調査協力医療機関数
新生児調査	新生児と母親	0歳1か月	2014年4月～2015年3月	677世帯（294世帯、43.4%）	5医療機関
入院調査	入院患者全員	2歳4か月	2014年4月～2015年3月	675世帯（175世帯、25.9%）	11医療機関
外来受診児調査	小中学生	11歳	2015年2月（1か月）	719世帯（157世帯、21.9%）	54医療機関

表5－2　新生児調査における貧困世帯の特徴

新生児	母親	既往妊娠歴・妊娠経過	生活環境
低血糖が多い 完全母乳栄養（1か月）が少ない	24歳以下 10代の出産 喫煙 低学歴 未婚・離婚歴 非正規雇用 現在の生活が苦しい	多産（4回以上）の既往 人工中絶の既往 初回妊婦検診妊娠22週以降 健診回数が少ない 両親学級の参加少ない 性感染症 精神疾患	母子家庭 4人以上の子ども 国民健康保険加入世帯 相談相手なし 借家住まい 部屋数が少ない

出所：山口英理（2017）『出生前からの子どもの貧困――周産期の世帯調査から見える貧困世帯の妊産婦・新生児の特徴と生活の状況』より、著者作成

暮らす子どもたちの健康状態を把握するための全国調査を2014年度に行った。この調査は3部門に分かれ、それぞれ新生児・入院児・外来受診児の家族を対象にしたものである（表5－1）。

新生児調査は、全国5医療機関で出生した新生児と母親の677世帯を対象にしたものである（山口 2017）。貧困世帯の母親の特徴として「24歳以下」「10代の若年出産」「多産」「中絶」「喫煙」「性感染症」「精神疾患」「未婚」「母子家庭」「低学歴」「非正規雇用」「生活が苦しいと実感」が多く認めた。貧困世帯の新生児では、「低血糖」が多くみられ、生後1か月での完全母乳栄養児が少なかった（表5－2）。

入院児調査は、全国11医療機関に入院した児675世帯を対象にしたものである（武内 2017b）。対象児の年齢（中央値）は2歳4か月であり、主に就学前の子どもが調査対象となっている。貧困世帯の子どもは、入院回数も多く、喘息発作での入院が多く見られた。また、任意予防接種の接種率が低か

表5−3　外来調査における貧困世帯の特徴

子どもの状況	保護者の状況	世帯の状況
肥満 時間外受診が多い インフルエンザワクチン未接種	若い母親 現在仕事していない 非正規雇用 最終学歴は高卒以下 母親の喫煙 現在の生活は苦しく、不幸である 健康状態も悪い	母子家庭 多世帯（祖父母と同居） 国民健康保険 生活保護受給 借家住まい 部屋数も少ない

出所：佐藤洋一（2016）『貧困世帯で暮らす小中学生の健康状態と家庭の特徴——外来診療での多施設共同調査より』より、著者作成

った。貧困世帯の特徴として、「母子家庭」「多世帯同居」「国保加入世帯」「母親の喫煙」「子どもの数が多い」「部屋数が少ない」であった。また、貧困世帯では経済的な理由により受診を控えたり、入院費用の一時立て替えたり金銭的な苦労もみられた。

外来受診児の調査は、全国54医療機関に外来を受診した小中学生が暮らす712世帯を対象にしたものである（佐藤 2016）。貧困世帯で暮らす子どもは、「肥満」「時間外受診の経験」が多く、自己負担が必要な「インフルエンザワクチン接種」が少なかった。貧困世帯で暮らす母親は、年齢も若く、現在職がなかったり、非正規雇用であったり、最終学歴も高卒以下であった。また、喫煙する割合も高く、健康状態も悪く、現在の生活実感や幸福度も低かった。貧困世帯では、「母子世帯」「3世代以上の同居」「国民健康保険加入」「生活保護受給」が多く、「持ち家」「部屋数」は少なかった（表5−3）。

これらの3調査の対象は、妊産婦・新生児・就学前児童・小中学生であり、子ども期全般にわたるものである。いずれの時期においても、貧困が子どもの健康に影響を与えていた結果となった。ただし、いずれの調査もサンプル数が700前後である点、新生児調査・入院調査も協力した医療機関が少ない点などから、わが国における貧困が子どもの健康に与えている影響を十分に把握できていない。

おわりに

貧困世帯で暮らす子どもたちが、学業や遊びの面だけでなく健康面でもかなり悪影響を受けていることを紹介した。この分野の研究は、日本ではまだまだ始まったばかりであり、諸外国の結果がそのまま現在の日本にあてはまられるかどうかは定かでない。ただ少なくとも欧州や米国などの優れた調査研究から学び、日本でも貧困が子どもの健康に影響に与えることを肝《きも》に銘《めい》じて対処していかなければならない。

日常診療を通じて小児科医は、貧困を含む低ＳＥＳで暮らしている子どもたちの健康問題に直面している。本稿で紹介したように貧困の問題は、教育や福祉・労働分野だけでなく、医療分野でも生じている。これからは、子どもの貧困を改善するネットワークの一員として医療従事者も加わり、子どもの貧困を解消する運動をすすめていきたい。

注

1　無料低額診療事業とは、社会福祉法で定められた第2種社会福祉事業のひとつで、低所得者などの生活困窮者に医療機関が独自に医療費の自己負担分を無料または低額な料金によって診療を行う事業である。

引用・参考文献

Amy, L. N. (2016). Early childhood social disadvantage is associated with poor health behaviors in adulthood, *Annals of Human Biology*, Vol.43 (2), pp.144-153
カナダ家庭医協会（2015）「医師のためのベストアドバイス　健康の社会的決定要因」日本ＨＰＨネットワーク訳

(https://www.hphnet.jp/whats-new/1807/)
Clare M B. (2013). Is the onset of disabling chronic conditions in later childhood associated with exposure to social disadvantage in earlier childhood? A prospective cohort study using the ONS Longitudinal Study for England and Wales, *BMC Pediatrics*, Vol.13 (101).
佐藤洋一（2016）「貧困世帯で暮らす小中学生の健康状態と家庭の特徴――外来診療での多施設共同調査より」『日本小児科学会雑誌』第120巻第11号、１６６４～１６７０頁
Charlemaigne, C. V. (2009). The social determinants of child health: variations across health outcomes- a population-based cross-sectional analysis, *BMC Pediatrics*, Vol.17 (8), pp9-53.
Sophie W. (2016). Poverty and child health in the UK: using evidence for action, *Archives of disease in childhood*, Vol101 (8), pp759-766.
Sophie W. (2017). The effect of a transition into poverty on child and maternal mental health: a longitudinal analysis of the UK Millennium Cohort Study, *The lancet. Public health*, Vol2 (3), e141-e148.
武内一（2017a）「Child Poverty Addressed in Medical Articles Written in Japanese」『佛教大学総合研究所共同研究成果報告論文集』第５号、169～171頁
武内一（2017b）「入院診療における子育て世帯の社会経済的背景について」『佛教大学総合研究所共同研究成果報告論文集』第５号、189～195頁
山口英理（2017）「出生前からの子どもの貧困――周産期の世帯調査から見える貧困世帯の妊産婦・新生児の特徴と生活の状況」『外来小児科学会』第20巻第２号、129～138頁

第10章

子育ての分断と連続

…岩田美香

はじめに

近年、子どもの貧困に関する研究は増え、その実態や支援についてメディアで紹介される機会も膨大に増えている。それらは子どもと家族の貧困の実態を明らかにするものを中心にしつつ、貧困が与える影響についての要因分析（阿部 2014）や子ども自身の貧困経験に関する分析（林 2016）、また、子どもの後の育ちに与える影響（大澤 2008；小西 2016）や、児童虐待と子どもの貧困の関連（松本 2013）など、様々な研究が積み重ねられてきている。しかし、そうした貧困家庭における子育ての困難さと、一般的（と思われる）子育てとは、世間一般の人々にとって、どのようなつながりでとらえられているのであろうか。すなわち、明らかにされてきている子どもの貧困問題は、いかに現代社会における子育てと関連づけられ、あるいは別々のものとしてとらえられているのであろうか。本稿では、こうした問題関心から、社会一般に語られる子育てを通して子どもの貧困を考えてみたい。

今日における、子育てをしている親にとっての子育て問題や関心事としては、働いている親であれば保育所の待機児童問題、あるいは社会的に大きく取り上げられる虐待問題、そして身近な育児不安・育児ストレス、子育てに関わるコストの問題、子どもの進路の問題などが、子どもの発達段階に応じて示されるのであろう。少子化問題も「問題」として取り上げられてはいるが、「問題」としているのは政府や社会の側であり、当該の親にとっての日常は、「希望は2人の子どもがほしいけれども、経済的な要因で1人しかもてない」というよりも、目の前のわが子をより良く育てることに関心が向いている場合が多い。

ところで、本シリーズ第2巻のテーマは『遊び・育ち・経験――子どもの世界を守る』である。一般に、乳幼児期の子どもに対しての「遊び」の重要さは認識されているが、学齢期以降の児童に対しては、「遊び」は学習に比べて軽視されがちである。家庭でも「遊ぶひまがあったら勉強しなさい」とも言われるように、学習の阻害要因として、「遊び」がとらえられる時もある。子育てにおいても、親は「どの時期に何を学ばせたらよいのか」「わが子の才能をいかに伸ばしていくか」に悩むことが多く、「遊び」についても同様の枠組みの中で与える遊具を選択している。子どもにとっての遊びの重要性は言われつつも、それをも親が整えていかなければならなくなることが危ぶまれる。以下、現代社会において遊びと対峙される「教育（早期教育やお受験）」と、それをめぐる親の不安を中心に、子育ての格差について考えてみたい。

1　子育てと教育

（1）早期教育

上記の問題関心を筆者が抱いたのは、子どもの貧困の実態については、認識され関心や同情が高まっているにもかかわらず、それが一人ひとりの生活との連続で考えてもらえるようになるには、かなり距離があるように感じていたからである。日ごろ講義の中で子どもの貧困についてとりあげると、学生たちの反応（リアクションペーパー）には、「かわいそう」といった同情がある一方で、社会構造の矛盾や社会的な問題解決の必要性を説き、あるいは個人レベルで自分も子どもの貧困問題のために何かをしたいという感想が返ってくる。それと同時に、「自分は貧困にならないように努力する」とか、「自分だったらわが子にはひもじい思いをさせない」というような自助努力を強めることで貧困を回避しようという回答も見られる。

同様の反応は、子育てにおける早期教育のＤＶＤを視聴した時にも見られた。子どもの「能力」が様々な形で点数化し計られ、偏差値が低年齢の競争にも適用されるにともない、「お受験」や、それらを前倒しする形で行われている乳幼児教育や胎児教育の実態を見て、学生たちは「こわーい！」と言いながらも、リアクションペーパーでは「ＤＶＤほどではないけれども、わが子には他の子に遅れを取らないように教育を与えたい」とか、子どもの貧困を勉強している学生に至っては「子どもが貧困にならないように早いうちから良い教育を受けさせたい」といった回答も見られる。これらの回答は、（社会福祉系だけに限らない）いくつかの専攻における学生にも見られた反応である。

この「お受験」に代表される早期教育が社会的に注目されたのは１９９０年代であり、お受験を扱ったテレビドラマである『ＳＷＥＥＴ ＨＯＭＥ（スイートホーム）』が放映されたのが１９９４年、ＮＨＫスペシャル『新日本人の条件 ママ私をどう育てたいのですか』が１９９２年である。そして警鐘も含めた一連の早期教育に関する本も、汐見（1993）『このままでいいのか超早期教育』、斎藤（1994）『お子さま戦争』、汐見（1996）『幼児教育産業と子育て』、保坂（1996）『ちょっと待って！ 早期教育』、片山（1998）『お受験』、無藤（1998）『早期教育を考える』等々が出版されている。今日の学生たちは１９９０年代後半に生まれており、自分自身が（上記のＤＶＤやテレビドラマほどではないにせよ）早期教育を受け、なかには都会でのお受験を経験している学生も少なくない。だからこそ、真っ向から早期教育を批判する意見は少なく、中には複雑な気持ちを表した感想「自分も習い事を親に強制されて嫌だったけれども、今、思うと助かっている面もあるので否定はできない」を記してくれた者もいた。

その早期教育は、今日ではどのように展開されているのであろうか。テレビで特集番組が組まれたり、ドラマとして取り上げられることはないが、某通信教育の幼児版や最近は乳児版が出され、それらは動物のキャラクターと共に親しまれており、「勉強」というイメージを低くして定期購読されている。当事者にとって就学前に教育を行うことは、もはや「早期」ではなくなってきており、子育てにおいて教育的なものを含めた習い事をさせるのは当たり前になっている。「お受験」についても、（地域差はあるが）お受験すること・してみることは特別なことではなく、ネットで「お受験スーツ」を検索してみると、「幼稚園や小学校での面接試験のための」と銘打った、好印象を受けやすいスーツが並んでおり、今でも実態としての「お受験」は健在である。さらに最近では、小学校での英語教科の導入の動きやグローバル化の影響を受けた英語教室や、育脳、また知育に偏らないようにということからか体操や水泳などの教室も人気があるという（アエラ 2017）。

こうした子どもの教育や習い事に対して、すべての親がお金と時間をかけられるわけではないが、一般の子育ての中に早期教育やお受験が織り込まれてきている現代においては、社会的に注目をあびた1990年代よりも、その裾野は広がっていると思われる。実際、ベネッセ教育総合研究所による「第5回幼児の生活アンケート［2016年］レポート」によると、1歳6か月～6歳11か月の幼児が習い事をしている割合は、2000年調査では49・4％、2005年は57・5％、2010年は47・4％、2015年は48・6％と、全体的には約5割で推移しているが、就学前の5・6歳児についてみると、7～8割という高さになる。この調査では、幼稚園児と保育園児の比較も行っているが、幼稚園児の高年齢児（4歳0か月～6歳11か月）は2010年調査時が71・0％、2015年が73・0％と最も高くなっている。一方、保育園児の高年齢児は2010年が46・9％、2015年が56・7％となっており、習い事を行っている割合は幼稚園児よりも低いものの、この5年間で10％以上増加している。習い事の内容についても違いがあり、幼稚園児では多い順に「スイミング」「体操」「英会話」「通信教育」「楽器」であるのに対して、保育園児では「スイミング」「通信教育」「英会話」「楽器」「体操」の順となっている。幼稚園によっては、英会話や読み書きなどの「習い事」に相当する教育を園内で提供しているところもあり、それによって幼稚園以外での習い事の内容は影響を受けると思われる。保育園児においては、平日に親が習い事に通わせることが難しい事情もあり、通信教育が高くなっているのであろう。

胎児への教育や乳児へのフラッシュカードによる教育などに熱を上げる傾向は減ってきているものの、小学校就学に向けての教育は、「教育」よりも「子育て」の一部として定着してきているのかもしれない。以前に、保育園の待機児童問題と幼稚園での入園者の減少が取り上げられる中、幼稚園が認定こども園になることは理解できたが、保育園が認定こども園になることの理由がわからず保育担当者にたずねたことがあった。保護者によっては「保育園では教育を提供してくれないので、保育園よりも認定こども園のほうがよい」という評価もあり、地域性もあるが「そうした保護者の評価もあって保育園から認定こども園に変更する」という説明を受けた。これも上記のアンケート結果と通じるものがあると思われる。

(2) 豊かな家庭の子育て

ここで貧困とは反対に、豊かな家庭における子育てを見てみたい。金銭的に余裕のある家庭が、子どもの発達に伴って教育熱をエスカレートしていくのかと言えば、そうではない。高所得地域と言われる地域において、小学4年生と中学2年生の「親」と「子ども本人」に行ったアンケート調査（港区政策創造研究所 2014）からは、子どもへのモノや金の与え方をみても、所得の高さと与えるモノの「多さ」が単純にリンクしているわけではなく、そこに親の教育的介入が見られる。たとえばテレビゲームなどについては、小学生世帯においてゲーム機を「使用させていない」「家にない」、また中学生世帯において「家にない」という割合が、公立学校に通わせている世帯にくらべ私立学校において高くなっている。テレビやゲームの視聴や使用時間の制限についても、私立学校の小学生世帯において7割以上の親がコントロールしており、私立学校に通わせている保護者において、子どもへの教育的配慮や意図的な関与が強いという傾向がみられる。一方パソコンについては、小学生・中学生世帯ともに私立学校において「本人専用」として所有させている割合が高い。携帯電話（スマートフォン）についても、家族や友人間との連絡に必要と判断しているのか、小学生世帯（66・1％）、中学生世帯（95・1％）と、ともに私立学校において「本人専用」の電話を与えており、公立学校における「本人専用」所有率より1～2割ほど高くなっている。

1か月に与えているお小遣いについても同様に、世帯年収によって子どもの小遣いの金額が決まるものではなく、保護者の考えや、家庭ごとの決まりごとが反映されている。たとえば「月々ではなく必要に応じて小遣いを渡し」、あるいは「子どもからの申請に応じて親の判断でモノを買い与える」という家庭もある。そのため、月々のお小遣いを「あげていない」という割合は小学生世帯では年収1000万円以上において7割近く、中学生世帯でも約25％もおり、世帯年収の低い家庭よりも高くなっている。学校種別では、私立学校の小学生世帯において「あげていない」が7割を超えている。子どもに充分なモノを与えつつも、上手にコントロールしている「子育て戦略」ともいうべき状況がスマートに展開されている。

学校や放課後での子どもたちの様子について、高所得や私立の親の回答を拾っていくと、「わが子は毎日朝食を食べ」「学校へは元気に登校し」「仲の良い友だちがおり」「学校の授業は理解しており」「塾等の習い事も行い」「その金額も十分にかけている」、さらに「将来の学歴は4年生の大学を卒業することを希望し」「親自身も子どもの勉強を見てあげて」「休日のレジャーも家族で行き」「親子の会話も多くもてており」「現状で十分である」と評価している。高所得や私立の子ども自身の回答も、親の回答と同様であり、さらに「学校での好きな教科が複数あり」「授業は楽しくて理解でき」「部活動にも楽しく参加し」「今の生活に満足」と回答している。

こうした満ち足りた生活環境と経験の積み重ねの中で育ってきた子どもたちと、貧困に育ってきた子どもたちとの差は明らかである。しかし豊かな家庭の親たちも、子育てにおける悩みがないわけではない。わが子の学習・進路（4～5割）や、しつけ（2～3割）、子どもの友人関係（2割）における悩みや不安を感じている。しかし一方で、それらを相談する相談先や子育てネットワークも6～8割がもっていると回答している。同調査は未就学の子どもの親に対しても行っており、子育てにおいて「イライラする（64・8％）」「子どもに大声で怒る（43・3％）」「子育てに不安を感じる（38・0％）」と回答しているが、この親たちも相談相手やネットワークは、もっているのである。子育ての悩みや不安は、社会的に孤立したり生活が困窮していても生じるが、金銭的に余裕があっても子育てのネットワークがあっても消えるものではない。それはなぜであろうか。次に、筆者が過去に行った母親の不安と社会についての考察（岩田2000）を紹介したい。

2 「育児不安」と社会

（1）子育てと「育児不安」

親が子どもの育っていく環境を整えることは、当たり前のこととされ、その実際は、食事、洋服、おもちゃ、絵本などの身の回りのレベルから、習い事や早期教育などの教育的なもの、さらに年齢が上がってくると幼稚園や保育所選びや、そこでの友達づくり（友達選び）、スポーツや社会的体験など、子どもに関するあらゆるものまでに及んでいく。そして、これらは子育てビジネスや教育ビジネスと結びつきやすい性格をもっている。子育ての行事や教育に関するダイレクトメールは、子どもの成長のタイミングに合わせて送付されてくる。育児雑誌をみても、子どもの発達段階に応じた課題についての子育ての知識やノウハウが掲載され、ページの後半では、その課題の解決のためのグッズやサービスや教室などが紹介されており、自ずとビジネスに誘導されやすい構成となっている。

個々の親は、なぜこれほどまでにわが子の環境を整える、コーディネートすることに力が入ってしまうのであろうか。近代社会における育児構造について渡辺（1994）は、「核家族システムの『境界』が鮮明となり、育児機能が家族に集中され、そこでは家族外部の養育に関わる人やモノは親によるスクリーニングを経て子どもに届き、親がどのような育児資源や育児機会にアクセスするか、コントロールするかによって子どもの育児構造が規定される」と説明している。男女共同参画社会や育メンと言われるように夫の育児の協力も増えているが、6歳未満の子どもをもつ夫の育児・家事関連時間の週全体平均時間は、増加していると言っても1時間23分にすぎない。これに対して妻は7時間34分であり、「ワンオペ育児」とも言われるように依然として女性への子育ての負担は偏ったままである。

このように実質的に一人で子育てを行っている母親たちは、自分のコーディネートによって子どもの育ちの環境が決まってしまうという責任を感じてしまいがちである。働く母親にとっては育児と仕事の両立の難しさから専業主婦のように子どもに十分な時間をかけてあげることができないという悩みも重なり、一方、専業主婦にとっては自分が家庭に入ってしまったことの焦りもあり、さらなる環境整備に力が入ってしまうのであろう。この母親への子育て責任の集中は、貧困家庭においても見られるものである。

「育児不安」研究（岩田 2000）からは、子育て中の母親が感じる不安には「子どもや子育てについての不安」と「母親自身の生活に充実感がない」という二つの因子があり、特に「母親の充実感」を高めることと、すなわち母親の女性として人間としての生活を高めていくことが、結果として育児における不安を低めていくことが示された。さらに、母親の育児不安や充実感を高めたり低めたりする要因としては、「母親が社会的な活動を行っているかどうか（就労だけに限らず、社会との接点があるのかどうか）」「社会的なネットワークが充実しているか」「夫が家事・育児に協力してくれているか」「夫に対しての満足度」、そして「他の子どもや他者の子育てと比較するかどうか」が影響していた。ここでは、これらの関連要因の中から、生活条件にかかわらずに生じる「他と比較する子育て」について考えてみたい。先に紹介した豊かな地域での子育て調査においても、「他者との比較」は、未就学児の親で37・0％、小学4年で50・8％、中学2年で44・3％と決して低い割合ではない。

母親たちが他者と比較する際、何を基準に、あるいは誰と比較しているのだろうか。基準については大きく二つあり、近所や同じ育児仲間との比較において「他の子どもより同じか、それ以上を望む」という比較と、もう一つはマスコミや雑誌における「望ましい・うらやましい・かっこいい育児や子どもや母親」との比較である。そうした比較は、常に母親たちにマイナスの影響を与えるだけではなく、比較によって「うちと同じ」という安堵感を与えるというメリット、たとえば離乳食が進まないとかおむつが外れないといった悩みも、他の家でも同様であるとわかってホッとする場合もある。その反面、当然ながら、他者や他児との差異を通しての焦燥感に駆られるという性格も有している。さらに他者との比較には段階があり、最初は「情報収集の段階」、次に「比較によって、自分の子どもや子育てを吟味・チェックしていく段階」、そして「他者や他児との比較を通して自分の優位性を求めて奮闘し、差異を探すように他者との比較もエスカレートしていく段階」と整理できる。この三つのそれぞれの段階において、育児や教育に関する情報や企業の影響は少なくない。こうした他者との比較において、「みんなと同じかちょっと上」の子育てを目指していく母親たちではあるが、彼女たちの求めるゴール（子どもたちへの期待）は、「ふつう」で「やさしく」て「健康」な人になってほしいと回答する者が多い。みんながわが子を東大や京大に入れたいと思っているわけでも、医者や弁護士にさせたいと思っているわけではなく、「標準（スタンダード）」を目指しているにすぎない。

母親の立場からみれば、悩みや不安があれば、その解決を求めて子育てや教育のサービスを購入し、そこで習い事や子育てのネットワークも広がり物理的な孤立は緩和されてきているのに、そこでまた否応なしに他の子どもと比較させられて、新たな不安が生じてしまうという皮肉な状況が繰り返されてしまう。調査（岩田 2000）からも、他者との比較が頻繁である母親ほど不安は高く、さらに3歳児までに習わせたい習い事の数も多い傾向にあった。

（2）社会的につくられる不安

不安は個々人が抱くものであり、それが社会的に規定されているという現象は理解しがたいかもしれない。しかし私たちの周囲を見渡せば、個人的なことと思っていることの多くが社会的につくられているという現象は少なくない。私たちが自分の好みで選び購入していると思っている洋服などにしても、メーカーやファッション業界が作り出している「今シーズンの流行」に乗っているにすぎない場合が多い。たとえば白いブラウスが流行っている時に、自分が好きで白いブラウスを着たと思っていても、それが雑誌の中で紹介され、みんなが着用しているという流れの中で選択したのかどうかは、自分でもわからない。

母親が社会的に孤立しがちで母親だけに責任が集中しやすいという現代の育児を担って行く時、氾濫している情報や知識の中では、「他の子どもや他の母親との比較」をしていくことでしか「育児の標準（スタンダード）」は見出せない。しかし、その標準は、母親の期待とも重なって、常に上昇傾向にある。その結果、他児や他者との比較には、「これで十分」というゴールはなく、母親たちを慢性的に「育児不安」という意識状態へと追いやっていく。その「育児不安」にしても、育児仲間や友人との話し合いの中で緩和されるものもあるが、時には、悩みを共有できるような友人をもてず、かえって混乱や比較を強めることとなり、あるいは「ちょっと上」を目指して、再び、その回答を情報や商業的サービスに求めるという悪循環をもたらしてしまう。こうして母親たちは、「育児・教育サービス」と「他者との比較」とを往復しながら、ますます「育児不安」を高める螺旋階段を上り続けていくこととなる。

今日の「育児不安」というのは、問題の表面的な解決が育児・教育サービスへと傾倒していく中でつくられた産物であると考えられる。母親たちは、育児や生活を外部化するほど（より外部と接触しているのに）、心理的には孤独な子育てとなってしまう。母親の立場からすれば、わが子を想って子育てに孤軍奮闘しているのであるが、市場から見れば子どもが一種の「商品」となっているにすぎない。わが子を「より良く育てたい」という思いにつけ込むように、子育てや教育のビジネスが介入し、私たちは見えずに、知らずに競争させられている。「情報」により煽《あお》られる子育てというのは、ネット環境が進んで行く影響で、さらに早く、さらに広範囲に渡ってきている。

3　貧困家庭と子どもの貧困対策

(1) 貧困家庭の子育て

貧困家庭における子育てと子育ちの実態は、すでに多く報告されている。その中では、貧しいながらも子どもの育ちの環境を精一杯整えている母親や、一方で、子どものことに無関心でネグレクトに近い状況の親も紹介されている。後者の母親たちについても、個々の子どもや個々の親の生育歴を紐解いていくと、子どもが生まれることを楽しみにしたり、子どもによって自分の人生が変われるのではないかと期待したり、子どもがいることで頑張れたり、子どもへの対応に悩みや不安を抱いたり、あるいは、わが子が「できるようになったこと」に喜んだといった親のエピソードが出てくる場合が多い。そのときの母親たちは、先の「育児不安」の考察にあった母親たちのように、他者や社会との比較の中で正解やゴールのない子育てを展開して行く。

かつて筆者が心理職として障害児の通園施設で療育支援を行っていた時に、子どもが同様の障害をもっている二組の親子がおり、彼女たちは普段は昼食も一緒に取り、帰りも一緒に帰り、プライベートでも行動を共にしている、いわゆる「ママ友」のように見受けられた。発達心理相談では、個々の親子が心理相談室を訪問し、発達検査や相談を受けていたが、ある時、発達検査を行うと、そのママ友の一人がもう一人の子どもの発達検査の結果を気にして質問してきたことがあった。もちろん守秘義務もあり、当該児童以外の検査結果を他者に知らせることはないが、その母親は「同じ障害を抱えていても、もう一人の子どもよりは自分の子どもの方が発達の状態は良いと思い、その検査結果を知りたかった」という。日ごろから、お互いに相談事を話し合っているような二人の仲の良さを見ていただけに、私としてはショックなエピソードであった。母親たちが否応なしに追い込まれて競い合わされてしまう子育ての状況においては、母親たちに「楽しい子育てを」と促す前に、社会としての手だてが必要であると感じた。

母親たちは、時に周囲の子どもや子育てと比較し、また携帯（スマートフォン）で調べるだけで瞬時にして多くの情報が飛び込んでくる中で、その情報の取捨選択に悩んでいるのである。そのとき、子育てを頑張っている母親であれば「うちの子育てはこの程度でよい」とは思えず、横の家庭を見ては「普通」（と思う）子育てを目指していくであろうし、一方、現実の生活の厳しさや余裕がない生活の積み重ねによって、「できない」「してあげられない」といった揺れの中で意欲も失っていく母親もいるのであろう。「非教育のママ」の存在が指摘され階層格差の固定化や拡大も懸念されている（本田 2004）が、それらについても、ある時点における「教育ママ」「非教育ママ」の違いだけではなく、どのような経緯で子育てや教育から遠のいていったのか、妊娠・乳幼児期からの縦断的な分析も必要となる。

（2）子どもの貧困対策はどこを目指しているのか

頑張っている、あるいは子育てに関心がない（と思われる）親に対して、子どもの貧困対策は、その「実態」や「思い」に応える支援となっているのだろうか。子どもの貧困研究において言われているように、子どもの貧困は単独で存在するものではなく、やはり親や保護者の貧困とかかわっており、その支援においても親や保護者への支援が必要となる。しかも前節で示したように、育児不安が母親の子育てだけを支援するのではなく、母親の女性・人間としての生活を支援することが大切であり、子どもの貧困対策の親支援についても「親役割」としての支援だけではなく、親の生活を支援していくことが求められる。現行の施策は、子どもの貧困対策は進められる一方で生活保護受給が引き締められるなど、子どもと家族の生活を全体として支援していく考え方とは異なっているように思われる。

たとえば子ども食堂についても、今やブームと言われるようになっており、その効果についても、単に食事の提供だけではなく、居場所の提供や食育、ボランティア学生との交流などが報告されている。家での食事がままならない子どもたちにとって食べて満たされるということは生きるうえでも大切な活動であり、中には親や地域の人々にも提供している食堂もあり、その広がりは評価できる。けれども、これだけ多くの市民も巻き込んで活動が活発になる一方で、なぜ学校給食には目が向けられないのであろうか。子ども食堂の活動が広がったとしても、多くはイベント型や週に数回といった展開であり、学校給食のように平日に毎日提供することは難しい。そうであればすでにある学校給食制度を無償化していくという動きが高まってもよさそうなものだが、研究者の指摘はあっても、子ども食堂のように市民の声としてはあがってこない。たしかに就学援助等の制度はあるが、そもそも学校給食は、文部科学省によって「学校給食は当該学校の教育計画の一環として実施」されているものであり、給食費を支払えない児童には食べさせないといった性質のものではない。「学校をプラットフォームに位置づけていく」というのであれば、給食の無償化が、子どもたちの吸引力になってもよいのではないだろうか。

貧困の子どもたちへの学習支援についても同様である。学習支援に参加してくれるボランティアの大学生との交流や生活支援など、学習以外の支援をしている活動も増えており、個々の活動の意義は大きい。けれども、そこでは義務教育としての小学校や中学校は、どのように考えられているのであろうか。高校受験に向けた学習支援活動は、一般家庭の子どもが通っている「塾」の代替として位置しており、その

「塾」費用の支弁が難しい子どもたちに対してボランティアで学習の遅れや補助を行っている。本来、生活に困窮している子どもの学習や教育の保障は、公教育として提供していく責任がある。今日の現状は、小・中学校と塾がセットで教育が成り立っており、義務教育としての学校だけは高校進学に向けては不十分ということを暗に認めていることにはならないだろうか。短期的な視点としては、ボランティアによる学習支援も重要であると思うが、長期的には公教育として貧困などの子どもへの教育保障をどのように考えていくのか、その問い直しも必要であろう。

子ども食堂については活動が広がっているとはいえ、私たちが日常生活として子ども食堂に行くわけでもなく、私たちの日常の連続性上にある普遍的な支援とは異なっている。また学習支援においても、結局は、一般家庭の子育ての矛盾を抱え込んだままで、子どもの貧困対策は、その矛盾を抱えた一般家庭に追いつく、近づくための内容となっているとは言えないだろうか。子どもの貧困対策は、こうした対症療法的な支援策だけではなく、より俯瞰《ふかん》的にすべての子どもの育ちを考慮した視点が求められる。

おわりに

実際のところ、貧困家庭の子どもの実態が社会的に認知されてきても、それが一般家庭や豊かな家庭の子育てに与える影響は小さいのかもしれない。反対に豊かな家庭の子育ては、一般家庭にとって「目指していくモデル」とされ、一般家庭は、より豊かな子育てをめざして子育て環境を整えていく。貧困家庭も、その影響を受けるのは（モデルとしていくのは）一般家庭、あるいは一般家庭が目指していく豊かな家庭の子育てであり、そこには子育て・教育ビジネスの影響も見逃せない。ビジネスのすべてが悪いわけではないが、企業の目的は子育ちの「向かっていく方向性」や「手段」において本来の子育てが目指していくものとは異なる可能性もでてくる。近年注目されている非認知的スキルについてさえ、貧困層への乳幼児期の支援の必要性を説いている研究が、生活安定層や一般層の親に対しては、「学力よりも重要だとわかってきた力」として、どうしたら伸ばしていくことができるのかという特集や育児書として使われている（東洋経済 2015；中山 2018；ポーク 2018）。

子どもと家族の貧困の理解を進めるために、貧困の実態や背景を伝えていくだけでは、冒頭で述べた学生たちの感想のように表面的・一時的な理解や同情は得られても、自分の生活に係わることについては異なる対応となるのであろう。それは、子どもの虐待の事件に対しては心を痛めても、自宅の近所に児童相談所が建設されることには躊躇《ちゅうちょ》する住民の反応と通じるものである。今後は、貧困者を受け入れがたいと感じる人々や貧困者へのバッシングを行う人々について、彼らの生活実態から解き明かすとともに、一般層や富裕層と言われる人々の日常が貧困家庭に与える社会的な影響についても検討していきたい。

引用・参考文献

阿部彩（2014）『子どもの貧困Ⅱ――解決策を考える』岩波書店
アエラ（2017）『AERA with Baby　スペシャル保存版　早期教育いつから始めますか？』朝日新聞出版
ベネッセ教育総合研究所「第５回 幼児の生活アンケート レポート［２０１６年］」（https://berd.benesse.jp/jisedai/research/detail1.php?id=4949）
林明子（2016）『生活保護世帯の子どものライフストーリー　貧困の世代的再生産』勁草書房
「非認知スキルの高め方」（２０１５年10月24日号）『週刊 東洋経済』（特集：「教育」の経済学）東洋経済新報社
保坂展人（1996）『ちょっと待って！　早期教育』学陽書房

本田由紀（2004）「『非教育ママ』たちの所在」本田由紀編『女性の就業と親子関係』勁草書房
岩田美香（2000）『現代社会の育児不安』家政教育社
片山かおる（1998）『お受験』文藝春秋
小西祐馬（2016）「乳幼児期の貧困と保育──保育所の可能性を考える」『貧困と保育』かもがわ出版、25～52頁
松本伊智朗（2013）『子ども虐待と家族──「重なり合う不利」と社会的支援』明石書店
港区政策創造研究所（2014）『港区における子どもと子育て家庭の生活と意識に関する調査報告書』
無藤隆（1998）『早期教育を考える』ＮＨＫブックス
内閣府（2017）「平成28年社会生活基本調査　生活時間に関する結果」（https://www.stat.go.jp/data/shakai/2016/pdf/gaiyou2.pdf）
中山芳一（2018）『学力テストで測れない非認知能力が子どもを伸ばす』東京書籍
大澤晋平（2008）「子どもの経験の不平等」『教育福祉研究』第14号、1～13頁
ポーク重子（2018）『「非認知能力」の育て方──心の強い幸せな子になる0～10歳の家庭教育』小学館
斉藤茂男（1994）『お子さま戦争』草土文化
汐見稔幸（1993）『子育てと健康シリーズ　このままでいいのか超早期教育』大月書店
汐見稔幸（1996）『シリーズ子どもと教育　幼児教育産業と子育て』岩波書店
渡辺秀樹（1994）「現代の親子関係の社会学的分析──育児社会論序説」社会保障研究所編『現代家族と社会保障』71～88頁

第11章
貧困対策における保育の再定位に向けて
——家族のライフコース、労働とレジリエンス

…萩原久美子

1　社会的空間的レジリエンスとしての保育の場

（1）貧困対策と就学前支援政策

貧困対策として「保育所」機能に関心が集まっている。低所得や貧困状態が子どもの学力や健康など発達面で好ましくない影響を及ぼすことから、貧困の世代的再生産を回避するうえで質の良い就学前教育保育や就学前支援が重要であることは国際的に認知されている（OECD 2001, 2006＝2011）。日本においても、子どもの発達への影響と課題を同定する目的から、保育所という場に着目しての養育期の貧困実態調査が蓄積され（小西 2015；中村 2015）、貧困対策という観点から保育、保育所の重要性が改めて提起されている（秋田・小西・菅原 2016）。

貧困対策における就学前支援には主として2つの観点からの政策的アプローチが提起されてきた。1つは社会的投資アプローチ、もう1つはソーシャルワークアプローチである。社会的投資アプローチは福祉を「投資」ととらえ、知識基盤型経済へと転換する社会への対応として位置づける。生涯にわたる教育・技能訓練を通じて人的資本へ投資することで経済・産業構造の変化に適応しうる人材を育成するだけでなく、それら「投資」を受けた人材が労働市場に継続的に参加するための育児・介護といった就労支援サービスを提供することにも重点を置く（濱田・金 2018）。従来の年金・医療・失業手当・公的扶助等の現金給付型の貧困対応から、教育やケア供給といった社会サービスに財政投入することで貧困の回避と安定的な経済・社会活動の維持が可能になるという考え方で、就学前支援への積極的な公的資金投入に対する政治的社会的合意を引き出すうえでの有効なアプローチと目されている。

一方、ソーシャルワークアプローチは貧困層を含めた個別の困難ケースの受け入れ、調整、アセスメント、支援計画の策定、関係諸機関との連携を通じて、家族や子どものエンパワメントを促すとともに生活課題の解決を目指す。保育所については児童福祉法の1997年改正で相談・助言の機能が組み込まれ、2003年改正で子育て支援事業の法定化、さらに2008年の保育所保育指針の改定で保護者支援が盛り込まれている。現在は保育実践におけるソーシャルワーク技能の必要性や保育ソーシャルワーカーの新設・配置も提起されている（保育ソーシャルワーク学会編 2011）。

しかしながら、日本においては、この2つのアプローチがその根幹においてまったく位相の異なる政策へと向かう可能性もはらんでいる。2013年、「子どもの貧困対策の推進に関する法律」（子どもの貧困対策法）を受け、「子どもの貧困対策大綱」（2013年）が策定された。大綱は「貧困の世代間連鎖を断ち切ること」を重視し、「将来を支える積極的な人材育成策」を政策領域として設定した。そこでは幼児教育の無償化や幼児教育の質の担保を「子どもの将来がその生まれ育った環境によって左右されることのない」条件としているが、就学前の教育保育を通じた不平等な経済社会構造の是正やその実施に関する公的な責任については明確化していない。実際、2015年から始まった「子ども子育て支援新制度」は制度理念上、「すべての子ども」を対象としつつも、その運営実態は規制緩和による保育産業の醸成と保育サービスの供給量増加にあり、子どもや子育て家族にとっての平等なスタートを保障するものにはなっていない。加えて日本では、「育児は親がすべきもの」といった家族による福祉代替（家族主義）に依存する一方で、福祉など様々な政策が経済成長という政策目標に従属しやすい傾向をもつ▼1。そのような「生産主義的福祉資本主義モデル」（Holliday 2000）の経路依存のもとでは、就学前教育保育は将来の「優秀な労働力」「一定の購買力を保持する消費者」の育成といった生産至上主義的文脈に直結しやすい。

また、貧困対策大綱は「体系そのものが家族主義的な性質」（湯澤 2017：32）をもち、「保育所」はもっぱら保護者が育児における責任を果たすための家庭教育支援の場、就労促進の場として把握されている。母親の養育のあり方や家族の養育責任を問題化することで、「子どもの貧困」を貧困問題としてではなく、親の自助努力の問題として個人化する新自由主義的な社会的合意を導出していくのである。その過程において、ソーシャルワークアプローチが「子育て支援」「保護者支援」「家庭教育支援」という名の下に「あるべき養育」からの逸脱の監視の方策として利用される懸念も生じる。

以上の問題意識から、本章の目的はいったん「資本」「投資」「支援」といった社会的投資アプローチ、ソーシャルワークアプローチの言説から離れ、生産至上主義的空間、監視空間として回収されることのない反貧困における保育所の機能を提示することにある。着目するのは、子育て期にある家族が様々なライフイベントに適応しながら家族としての生活過程を平準化し、再統合していく過程と、そこで保育所が果たす機能である。家族は「保育所」をどのような経験として理解し、また、保育所はどのような保育集団の形成と組織マネジメントをもって子育て期の家族の生活過程に「保育」を織り込んでいくのか。保育所でのインタビューおよび参与観察をもとに記述、分析する作業を通して、保育所を子育て期の家族と保育集団とが共に社会的空間的レジリエンスを生み出す場であると主張する。

（2）分析の視点——ライフコースにおける子育て期のリスクとポスト工業社会の貧困化プロセス

レジリエンスとは一般には弾力性、復元力、回復力と訳され、何らかの外的な作用を受けた後も、その機能や構造、アイデンティティを回復しうる力のことを指している。その概念は広く応用され、大災害、自然環境の変化、経済破綻、グローバル化などの変動に対して、社会、組織、システムがリスクや変動に適応しながら柔軟に流動的に目的を達する力を言う（Zolli & Healy 2012＝2013）。たとえばシステムが「予見されていた条件に加えて予見されていない条件下でも、求められている動作を継続する」（Hollnagel. et.al. 2006＝2012：v, 18）といった工学系の定義に見られるように、現代社会における様々な変動に対応するための共通課題として領域横断的に論じられている。

もっとも、このレジリエンスの概念を原状回復としてとらえれば、貧困を生み出すような社会経済体制の現状肯定につながり、構造的な不平等の変革にはつながらないという批判もある。この批判的検討を踏まえたうえで、都市社会地理学者のデュヴァタイルはホームレス研究の知見をもとに、都市再開発とグローバル資本の流入のもとで進められるホームレス排除に対して、ホームレス支援団体の拠点がホームレスの生存を保障する社会的空間的なレジリエンスとなっていることを明らかにしている（DeVerteuil 2015）。つまり、レジリエンスは元ある状態に戻るという意味だけでなく、耐えがたい状態に対する抵抗と創発的で主体的な営みであり、社会変革へと開かれた概念であると再定義する（DeVerteuil & Golubchikov 2016）。本章において保育所を社会的空間的なレジリエンスとして把握する視点もこれに重なる。

また、子育て期は家族にとって、また個人のライフコースにおいて、貧困に陥りやすい時期にある▼2。子育て期にある家族、女性は結婚、離婚、妊娠・出産などのライフイベントだけでなく、離職、復職、再就職など社会的、経済的、文化的変動を同時多発的に経験する。子育て期とは母親や家族のライフコースにおいて、そもそも貧困化にいたる困難が累積する動態的な過程である。ところが、日本では母子世帯の貧困率の高さに代表されるように、家族関連の社会保障や税制等において子育て期の家族への所得再分配がほとんど機能しないことが指摘されている（OECD 2008）。

さらに現代の子育て期の家族はポスト工業社会における社会変動の影響を直接受ける世代でもある。セルジュ・ポーガムは貧困を「困難がしだいに蓄積するプロセス」（Paugam 2005＝2016：81）と把握し、ポスト工業社会における貧困を特に「降格する貧困」と類型化する▼3。不安定な雇用が増大し、そこから実際に「転落」する形で困窮していく現象のことである。そこでは社会の構成員が共通して、労働市場参入への困難、弱い社会的紐帯、扶助受給による自己無価値観といった「排除」のリスクや不安を抱える貧困のあり方である。このポーガムの類型を引きながら、岩田正美は日本での90年代以降の「失われた20年」の貧困のありようを経済成長の過程で生じた生活保護集中地区などのマージナルな貧困が解消されないままに、「不安定が深化するプロセス」として把握する（岩田 2017：318）。

このように考えれば、現代の子育て期の家族は病気や失業による所得喪失といった「伝統的な社会的リスク」と、ポスト工業社会への移行にともなう地域の産業構造の変化や不安定な雇用の拡大に代表される「新しい社会的リスク」が重層的に蓄積していく過程を生きていると言える。以下、大都市圏の保育所調査をもとに記述を進めていく▼4。福祉国家の矛盾や産業構造の変動が形を変えながらも暮らしの困難として継続してきた地域で、地域経済（労働市場）からの圧力（生産領域）と、子育て期のリスク（家族・再生産領域）とのインターフェイスにおいて、保育所がいかなる形で子育て期の女性、家族にとってのレジリエンスを生み出しているのか。まずこの点に着目する。

2　家族のライフイベント経験——就労、稼得、養育

(1) 地域の産業、就業構造と保育所

大都市圏の工業集積地の一角に、A保育所(認可・社会福祉法人立)はある。小さな町工場と住まい、個人商店と住まいという職住一体型の町並みに、周辺地域の工場・商店へ通う従業員や都心部に通勤する人たちが住むマンションや長屋建て住宅が混在する。この一帯には金属機械、プラスチック・ゴム関連の製造業を中心に、従業員30人未満の小・零細事業所が集中する。大きな商店街には飲食・食品、衣料品を扱う個人商店が連なる。工場、商店のほとんどは家族経営を基盤としており、その労働力には、妻あるいは嫁である女性が家族従業者として組み込まれてきた。

このランドスケープは戦後復興期から高度成長期へと、この地域の工業集積が密度を増す過程で形成されてきた。それは今なおこの地域に「昔ながら」の暮らしがあるということではない。プラザ合意(1985年)後の円高不況によって生産拠点の再編と製造業の国外流出が本格化し、倒産・廃業が進んだ。2010年には、この地域の自営業者数は1985年の半分に、家族従業者は三分の一に縮小し、雇用労働者が主流となった(表1-1)。1985年半ばまで製造業に全雇用者の男性の50%、女性の40%が従事していたが、2010年には男性約25%、女性約17%へと減少し、卸・小売、医療・福祉、飲食サービス業が中心となった(表1-2)。

外国籍の人たちの多住地域でもある。戦前の軍事工業の拡大強化の過程で、この地域には旧植民地から

表2　A保育所の利用者層

定員（人）	120
生活保護／住民非課税世帯	53%
一人親世帯（母子）	21%（19%）
外国籍（在日韓国・朝鮮籍）	44%（39%）
障がい児	3%

注：定員は在籍児童実数ではない。各割合は在籍児童数に対するものであって、世帯割合ではない。

M. 公務ほか	N. 分類不能の産業
1.0%	0.1%
0.4%	0.2%

L. 学術研究，専門・技術サービス業	M. 宿泊業，飲食サービス業	N. 生活関連サービス業，娯楽業	O. 教育，学習支援業	P. 医療，福祉	Q. 複合サービス事業	R. サービス業（その他）	S. 公務	T. 分類不能の産業
2.3%	6.1%	2.9%	2.1%	3.9%	0.2%	6.1%	1.1%	12.2%
1.9%	9.1%	4.6%	3.1%	16.8%	0.2%	4.5%	0.5%	12.5%

来た、いわゆる在日韓国・朝鮮人のオールドカマー層が形成され、80年代後半からはアジアからのニューカマーも定住している。高齢化が進む地域でもある。製造業が大きく伸びた1960年代をピークに、20代から40代の社会減が続き、高齢化率が上昇した。65歳以上のみの世帯が一般世帯総数の4分の1を占め、その約6割が単独世帯となっている。一方、18歳未満の子どもをもつ世帯は一般世帯総数の約6分の1で、9割近くが核家族である。

　こうした社会経済の変化の過程で、この地域には様々な貧困の要素が重層的に埋め込まれてきた。小・零細事業所の脆弱な経営基盤と比較的安価な労働力の調達は事業主、従業員それぞれの生活基盤の脆弱さに結びつく。民族差別や外国籍による不利益や社会保障をはじめとする諸権利からの排除もある。生活保護率は全国平均のみならず、当該地域を抱える自治体平均をも常に上回ってきた。高齢者世帯の保護数の増加に加え、90年代初頭のバブル崩壊を経て2000年代以降は失業あるいは求職活動中に生

表１－１　A地域の従業上の地位別就業者の変化

	雇用者数	自営業	家族従業者
1985	64.6%	22.1%	13.3%
2010	72.4%	14.0%	5.5%

出所：国勢調査（各年）。

表１－２　A地域の産業別就業者割合の変化（参考）

(1985 年)	E. 建設業	F. 製造業	G. 電気・ガス・水	H. 運輸・通信業	I. 卸・小売，飲食	J. 金融・保険業	K. 不動産業	L. サービス業
男性	7.2%	44.7%	0.3%	5.7%	26.1%	1.5%	1.3%	12.1%
女性	1.5%	39.2%	0.1%	1.3%	34.7%	3.8%	0.9%	17.7%

(2010 年)	D. 建設業	E. 製造業	F. 電気・ガス・熱供給・水道業	G. 情報通信業	H. 運輸業，郵便業	I. 卸売業，小売業	J. 金融業，保険業	K. 不動産業，物品賃貸業
男性	8.4%	25.3%	0.3%	2.2%	6.8%	16.5%	0.9%	2.8%
女性	1.7%	17.3%	0.0%	1.4%	1.3%	20.1%	2.7%	2.1%

注：産業分類が変更になったため、1985年と2010年ではデータには連続性が失われている。
出所：国勢調査（各年）。

活が困窮して保護に至る「その他世帯」も増加している。

A保育所の利用者構成（表2）は、このような地域の社会的経済的状況をそのまま反映している。

（2）子育て期におけるライフイベント経験――母親と家族

この保育所を利用する母親と家族のライフイベントに着目しながら、この地域での子育て期の経験を見ていこう。

調査時点でA保育所を利用する母親の中心は1970年～1980年代生の30代から40代前半である。JGSSデータのライフコース・パネル調査によれば、この世代の女性の初職における非正規雇用割合はそれ以前の世代に比べ格段に高い。1960年代後半層が9・2％なのに対し、1970年～1975年生では12・8％、1976年～1980年生においては19・3％へ上昇している（伊達・岩井ほか 2015）。この世代では、就業率がいわゆる育児期を谷とするM字型カーブからは脱しほぼ台形を描

表３　保護者の従業上の地位（乳児クラス）

	母	父
1	雇用者（パート・事務職）	雇用者（正・金融保険）
2	雇用者（パート・飲食サービス職）	雇用者（正）
3	家族従業者	自営業
4	雇用者（パート・飲食サービス職）	雇用者（正）
5	雇用者（パート・事務職）	雇用者（正・生産工程・労務）
6	雇用者（正・福祉職）	雇用者（非正規・販売）
7	雇用者（正・福祉職）	無職
8	無職	雇用者（正・生産工程・労務）
9	雇用者（パート・事務職）	雇用者（正・生産工程・労務）
10	雇用者（正・福祉職）	雇用者（正）
11	雇用者（パート・販売職）	雇用者（正・通信運輸）
12	家族従業者	自営業

くものの、その職業経歴の不安定さが増しているのである（岩井 2010）。男性についても1975年生までの年齢層では正規職での就労が維持されるが、1976年〜1980年生では初職の非正規雇用割合が高く、高卒では特にその後の転職回数が増加することが指摘されている（岩井 2010）。しかも、この世代は1996年から2015年にかけての現金給与総額（名目・実質）の伸び率がマイナスになる時代に子育て期を迎えているのである。

A保育所の保護者を従業上の地位で大別すると、自営業（家族従業者含む）約3割、雇用者約7割の構成となっている。きょうだいでの利用が多く、利用者全体の雇用上の地位等の数値が重複するため、乳児クラスを例に世帯の職業構成の傾向を示すと、父親・正規職、母親・パートの組み合わせが多く、いずれかが無職のケースもある（表3）。ただし、これは年度当初の時点のものであり、先述したようにこの年齢コーホートの特徴としても、この地域における傾向としても従業上の地位や職種が子育て期を通じて安定的に維持継続されるわけではない。

表4は、インタビュー対象となったA保育所の母親（国際

表４　インタビュー対象者の結婚から現在までの家族、就労等に関するライフイベント

（ ）年齢	最終学歴	職業（本人）	職業（夫）	子ども数（産休／育休）	保育料	0（結婚）年目	1年目	2年目	3年目	4年目	5年目	6年目	7年目	8年目	9年目	10年目	11年目	13年目
A (38)	短期大学（留学）卒	事務（非常勤）	自営	3人（－/－）	非課税	派遣社員／夫（無職）		夫・就職（会社員・正職）		妊娠により退職（派遣社員）	第一子出産	夫・独立、貿易事務担当	第二子妊娠、第一子幼稚園へ	第二子出産	第三子妊娠、第二子を保育所へ	第三子出産、第三子（一時保育へ）	第一子小学校へ、第二子・第三子保育所へ	夫・自営経営悪化／本人：再就職（非正規）
B (40)	高卒相当	保育士（派遣）	会社員（正規）	3人（3/2）	○	会社員（正規）／夫・会社員		第一子出産、第一子保育所へ		不妊治療のため職場休職		第二子妊娠・出産、退職、保育士資格取得	第二子保育所へ、保育士（派遣）として再就職	第三子出産		第二子手術	派遣で保育士として就労開始	
C (42)	専門学校修了	福祉職（正規）	教員（非正規）	4人（4/1）	○	福祉職／夫・教員（正職）		夫・自宅療養、第一子出産	育児休業取得・職場復帰、第一子保育所へ	夫独立（自営業）失敗、再就職不調	第二子出産（育休２か月）、復職。第二子保育所へ		第三子出産（産休）、復職。第三子保育所へ			第四子出産（産休）復職、第四子保育所へ。夫・病気療養	副業（介護ヘルパー）開始	
D (40)	高卒相当	自営業（パート）	自営業	3人（1/1）	非課税	会社員（正規）／夫・飲食店勤務		第一子出産（産休、育児休業４か月）、復職、第一子保育所へ		双子妊娠、退職	父逝去、出産	夫・独立、自営業（飲食店）						
E (37)	大学卒	建築士（自営業）	建築士（自営業）	1人（－/－）	○	自営業／夫・自営業		第一子出産、保育所へ（生後６か月）										
F (39)	高卒	自営業（家族従業員）	自営業	2人（－/－）	非課税	結婚、第一子出産	新店舗経営	第一子保育所、休日保育、一時保育週２回利用			第二子出産		第一子小学校入学					
G (40)	専門学校修了	調理師（パート）	会社員（正規）	2人（－/－）	○	結婚（夫、会社員）、妊娠後退職	第一子出産			第二子出産	第一子、第二子保育所入所、再就職		正社員への転換打診	第一子小学校入学／夫勤務先経営不振				
H (29)	専門学校修了	自営業（家族従業員）	自営業	2人（－/－）	非課税	結婚、第一子出産	第一子保育所入所			第二子妊娠	第二子出産	第二子保育所入所、第一子小学校						

結婚2人、外国籍2人）とその家族のライフイベントを、結婚を起点として各年でまとめたものである。いずれもインタビュー時点でA保育所の利用歴は4年以上で、自営業1人、家族従業者3人、雇用者4人（うち非正規雇用3人）である。

まず、結婚からの約10年間を見ると、結婚・出産後、きわめて短期間に母親、家族のライフイベントが次々に発生し、時間的経済的資源の獲得戦略の見直しを迫られていることがわかる。妊娠・出産による退職（就労中断）を経験した母親は6人、再就職・転職（家族従業者を含む）を経験した母親は6人、病気・治療を経験した母親は2人、夫の転職を経験した母親は4人、夫の失業・長期の病気を経験した母親は1人、子どもの長期にわたる病気を経験した母親は2人である。

自営業、家族従業者が半数を占めることも影響しているが、出産時点で雇用者であったケースも含め計20件の出産件数に対し、産休利用は7件、育児休業利用は4件にとどまる。政府は1990年代以降、出産後は産休・育児休業を取得し、復職した後は短時間勤務制度を利用しながら働き続ける「一事業所一貫継続就労型」の両立支援を推し進めてきたが、ここではそうした正社員型両立コースはまったく主流ではない▼5。

（3）不安定化が深化するプロセスと交差するリスク——緩衝材となる母親

「失業」「疾病」という伝統的な社会的リスクによって特徴的に跡づけられるのがCさんのケースである。Cさんの初職は非正規雇用だったが、福祉施設の正規職員へ転職し、教員の夫と結婚した。結婚当初は、経済的資源は安定していた。しかし、第一子の産休中に夫が疾病により自宅療養の生活となった。その後、夫は職場復帰せず自営業として生計維持を図ることになったが、不調に終わり、第二子、第三子、第四子の出産と平行して、夫は発病、失業と非正規雇用を反復した。
「私の手取りが20万円ぐらい。夫はゼロの月も続くし、貯金もないし、住宅ローンを2、3か月待ってもらってとにかくお米だけは買う」という状況で家計は逼迫《ひっぱく》した。夫が回復するに従い、家事・育児を引き受けるようになったことや、調査時点では夫が非正規職ながら教員に復帰、Cさんも新たにヘルパーの仕事を増やすことで「本当に一時は左手で車椅子、右手でベビーカー」という不安な状態をようやく脱した。

高スキル・高学歴であっても「降格」の不安から逃れている様子はない。Aさんは留学後、日本で正社員職の採用がなかったため、大手メーカーで派遣社員として海外広報などを担当していた。学生だった外国人男性と結婚をし、夫が会社員になり経済的に安定したことから第一子を妊娠、Aさんは就労を中断した。その後、夫が貿易事業を立ち上げることになり、語学や事務面での事業サポートをしつつ家事育児を全面的に引き受けることになった。しかし、経営は順調ではなく「どうがんばっても非課税になるような所得にしかならない」状態の中で、リーマンショックの影響も重なり、Aさんは「正社員採用はなくて非正規なんですが」語学を生かせる事務職に再就職し、フルタイムで働き始めている。

起業したばかりの個人事業主は絶えず「転落」の危機感と隣り合わせとなる。もはや経済成長の時代ではない。がんばっても「安定」や「家族の暮らし」が遠ざかる徒労感を建築士のEさんは感じている。「昨日なんか、夫は午前2時半に帰ってきて、5時にはもう現場に出て行きました。私も自分の物件がばたばたして実家に子どもを預けて夜11時まで図面を引いて。これでも赤になるんです」。新人時代、建築事務所に勤めていたが、厳しい受注競争の中で、終電まで働いて手取りは12万円。体を壊し独立を決めた。「夫は受賞もしているし、2人とも資格を取ってがんばってきたんです。でも、2人あわせて年収600

万円程度。それぞれ年収300万円の仕事で雇ってもらったほうが一緒にご飯食べて笑ってという暮らしになるのかな。でも、それもやっぱり違うなとか」。

この不安には夫の転職という、時間的経済的資源の変動も関わっている。本調査ではAさん（会社員から貿易）、Dさん（会社員から飲食店経営）、Eさん（会社員から設計事務所）はいずれも自営業への転換である。同じ自営業でも、親世代の家族経営の商店を引き継ぎ、地域を主要な商圏とするケース（Fさん、Hさん）では商圏の衰退と高齢化による購買力の低下という厳しい条件下での困難を生きる。「商店街に買い物に来る人はもう毎年毎年、減っています。安いものや小物しか売れなくなって、まかされている店の利益は年間400万円あるかどうか。多分、暮らしは人並みに見えると思うんですよ。でも、私の給料はないし、国民年金も夫の分は払っていますが私の分は無理。滞納してます。本当に厳しくなったら働きに出るつもり」（Fさん）。

サラリーマン世帯でも「人並みの生活」を維持するための、割に合わない労働のありようが見られる（Bさん、Gさん）。調理師免許をもつGさんは2人目出産後、保育所の調理師（パート）として再就職した。「夫の給料は手取りで月34万円」というGさんの再就職は「やりがい」を求めての再就職とも見えるが、「夫の給料が年々下がってボーナスもなくなって。年収だと100万円以上減っています。家のローン12万円、保険とかが5万円、車のローン5万円。光熱費、食費……」という事情がある。「保育料は私の給料から。保育料（約5万円）で半分なくなるので、何のために働いているのかと思いながらも、やっぱり私の数万円が必要なんです」。週5日午前7時半〜午後3時45分（7時間45分、うち1時間休憩）ないし午前9時〜午後4時45分（6時間45分、1時間休憩）の労働から捻出された数万円の使い道は保育料と「子どもの服や夫のシャツ」である。

子育て期のイベント経験は経済的資源の減少やその獲得戦略の変更、家族への時間的投入の変化をもたらすが、その変化やライフイベント経験後の暮らしの再統合過程の調整は母親にふりかかる。しかも、母親は経済的時間的資源の戦略変更にさほどの選択肢をもたない。ケアの時間的資源確保のために就労を制約するか、それができなければ自分の親族を部分的に動員する。あるいは家族経営の無償ないしは安価な労働力に組み込まれ、経済資源獲得のためパートあるいは派遣として雇用労働力化するのである。

3 レジリエンスの創出過程──保育体制と家族生活の再統合化

(1) 保育組織のマネジメント──安全装置としての「遊び」

子育て期のイベント経験後の経済的資源の減少や経済的時間的獲得戦略の変更、家族への時間的投入の変化に対し、保育所はどのように関わっていくのだろうか。子育て家族がイベント経験を受け止め、その生活を再統合していく過程に、A保育所はどのような体制で臨んできたのだろうか。

A保育所は、通常保育に加え、障害児の積極的な受け入れでも知られる。延長保育（午後10時まで、夕食あり）、休日保育、一時保育、ひろば事業を実施する、いわゆる「多機能型保育所」である（表5）。「なぜ、ここまでして子どもを受け入れるのか。それはこの地域はしんどいからです。利用者の半数強が生活保護・非課税世帯なわけですよ。子育て専業ではいられない。パートで働く。突然、仕事を始めることになる、父子家庭になる。保育所に入るべき子ども、家庭が入らなければ（私たちも）困る」（園長）。

そのために厚みのある職員体制、特別保育事業の複数実施、年齢別ではなく縦割りによるクラス編成によって保育組織に「幅をもたせる」（園長）。表6-1、表6-2は保育所の職員配置である。保育所定員

表５　特別保育事業と利用者数（児童数・延べ）

	実施日	時間	年間利用者数	生活保護・非課税世帯
延長保育	月〜土	午後６時から午後９時 （土：午後７時）	1831	42.6%
一時預かり	月〜土	午前８時から午後６時	2009	46.3%
休日保育	日祝	午前８時から午後６時	1072	75.8%
つどいの広場	日〜木・金隔週	午前９時から午後２時 （金、午後、夕食会）	——	——

表６－１　職種別での職員数（実数・人）

	合計	常勤（正規）	常勤（非正規）	短時間パート	公定価格基準での職員配置＊
園長	1	1			0.9
主任保育士	5	5			1.0
保育士	28	15	8	5	12.3
保育助手	6		1	5	−
栄養士	2	1	1		−
調理師	1	1			2.0
調理助手	1		1		−
事務員	1	1			1.0
合計	45	24	11	10	17.2

注：保育士数には育児休職取得中職員1人を含む。
　　国・自治体からの補助金額を決定する際に基準とする職員数（常勤換算）。

表６－２　クラス別での保育士配置（実数・人）（年度末）

	０歳	１歳①	１歳②	縦割り①	縦割り②	縦割③	年齢別での職員配置（国基準）
0	12						4
1		11	11				3.6
2		10	6	3	3	2	4
3				10	8	8	1.3
4				10	13	10	1.1
5				8	7	9	0.8
担任数	4	4	3	3	3	3	15.1

120人に対し職員数は45人、保育士は主任を含め33人、保育助手を含めると全体で40人（うち正規20人）となっている。全国保育協議会の2016年の調査結果では、一施設あたりの平均児童数（現員）平均95・7人に対し、平均職員数は21・6人（うち保育士19・1人・保育助手1・4人）、主任保育士の平均人数は1・4人である（全国保育協議会編 2017）。特別保育事業への職員加配があるとしてもA保育所はこれを大きく上回る。特に目を引くのは国の公定価格（運営費）では1人分しか出ない主任保育士を5人配置していることである。加えて、担任をもたないフリー保育士が8人おり、各クラスは3人担任制を採用する。

開所日は1月1日を除く年間364日で一般的な私立保育所の295・3日（2015 保育所の経営分析参考指標）を大幅に上回る。一時・休日保育、集いの広場など複数の特別保育事業は保育所と子育て期の家族とを結ぶ多元的な接続装置であり、この地域の家族に対する「いつでも保育所は利用できる」という旗印でもある。これが「保育所が対応していく時の柔軟さ」（園長）を生み出す。休日保育を利用する生活保護・非課税世帯の多さもさながら、「これはしんどい、となれば一時保育で受け」、必要な場合は「1歳児クラスと読み替えて待機児童を受け入れる」。

縦割り保育（2歳〜5歳）は異年齢の子どもたちが互いに学び合う保育実践であるだけでなく、クラスの児童数編成に「幅」をもたらす。年齢別クラス編成であれば最低基準（従うべき基準）で定められた保育士一人が受けもつ数を上回る子どもは受け入られない。しかし、縦割り保育であれば3人担任制のもとでの全体のバランスで受入数を柔軟化できる。主任を含めフリー保育士8人という職員の「幅」が効いてくる。

園長のいう「幅」とは工学概念でいうところの「遊び」（Play）と言い換えてもいいだろう。この場合の「遊び」とは、機械設計において自動車のハンドルのように急激な力が及ぶのを防ぐため、部品の結合にゆとりをもたせたり、線路の継ぎ目のように、物と物との接合部にゆとりを設けることでゆがみを減少させたりすることである。これは単に「ゆとりがある」「余裕をもたせる」ということではない。機械やシステムにとって必要な安全装置のひとつとして組み込まれているものである。厚みのある職員体制、多元的な特別保育事業、縦割りによるクラス編成は安全装置としての「遊び」を組み込んだ組織設計であり、「無理がない」「職員が疲弊しない」「しかし、保育所として待機児童を受け入れる」（園長）ことが可能になる。

反面、公定価格での職員配置の算定基準よりも職員数が多いため、A保育所の事業費支出に占める人件費割合は平均的な私立保育所（定員60人以上）の71・7％（2015 保育所の経営分析参考指標）を上回る80％台へと押し上げられている▼6。労働分配率も97％と、平均的な私立保育所の93％（2015 保育所の経営分析参考指標）を上回っており▼7、事業費、事務費だけでなく、施設整備積立金や退職引当金等を切り詰めて運営をやりくりしている▼8。「定員区分と保育所全体としての収支をにらみながらのギリギリの調整ですよ」（園長）。

その結果、保育士の月額給与は額面で20万円から25万円、年収300万円台となるが、A保育所の正規保育士の離職率はきわめて低い。約半数が勤続年数10年以上の職員で占められ、職員の年次有給休暇の消化率は95％を超える。「給与の面ではどうしようもないところがあります。その分、職員には決められた分は休んでもらう。いい保育をするためには保育士が遊ぶ時間を作らなくてはならない。研修にも必ず行ってもらう」（園長）。つまり「遊び」のある職員体制が保育士の研修や休暇をカバーし、結果的に保育組織が安定的に維持される。地域の経済的社会的文脈に自覚的に取り組もうとすれば厳しい財務状況に直面せざるを得ないが、その制度的制約のもとで皮肉なことに、保育組織の維持に最も必要な条件があぶりだ

表7　保育士のプロフィール

			担当	年齢	保育士歴（計）	A保育園での勤続年数（計）	中断理由	婚姻歴	（子ども）
主任保育士A	女性	正規	多機能	50代	27年	25年	企業勤務	あり	あり
主任保育士B	女性	正規	シフト・通常保育	50代	25年	16年	配偶者の転勤	あり	あり
保育士A	女性	正規	担任（1歳児クラス・リーダー）	40代	20年	20年（短時間保育士期間含む）	育児専念	あり	あり
保育士B	女性	正規	担任（縦割り・2〜3歳リーダー）	30代	12年	12年	なし	なし	なし
保育士C	男性	正規	担任（ゼロ歳児クラス）	30代	11年	11年	なし	あり	あり
保育士D	女性	正規	夜間・休日保育	30代	14年	14年	なし	なし	なし
保育士（E）	女性	非正規（常勤）	担任（1歳児クラス）	20代	2年	2年	なし	なし	なし

される格好となっているのである。

（2）保育の「閾値《しきい》」設定——保育集団の揺らぎと主任保育士

子育て期の経済的社会的変動の中にある地域の子どもをなんとしても受け入れる。その方針のもとで、保育士集団はいわゆる「子育て支援」「就労支援」という平板な言葉ではつかみきれない次元に日常的に遭遇することになる。着替えをもってこない。朝食を食べさせない。親が朝、起きてこない。心配な子どもを保育士が家まで迎えに行くこともある。「ここまで保育士がする必要があるのか」「学校へ行ったらどうするのか」。率直に給与水準の低さや残業の多さを口にしつつ、時に若手の保育士から異議が出る。「これが保育なのか」。

こうした保育集団の揺らぎに対して保育の「閾値」を判断し、現場の保育集団を方向づけていくのが主任保育士たちである（表7）。一時保育など多機能保育を担当する主任保育士Aは「一時保育であってもこの保育所はただの預かる場所ではない。ここは親がしんどいと言っていい場所。時間決めの託児施設ではない責任がここにはあると伝えています」。通常保育の主任保育士Bも言う。「小学校へ入った後のことを言うなら、そのための今だと。食べてきていないならこっちでできることがある。ご飯を食べてくる時もあるし、親のせいにしてはいけない。お母さんは変わる。そういうふうに言いますね」。

5歳児には炊飯器の使い方を教え、お昼に自分たちで炊いたご飯を食べる。親が仕事でいなくても、もしネグレクトの状況になってもお米さえあれば自分で食べるスキルを身につける。通常保育だけでなく、一時保育をし、延長保育をし、休日保育をし、「保育制度」という枠の中で、どうにか親子の生活を維持させたい。貧困世帯など気になる家族、虐待やDVが疑われるケースは行政の保育課、児童相談所と連携を取り、見守る。しかし、「最後の最後は私たちが引き取って親になれるわけでも全部代わることもできない」（主任保育士B）。364日の保育実践をもってしてもなお保育の枠では受けとめきれない親子がいる。それが経験として得た、また、実際の親子を前にした時の保育の「閾値」である。

中堅保育士、若手保育士は「お母さんがもういっぱい、いっぱいだというのはわかるんです。家が安心できる場になってない人もいます」（保育士A）と理解しつつも、「（親の子育てに）白黒つけないいしんどさ」を親とのコミュニケーションの中で感じる。その一方で布団や着替え、歯ブラシなど保育所への持ち物をそろえるよう「保護者に伝えることは伝える」という保育をどう両立できるのか。保育士歴12年目の保育士Bは悩む。「でも、がんばってお母さんが子どもを連れてきてくれた。お母さんが自分でやってくれた。『おかげで子どもがすごく楽しんでたよ、ありがとう』って伝えることで、あとは親を信じるしかないのかな」。

そんな保育士たちの逡巡《しゅんじゅん》や保育での気付き、たわいないできごとが「保母室」と呼ばれる会議室兼休憩室で時に交わされる。広い大きな古いテーブルを囲んで、縦割り保育士担当のリーダー保育士たちが指導計画の話をし、その横で書類の整理をしながら主任保育士がなんとなく聞いている。お昼寝の時間、1日の保育が終わった後、若手・中堅保育士たちが雑談する。園でのケース会議もある。「お互いに目の前の子どもに全力を尽くしているのがわかる」（保育士C）。保育集団として保育を作り上げている感覚を分かち合える。それが保護者とのコミュニケーションの自信ともなり、保育の「閾値」を徐々に理解していくのである。

（3）空間的資源と時間的資源のマネジメント

結婚、妊娠、出産というライフイベントによる変化や家族のライフイベントの発生によって子育て期の家族の生活は揺らぐ。しかし、その過程で保育所が提供する空間的資源に、親は生活を平準化するため機能を見い出す。「私は門から（園舎までの少し距離のある）アプローチがいいなと思いますね。何かそこで切りかわる感じがありますね。嫌なこととか悶々《もんもん》したことがあっても保育所に助けられている。生活に戻るっていうか」（Eさん）。園舎までのアプローチ、園庭、踊り場、保育スペース。親にとって職場から家庭へ、家庭から職場へと「スイッチを切り替える」空間である。少し座り込んでぼーっとすることもあれば、「もう帰るよ、と言いつつ、園庭で子どもが遊んでいるのを見ながら一緒になったお母さんとちょっとしゃべって」「今日の着替えや汚れものを片付けながら、先生と家でこんなことあって、と話をする」「その5分、10分が、ほっとする」。

結婚、妊娠、出産というライフイベントにともなう帰属感の揺らぎや与えられた「役割」から解放される場でもある。「親の世代からの自営なんで、やっぱりお母さん（義母）が絶対。商店街のコミュニティもがっちりあるから、休日ひとつ、外出ひとつ、そうそう簡単ではなくて。だから、保育所のお迎えは楽しみなところもあります。知り合ったお母さんが店の前を通りかかって声をかけてくれるのもうれしい」（Fさん）。

その空間から生まれた親同士のコミュニケーションを通じて親が変わり、コミュニティが生まれていく。保育所側はそれを見守る。この地域に結婚でやってきたHさんは「ネットでママ友を探して遊びに行ったりしたけど無理をしてた」。そのHさんが保育所のお迎えの時間に少しずつ他の母親と顔見知りになるのを見て園長は「保護者会の役員にならないか」と声をかけている。Hさんは「ちょうど、もう少ししっかりしないと考えていた時だったので」と自然に承諾している。

園舎までのアプローチ、園庭、踊り場、保育スペースという「広場」で生まれたコミュニティは「子どもをちょっとお願い」という関係や親子での夕食会、ささやかな息抜きの「月一飲み会」の開催へと発展していく。飲み会で親が顔を赤くして迎えにくる、延長保育を利用することもある。

「最初はえっ、と思ったんですよ。でも、これもありかなと思うようになった」（保育士A）。保育士D（夜間・休日保育担当）も「リフレッシュできてお母さんが明日から子育てがんばろうと思えるというなら、それができる環境にこの園はある。夜間は保育士の配置に限りがあるので、事前に言ってくださいねとはお伝えしています」と言う。連絡が取れない、子どもにしわ寄せがきているという場合、「お母さん、それはやり過ぎだ」「それではだめだ」とはっきり告げられる人間関係に確信をもつ。

「今日は飲みに行く日ですね」「行ってきます」と出かけ、帰ってきたら親たちは「ありがとう。すごく楽しかった」と返す。「そんな関係がある」（保育士D）ことに母親は安心する。母親の「時間」には家族の時間や労働の時間など、その母親が引き受ける様々な社会関係の束が埋め込まれている。保育所はその母親の「時間」を理解してくれているという安心感は特に子どもの病気という経験において特徴的に語られる。

「子どもが熱を出しても待ってくれた」という言葉は「何でもしてくれる便利な保育所だ」という意味

ではない。「子どものため」「病気の時ぐらい」というアプローチが通用しない、職場でのギリギリの局面を保育所がわかってくれているという意味である。今は派遣保育士で働くBさんは研修中に2人目の子どもが入院、その後、電話で解雇を告げられた経験がある。Gさんは再就職活動のことを振り返る。「面接で、7か月の子どもがいるとわかったとたん、ああって、ペンを置くんです。もう何か所も何か所も」「採用決定後に断られたこともありました」。今の職場には「なんでもやります、やれます、できます」でたどり着いた。しかし、子どもの病気はその「なんでも」を試す。度重なれば仕事が回らない、入ったばかりの職場の仲間に甘えるわけにもいかない。

「就職しようと思ってもなかなか雇ってもらえないじゃないですか」（主任保育士A）。パートや派遣で働く母親が多い。「すぐに来てくださいと言える場合もありますが、いろいろ事情はある。お子さんの状況を告げて『連絡をとれるようにしておいてください』と。いつ来れそうかとか、早くとは言わない」（主任保育士B）。

福祉施設で働くCさんは「労働者としての時間をいただいている」と言う。病気の夫を抱え一家の稼ぎ手として働いてきた。「私のような立場だと、どんな職場であっても、ひとつ安定的に維持するのが重要なんです。そのためには産んでも妊娠してもすぐ帰ってくる、働く人だと認めてもらうしかない。子どもにも無理させるし、先生方もたいへん。でも、働かないと生活できない。それをわかってくれていることがひたすらありがたい」。

保育所は困難な経験の要因を除去し、貧困そのものを解決する場ではない。まして直接的な経済的援助の手段はもたない。けれども、親は保育所がもつ空間的、時間的資源を得てイベント経験後の生活の平準化の基盤や糸口を見出していく。安定していた社会関係や生活パターンが揺らいでも「この保育所がある」ことで、イベント経験後の変化を「生活」として再統合し、子どものいる生活を維持していくのである。

（4）保育機能のマネジメント——リスクの察知、多様性、生活の再統合

子育て期の家族が「次のステップ」へと踏み出すための「保育」を生活に織り込んでいく。リスクを予見し、その親子が必要とする場を今ある保育体制から引き出し、作り出していく。そのマネジメント力「（それは）カウンセリングとかソーシャルワークのスキル、知識ということになるんでしょうか。でも保育士の専門性はカウンセリングやソーシャルワークにあると言われるとなんか違和感があります。もっと全体を見て、という気がします」（主任保育士A）。

広場事業の開催日を間違えてきても「楽しみに準備してきた」親子を保育体験プログラムとして一時保育に受け入れる。他園で保育を断られた障がい児を一時保育で受け、「継続的な子ども集団の必要性」のタイミングと「働きたい」「働かなくてはならない」母親が抱える不安や混乱した気持ちが整理されるのを待つ。援助の対象でも、指導の対象でもない。「専門性があるから親の話を聞く、相談にのる、支援する。もし現場で保育士がそういう姿勢で臨んだら、それって上から目線じゃないですか」（主任保育士B）。

国際結婚をしたAさんはこの保育所を訪れた時のことを忘れない。「ここに来てなかったら家族関係もおかしくなっていたと思うし、『赤ちゃんポスト』に子どもを置いていたかもしれない」。第三子はけいれんを起こすほど激しく泣いた。24時間、気が抜けない育児にパニック障害になった。実家から反対されての国際結婚で、簡単に親に頼ることもできず、順調とは言えない夫の事業も手伝えなかった。経済的にも精神的にも追いつめられる中、「病気や緊急ではない」と通常保育では受けてもらえず、病院から紹介された民間経営の一時保育ですら「お子さんが泣いている」と2時間もたたず電話がかかってきた。

たどりついたこの保育所で保育士に抱っこされた子どもは泣かなかった。一時保育、休日保育を利用しながら、「救急車で運ばれるようなことがあっても延長保育やっているから」と上の2人の子どもも引き受けてくれた。「一番上の子どもを通わせていた幼稚園は小学校へ上がるまでの準備や英語、体操など幼児教育で有名で、警備、監視カメラ、送迎の対応などセキュリティーもあって。でも、安心安全ってそうじゃないわって。安心できる人がいる。安心して預けていられる、安心して仕事ができるというのはこういうことだと」「そこからです。ようやく生活が見えて、がんばれると思えた」。

その場には一年目の新人から保育士歴25年のベテラン、男性、女性、多様な国籍の保育士がいる。A保育所は地域と共に差別や貧困と闘い、多文化の保育を長い年月をかけて築き上げた。その経験を土台とする多様性は親も解放する。「親御さんがお話しするのは担任の先生というわけではありませんね。その時、話したい先生や気の合う先生と話しておられる」（園長）。保育士は子どもに触れ、表情を見る。親の視線、言葉、親同士のおしゃべりにある空気感を多面的にとらえる。その関係の中から子育て期の家族は困難を抱えながらも主体的に生活を再統合していく力を見いだしていく。

予測不能なライフイベントによって困難が累積する過程にあってなお子どもと暮らしていく、できると思える、乗り越えていく。それは「あるべき家庭教育」のための親支援とも、経済競争力に寄与する次世代の労働力の育成とも異なる保育の意義である。家族や地域と共に生きる、その暮らしを保障する機能である。

4　貧困のレジリエンスとしての保育に向けて——その課題と限界

　ここまでA保育所を事例として、子育て期の家族にとってのレジリエンス機能の意味とそれを支える保育体制のマネジメントについて記述してきた。A保育所はこの地域の子育て期の家族が経験する地域経済（労働市場）からの圧力（生産領域）と子育て期のリスク（家族・再生産領域）に対し、多元的な時間的空間的資源を創出している。この資源の創出は保育士に高い労働密度を要求するが、厚みのある職員配置が保育士の定着を可能にし、特別保育事業の組み合わせによって個々の家族のリスクへの柔軟な対応を導き出していた。家族はその資源を織り込みながら、ライフイベントによる家族生活の変動を調整し、イベント経験後の生活を平準化していく力を獲得していた。

　同時に、明らかになったのは、このような子ども、女性、家族のライフコースに埋め込まれた子育て期の不安定さを所与のものとして埋め込んだ保育実践を選択すれば、保育所は財務面での厳しい経営を迫られることである。2015年に導入された子ども子育て支援新制度によってA保育所の運営状況は改善せず、その人件費割合にも労働分配率にも大きな変化はない。むしろ委託費総額は制度導入以前の運営費よりも1000万円近い減額となっている。

　その理由は第一に、国の基準を上回る保育士配置や処遇改善を行ってきた自治体が独自助成を廃止、減額したことによる。第二に、新制度においても公定価格の基本算定部分が旧制度と大きく変わらなかったこと、国の処遇改善等加算でも勤続11年以降の保育士の昇給財源は見込まれておらず、キャリアパス要件部分を上乗せしても人件費の改善幅はほとんどなかったことが挙げられる。その結果、長年計画されていた施設の耐震立て替え工事を見送っただけでなく、運営費の削減努力は事業費、事務費に加え、施設整備積立金や退職引当金、さらに現在は保育材料費にまで及んでいる。

現状の保育行政と委託費の算定基準は反貧困、反差別に取り組む保育運営にここまでの覚悟を強いる。貧困対策大綱にも盛り込まれた「幼児教育の無償化」の実施も保育所の財政状況の改善や施設等物理的環境の改善には直結しない。新制度においては入園料や独自の教育サービスに対する特別徴収（上乗せ徴収）を認めているため、無償化によって不平等の再生産構造が強化される懸念すらある。家計に余裕ある所得層はいっそう教育サービスを購入し、経営側は上乗せ徴収が可能な教育等のサービスを拡充することで経営の安定化を図るビジネスモデルが一般化する可能性があるからである。翻って言えば、購買力をもたない地域での保育所運営はさらに厳しい選択を迫られることになろう。そもそも無償化は高所得者層に有利で、税制・社会保障の再分配機能を効果的に組み合わせない限り低所得層には有効な所得の再分配とはならない。

このような現行の保育制度・行政の方向性と反貧困対策の内部連関の検討は別の機会に譲るが、反貧困の取り組みが「家族主義の克服」「構造的な不平等への挑戦」（湯澤 2017）にあるとするならば、「保育」という領域においてその取り組みは制度的には後退していることを理解しておかなくてはならない。

第一に、反貧困の社会的要請が高まったその時期に同時並行で進められてきた保育制度改革は公的給付・規制を前提とする「準市場化」をベースにしている。その結果、自治体、社会福祉法人に加え、NPO、営利企業等、保育の供給主体が多元化するとともに、従来の幼保に加え、認定子ども園（四種類）、小規模保育等、多様な施設・事業類型が制度化された。施設の設置基準も多種多様に設定され、類型ごとに保育従事者の配置や資格要件も異なっており、運営主体や担い手の多元化が子どもの貧困対策法が言うところの「育つ環境」の格差に転じる構造を内包している▼9。

公的責任の所在や範囲も多元化しており、保育所に関しては児童福祉法で市町村の責任は維持されているものの、子ども子育て新制度での中心的施設と目される認定子ども園や地域型保育等の事業については保育の実施に関して市町村に直接的な責任はない。反貧困を目指す地域ネットワーク整備において自治体が保育関連施設をその回路に包摂していくこと自体が課題になるだろう。多種多様な主体がどこまで連携し、困難な地域の社会的経済的文脈に深く入り込んだ保育所経営にコミットするだろうか。２０１６年に待機児童対策として新たに制度化された企業主導型保育所は職場と直結した保育施設であり、設置者の目的も「労働力確保」「福利厚生」という性格が強く、生活圏としての「地域」とは切り離されている。

第二に新制度における保育サービスの「市場化」「契約化」は保護者（親）にサービスの「契約者」「消費者」として、育児の家族責任を強化するものとなった。そもそも「子ども子育て支援新制度」の導入にあたって制定された「子ども子育て支援法」は「父母その他の保護者が子育てについての第一義的責任を有する」と明記する。加えて「認定こども園法」はその第二条において教育と保育を分断し、子ども園における教育とは三歳以上を対象とする教育（教育基本法第六条第一項）であり、保育とは「児童福祉法第六条三の七項」、つまり一時預かり事業であると規定する。従来、ゼロ歳から就学前までの「養護」と「教育」の一体的実践（岡田 1965）として把握されてきた保育概念を狭めただけでなく、三歳未満の「保育」は一時的なものと位置づけることで「家庭教育支援」が前面に打ち出されるロジックが組みこまれている。

この制度的後退に対して、本章が着目する保育所のレジリエンス機能という観点から言えば、反貧困という社会変革の取り組みはまずもって保育所が「生まれ育った環境によって左右されることのない社会」（子どもの貧困対策法）の実現への拠点として今一度、存在することにある。子育て期の家族の生存と保育の存立基盤を保障することにある。その課題のうちから、ここではあえて児童数に対する職員配置基準の引き上げと子ども一人当たりの保育面積基準の引き上げを主張する。職員配置基準に基づいて公費が投入されるため、開所時間や保育実態にあわせて保育士を基準以上に配置すれば、子育て期の家族の生存のための保育所経営は自ずと困難になる。職務や機能別で職員を加配するのではなく、保育集団全体として機能するための人数が現状では不足している。職員配置の「遊び」は保育実践だけでなく、安定的な保育集団の形成と労務管理上、組み込まなくてはならない安全装置でもある。保育士が自らの労働の意義を見失うのはその低い給与水準よりも、「遊び」を剝奪された労働環境の中で、子どもとの深いかかわりの中にある充足感や保育集団としての連携を失い、親子の日々の営みから保育労働が疎外されていると感じる時である（萩原 2013）。

現在の保育士の低処遇は「加算」や「キャリアの評価」では根本的な改善には結びつかない。公的資金が人件費に確実に使われる「規制」が確立されていないだけでなく、保育士の労働条件が急激に劣化したのは職員配置に関する規制緩和、公立保育所の民営化、保育産業の育成（市場化）という政策が本格的に始動した１９９０年代末以降のことだからである（萩原 2017）。その後も待機児童解消と保育所運営への企業の新規参入を促す目的から、施設設置基準の規制緩和、保育士配置の弾力化が続いてきた。このような最小限の物理的空間に、またその安全装置である「遊び」が欠如していることを取り上げずして保育士個人の質を問い、「保育の質」を語る行為は、保育の場を最小限の資源で最大の効果を引き出す生産至上主義的空間へと転換することにほかならない。

はたして日本社会は、家族の、とりわけ女性のライフコースにおける子育て期の経済的社会的脆弱性に向き合うのか否か。そうした反貧困の観点から子どもが育つ基本的な条件として保育体制を整備するのか否か。日本には大都市で、地場産業が衰退する地方の町で、山村の過疎地で、その経済的社会的文脈を真正面から引き受けながら、自らの保育実践を飾る言葉ももたず、粛々とレジリエンスという反貧困の場を実践する保育所が存在する。それを持続可能なものとして保障する政策を選択するのか否かが問われている。

注

1　幼児教育の無償化については、２００５年、自民党文教制度調査会・幼児教育小委員会が「国家的課題」として幼児教育への公的資金投入を強化している欧米の動向に触発され、「国家戦略としての幼児教育施策」で打ち出したのが最初となる。当時の問題意識は「学級崩壊」等の子どもの育ちや育児の変化への対応にもあった。しかし、その後、幼児教育の無償化は「経済政策の柱」（２０１７年9月25日 経済財政諮問会議・安倍内閣総理大臣）である「人づくり革命」の施策のひとつとして実現が目指されることになる。なお、１９９７年から２０１０年に政権を担ったイギリス労働党政権（ニューレイバー）は「社会的投資戦略（第三の道）」を掲げ、人的資源投資志向型の保育政策を打ち出し、子どもの貧困率を低下させたことから社会的投資アプローチの成功事例とされてきた。しかし、２０１０年の政権交代以降、社会的投資アプローチは新自由主義的な文脈へと転じ、経済効率主義、保育の市場化を背景に、保育へのアクセス等に構造的な格差が生じ、貧困率は再び上昇している（原 2015）。

2　子育て期は、古くはイギリス19世紀末にロウントリーが労働者家族の調査で、日本では鈴木栄太郎が戦前期の農村家族の調査によって、子ども期、高齢期と並んで貧困に陥りやすいことを明らかにしている。

3　ポーガムは経済発展の水準、社会的紐帯のタイプ、社会保障制度による介入の様式という三つの要因によって、貧困を「統合された貧困」「マージナルな貧困」「降格する貧困」という三類型に区分する（Paugam 2005＝

2016：119‐124）。統合された貧困とは、経済発展の水準が低く、貧困が一般性をもつ場合の貧困で、スティグマ化が弱く、低位の社会保障制度に対し、親族の連帯や紐帯による保護が存在する貧困である。マージナルな貧困とは経済発展によって社会保障制度が確立される一方、産業や経済発展に適応できない「社会的不適応者」としてのスティグマ化が強まる貧困を指す。

4　調査は2010年代前半に、インタビュー、参与観察でのインフォーマルなやりとりを含め、延べ14回、実施した。インタビューは母親にはそれぞれ1時間半から2時間程度、主任保育士・担任保育士には1時間程度のインタビューを二度、園長には計2時間程度を行っている。人権保護とプライバシー尊重のため、個人、地域、調査実施時期が特定される記述は避けている。

5　90年代以降の両立支援政策の諸特徴と「一貫継続就労型」の両立支援の課題については萩原（2010）、萩原（2011）を参照されたい。

6　独立行政法人福祉医療機構「平成26年　保育所の経営分析参考指標」。文部科学省・厚生省による「幼稚園・保育所等の経営実態調査結果（平成25年）」での人件費率は私立・定員90～120人規模で71・5％。

7　前同。労働分配率は付加価値額（事業費、事務費、減価償却費、国庫補助金等特区別積立金取崩額、徴収不能額の総計をサービス活動収益費から引いた額）に占める人件費の割合。

8　園舎建設、耐震、修繕等の費用に関し、それぞれ地域、規模に応じて国が定額事業費で上限を設定している。2分の1を国、4分の1を自治体、4分の1を事業者が用意する。定額を超えた部分は事業者の持ち出しとなる。

9　保育所には同じ算定基準で公的資金が投入されているにもかかわらず、東京都が行った運営主体別の保育士平均年収の調査では社会福祉法人立民間保育所で269万円なのに対し、株式会社立民間保育所では228万円にとどまる（東京都福祉保健局「東京都保育士実態調査報告書（2014年3月）」）。

引用・参考文献

秋田喜代美・小西祐馬・菅原ますみ編著（2016）『貧困と保育』かもがわ出版

伊達平和・岩井八郎ほか（2015）「失われた10年」以降のライフコースの変化と多様性――JGSS‐2001／2013ライフコース・パネル調査の結果概要」『日本版総合的社会調査共同研究拠点研究論文集』15号

DeVerteuil, Geoffery (2015) *Resilience in the Post-welfare Inner City :Voluntary sector geographies in London, Los Angeles and Sydney*, Routledge
DeVerteuil, Geoffery & Golubchikov, Oleg (2016) "Can Resilience Be Redeemed?", *City*, 20 (1)
Erik Hollnagel, David D.Woods, Nancy Leverson eds (2006) *Resilience Engineering: Concepts and Precepts*, CRC Press (北村正晴監訳 (2012)『レジリエンス・エンジニアリング――概念と指針』日化技連)
萩原久美子 (2010)「両立支援とジェンダー」木本喜美子・大森真紀・室住眞麻子編著『社会政策の中のジェンダー』明石書店
萩原久美子 (2011)「「ワーク・ライフ・バランス」をめぐる二つの世界」『女性学』19号
萩原久美子 (2013)「保育所最低基準の自治体裁量と保育労働への影響」『自治総研』第412号
萩原久美子 (2017)「保育供給主体の多元化と公務員保育士」『社会政策』8巻3号
濱田江里子・金成垣 (2018)「社会的投資戦略の総合評価」三浦まり編『社会への投資――〈個人〉を支える、〈つながり〉を築く』岩波書店
原伸子 (2015)「イギリスにおける福祉改革と子どもの貧困――「第三の道」と社会的投資アプローチ」原伸子・岩田美香・宮島喬編『現代社会と子どもの貧困――福祉・労働の視点から』大月書店
保育ソーシャルワーク学会編 (2014)『保育ソーシャルワークの世界――理論と実践』晃洋書房
Holliday, Ian (2000) "Productivist Welfare Capitalism: Social Policy in East Asia," *Political Studies*, 48 (4)
岩井八郎 (2010)「戦後日本型ライフコースの変容――JGSS 2009 ライフコース調査の研究視角と予備分析」『日本版総合的社会調査共同研究拠点研究論文集』No.10、193～204頁
岩田正美 (2017)『貧困の戦後史――貧困の「かたち」はどう変わったのか』筑摩書房
小西祐馬 (2015)「貧困と保育 (第三回) ――養育環境の不平等」『現代と保育』第92号、ひとなる書房
中村強士 (2015)「保育所保護者における貧困と子育て・家庭生活の悩み・不安・困難――名古屋市保育所保護者への生活実態調査から」『日本福祉大学社会福祉論集』132号
OECD (2001) *Starting Strong: Early Childhood Education and Care*, OECD
OECD (2006) *Starting Strong II: Early Childhood Education and Care*, OECD (星美和子・首藤美香子・大和洋子・一見真理子訳 (2011)『OECD保育白書――人生の始まりこそ力強く：乳幼児期の教育とケア』明石書店)
OECD (2008) *Growing Unequal: Income Distribution and Poverty in OECD Countries*, OECD

Paugam, Serge (2005) *Les Forms Elementaire de la Pauvrete*（川野英二、中條健志訳（2016）『貧困の基本形態——社会的紐帯の社会学』新泉社）
湯澤直美（2017）「子どもの貧困対策の行方と家族主義の克服」松本伊智朗編『「子どもの貧困」を問いなおす——家族・ジェンダーの視点から』法律文化社
全国保育協議会編（2017）『全国保育協議会会員の実態調査報告書２０１６』全国保育協議会
Zolli, A. and Healy, A. N. (2012) *Resilience: Why Things Bounce Back*, Business Plus（須川綾子訳（2013）『レジリエンス復活力——あらゆるシステムの破綻と回復を分けるものは何か』ダイヤモンド社）

終章
「子どもの世界」を社会全体で守るために
——家族主義をどう乗り越えるか
…小西祐馬

1 「子どもの視点」からのアプローチ

本書は、これまで「子どもの貧困」の議論で見過ごされがちであった子どもの「遊び」をひとつのキーワードとして、そこからもたらされる「経験」、そして「育ち」に注目してきた。そのねらいは序章に述べられている。すなわち、「本巻は、子ども期における「育ち」を主導し、「経験」を構成する「遊び」という活動において、貧困状態を強いられることが「子どもから現在の何を奪い、どうしたらそれを回復することができるか」を問う」(序章)ということである。

筆者は母子世帯や生活保護世帯の子育て家族への調査研究を行ってきた。着目してきたのは、主に小学校高学年以上の子どもであった。しかし、先を行っていた欧米の研究で「子どもの貧困研究・貧困対策において、最も注目すべき時期は乳幼児期である」という知見がひとつの到達点として共有されていく中で、日本において乳幼児期の貧困に関する研究がほぼないことから、「乳幼児期の貧困」「貧困と保育」に関する研究に取り組むようになった。秋田・小西・菅原編著『貧困と保育』(2016)はそのひとつのまとめである。この『貧困と保育』では、まずは現状を「告発」し、議論のきっかけとなることをねらった。しかし、貧困問題へのアプローチは、大人の労働や生活への注目が不可欠であるため、必然的に「大人中心的」(Ridge 2002＝2010)にならざるを得ず、「子どもの視点」「子どもの主体性」「子どもの世界」を十分に描くまでには至らなかった。その結果、乳幼児期の貧困を社会的に解決する論理として、社会政策分野、経済学分野で優勢だった社会的投資論（「子どもの貧困を放置しておくと社会全体が経済的に大きな損失を受ける」「乳幼児にお金をかければ将来経済的に大きなリターンとなってかえってくる」）」を超えるほどのものを意図的に打ち出すことができなかったという反省もある。

加えて、「子どもの貧困対策の推進に関する法律」成立（2013年）以降に国・自治体がすすめる「子どもの貧困対策」においては「教育の支援」がその中心であり（本シリーズ第3巻参照）、医療・保育・生活面での支援、妊娠・出産～乳幼児期への支援は非常に手薄であった。こうしたことを意識しながら、本書の着想に至った▼1。

序章から第11章までの論稿で目指してきたのは、遊びを子どもの育ちに不可欠な経験と位置づけて子どもの世界を捉えなおし、現在の貧困と子どもの遊び・育ち・経験がどのように関係しているかを探ることであった。そして、徹底して「子どもの視点」で迫ろうとした。そのため、保育所や学童保育など実践現場からの論考を多く配置した。また、遊びを「手段としての遊び」ではなく「目的としての遊び」と位置づけ、子どもにとって欠かせない「権利」とした。立脚すべき理論も十分なデータも乏しい中で限界はあるが、子どもの貧困研究または子ども研究に一石を投じることを目的にしてきた。

本章では最後に、「子どもの世界」を守るためにはどうすればいいのか、子どもが育つ基盤としての「家族」と「社会」に着目して論じておきたい。

2　貧困と子育て・子育ち

（1）子育ての現状

「貧困の中での子育て」の前に、日本の一般的な子育てについて検討しておこう。題材として、ニューヨークタイムズ「日本のワーキングマザー　妻の過大な負担・夫の過少な支援」という記事に注目したい▼2。いわゆる近代家族＝「男性稼ぎ主モデル」が支配的な日本における共働き世帯を取材したもので、2歳、5歳、8歳の子どもの母親であるニシマサさんを中心にしたルポルタージュである。ニシマサさんは「東京の一流大学を卒業後、教科書の出版社に営業職として入社」したが、結婚後、上司からパートタイムに切り替わることを提案されたため今の出版社に転職したというキャリアをもつ。夫は経営コンサルタント。記事には以下のように書かれている。

ニシマサさんの日々のスケジュールをみてみよう。彼女の下の子供二人が通う保育園では、子供の体温、1日二回何を食べたか、気分はどうか、睡眠時間、遊んだ時間を、すべて記録することを家族に課している。その上、彼女の8歳の息子が通う小学校と放課後の塾でも、すべての宿題を親が確認することになっている。

記録をつけるのは序の口だ。日本では、料理や掃除、洗濯も、欧米人を圧倒的に超えるレベルなのだ。日本の一般的な夕食には、たくさんの種類のおかずが並ぶ。お弁当は芸術作品の域だ。食洗機はまだあまり普及していない。洗濯は、といえば、大容量の衣類乾燥機を持っている家庭は少なく、濡れた洗濯物は物干しにかけるのが一般的だ。

（略）

ニシマサさんは、金曜日の午後、都心の職場から5歳の娘のメイちゃんと2歳の息子ハルキ君の保育園へと急いだ。園に到着してすぐ、積み重なっている子供用の布団の前に、直行した。

二人の子供の昼寝用の布団を取り出し、シーツをはがし、家で洗ってきた綺麗なシーツをかけた。翌日の土曜日にも、綺麗なシーツをもって保育園にくることもある。月曜日のバタバタを少しでも軽減したいからだ。

そして、週末に洗わなくてはならないメイちゃんの上履きを回収した。その後、保育士がニシマサさんに工作用紙を渡した。これは、週末に国旗を作る宿題用だ。

そしてもう1人、東京でグラフィックデザイナーとして活動するヨシダさんも登場する。

ヨシダさんは毎日、子供達の送り迎えをし、食事を作り、掃除をし、入浴させ、子供を寝かしつける。保育園で、子供のために手作りの人形をするよう指示された時、ヨシダさんは夜なべして人形を縫った。

（略）

ヨシダさんは、子どもを迎えに行くため、オフィスを出た。駅につくとヨシダさんは、ホームの椅子に腰掛け、混んだ電車に乗る前に、列車を二本見送った。この瞬間が、この日唯一の休憩時間だった。

母親には、仕事と家事だけでなく、小学校・塾の宿題を手伝う、塾・習い事の送迎、子どもの保育園の「持ち帰り」仕事をやるなどの「過大な負担」が存在していることがわかる。行間には、女性が受けもつ信じがたいほど過度な家事負担に対する海外メディアの驚きが透けている。登場する家族はおそらく低所得ではないが、夫たちは長時間労働に従事しており、平等な家事負担やワーク・ライフ・バランスの達成にはほど遠い。待機児童問題を免れ、保育所を利用できた家族でさえ、この状況である。なお、記事の中で、子どもの宿題には言及されているが、遊ぶ姿は出てこない。

一般化する育児不安（本書第10章）の背景にはこうした事態の広がりがある。いわゆる「時間の貧困」（石井・浦川 2018）の問題が横たわっている。状況を改善するためにはジェンダー平等またはフェミニズムの視点が不可欠だろう。女性の過大な家事育児負担に「時間」も「人手」も追いついていない現実である。もしここに、「お金」もないとしたら、どうなるだろうか。次に低所得のもとで暮らす家族の生活、「貧困の中での子育て」をみていこう。

（2）貧困の中での子育て

以下は、筆者が行った母子世帯のAさんへのインタビューである▼3。2人の子ども（保育園児と小学生）を育てながら、派遣社員として働いている。

5時半から6時半ぐらいの間に起きて、23時まではずっとバタバタしているので、寝るのは24時から25時くらいの間ですね。家を出るのは、先に小学生の子が出て、それから20分後くらいに一緒に出て、保育園に送って行って、電車で仕事まで行っています。朝は7時くらいに起きるので1時間半くらい一緒にいますね。迎えに行くのは、下の子が6時から6時半くらいで上の子は6時半から7時の間ですね。

（上の子は）学童保育に行かせています。

（略）

（自分の時間は）ほとんどないですね。（1日で）10分20分くらいあればいいのかなって。帰ってきて、ご飯を多少作って食べさせて、その後お風呂ですし、自分の食べた分の後片づけとかもあるし、自分のお風呂入ったりとか、目に見える所の掃除して、洗濯物があったら洗濯してとかなので、それがもろもろ終わって宿題見てあげなきゃいけないんで、明日の用意も何かしないとなのかなっとかそれが全部終わるのが23時くらいかかるんですよね。だから22時から23時までの間をこの子の宿題見ながらテレビ見るっていう感じですかね。

（略）

金銭面での心配はあります。昇給がないんで。結局いつまでその業務が続くかは分からないのでちょっと不安ですね。月14、15万円くらい。今は何とか大丈夫なんですけどだんだん大きくなってきた時に、高校までしか行かせられないとかになってくるかもしれないです。


睡眠時間5～6時間の中、起きてから寝るまでノンストップのAさんの生活である。

結婚後、Aさんはパートで働いていたが正社員になれる見込みがなく、1人目を出産と同時に退職。土木関係の仕事についていた夫は職場で事故に巻き込まれ解雇となったため、2人目が生まれた直後からAさんは再びパートに出ることになった。離婚、職場の閉鎖、資格取得、転職を経て、Aさんは現在、派遣社員として月収約15万円で親子3人で生活している。ボーナスはない。経済的には「心配」だが、子どもが小さい今の時期は何とかなっている、子どもの高校以降の学費が特に不安とのことだった。経済的・心理的には、夫が無職だった「2人目が生まれた後、1年2年が大変でしたね」とのことで、その頃よりは今の方が落ち着いていると語った。

今ふつうのアパートに住んでるんですけど、2DKの、すごく安い所じゃないと住めないから、お家賃も低くしてもらってそこに住んでるんですけど、それでも生活苦しいなって思ったりもするんで、できれば市営住宅とか県営住宅とかに引っ越せればなって思うんですけど、入り辛いじゃないですか。住宅事情の悩みもあります。ここの特性上、坂が多いから家賃が高いじゃないですか。便利が良い所だと▼4。便利が良くない所選べば車がいるじゃないですか、車があると維持費もかかるし駐車場代もかかるし、でも便利が良いと家賃高いし。市営だと1万とかで住めるし。今のアパートは4万2千円くらい。

（略）

近くに頼れる人、相談できる人は特にいませんね。安く預かってくれる所とか、ファミリーサポートってあるじゃないですか、いいなって思ったんですけど、何にしても一時間の時間給（費用）が高くて一時間が高いから利用するのもちょっとなって。一回500円だったら行こうかなって思いますけど、1000円とかは高いかなって思って。兄弟がいると兄弟分取られるので。

（略）

ストレスはたまっていると思います結構。子どもにあたってしまいます。自分が気が立ってる時とか、時間に追われている時とかに限ってやって欲しくないことをしたりとか、また一個仕事が増えちゃうとかいうことをした時とか気が立ちますすね。すごい怒りますすね。

住宅の問題、「頼れる人」（＝孤立）の問題、そしてストレスや子どもとの接し方についてなど、心配なことを挙げだしたらきりがないほどであった。男性稼ぎ主モデルの社会においては、不可避的に母子世帯が深刻な状況に追い込まれていく。自分の時間は1日のうちで「10分20分くらいあればいい」という生活で、仕事と子どもの将来のことなどの不安に苛まれる中、ストレスはたまっていき、子どもにあたってしまうという日々である。なお、子どもが好きな遊びは「携帯ゲーム機での遊び」であり、それ以外の時間は家では主にテレビとDVDを観て過ごしているとのことであった。

以上、子育ての現状の断片から、家庭から子どもが遊びに夢中になれるだけのゆとりが奪われていることがわかる。習い事などで外部化（市場から調達）している家族は、かろうじて子どもの活動・経験を確保できているのかもしれないが、貧困にある家族ではそれさえままならない。「遊び」が子どもの世界からも、社会全体からも失われている。

（3）乳幼児期の貧困

ここ数年で就学前の子どもを育てる家族への調査が行われるようになった（中村 2016；小西 2016；札幌市 2017；沖縄県 2018；北海道 2018）。これまでまったく見えていなかった乳幼児の状況が少しずつだがわかってきた。知見は各調査でさまざまだが（札幌市、北海道の調査については本書序章を参照のこと）、総じて言えることは、乳幼児を育てる家族の貧困の厳しさと、養育環境に大きな格差が存在するということだった。沖縄県における乳幼児を育てる親への大規模調査では、貧困線未満の世帯においては「生活が大変苦しい」「生活がやや苦しい」という回答はあわせて約7割に上った（沖縄県 2018）。また、同じく貧困線未満の世帯では「赤字であり、借金をしている」が26～27％、「赤字であり、貯蓄を取り崩している」が約2割であった。5割近くが赤字ということである。時間も人手もなく、お金もなく、貯金が減り、借金が増えていくという日々。その借金の支払いが滞った経験も広くみられた。その他、食料が買えない、衣料が買えないといったことも多かった。

そして「時間の貧困」に「所得の貧困」が加わると、不安は雪だるま式に膨れ上がっていくことになってしまう。沖縄県の乳幼児調査では、低所得世帯の母親の「うつ」が深刻な状況であった（沖縄県 2018：山野・二宮 2019）。「子育て支援」などによる個別対応の有効性は認めつつも、不安の「核」にまで届く根本的な支援は別に構想する必要がありそうだ。

3 「子どもの世界」を守るために

（1）「子どもの貧困」を増加させる社会

「就学前は最も「私有化」されている時期で、もっぱら家族環境に依存している」時期と言われている（Esping-Andersen 2009=2011：125）。本書全体で見てきたように、保育所や子育て支援拠点、各種の居場所の懸命の努力によって、多くの子どもの多様な経験が保障されているものの、小学校以降と異なり就学前の子育て支援施設は公的責任のもとで普遍化されているわけではなく、親の経済状況や「選択」、または住む地域にあるかどうかなど、「運」によるところが大きい。子どもの育つ場、子育ての助けとなる場が公共のものとして共有されておらず、子どもを社会全体で育てる仕組みができていない。それぞれの家族

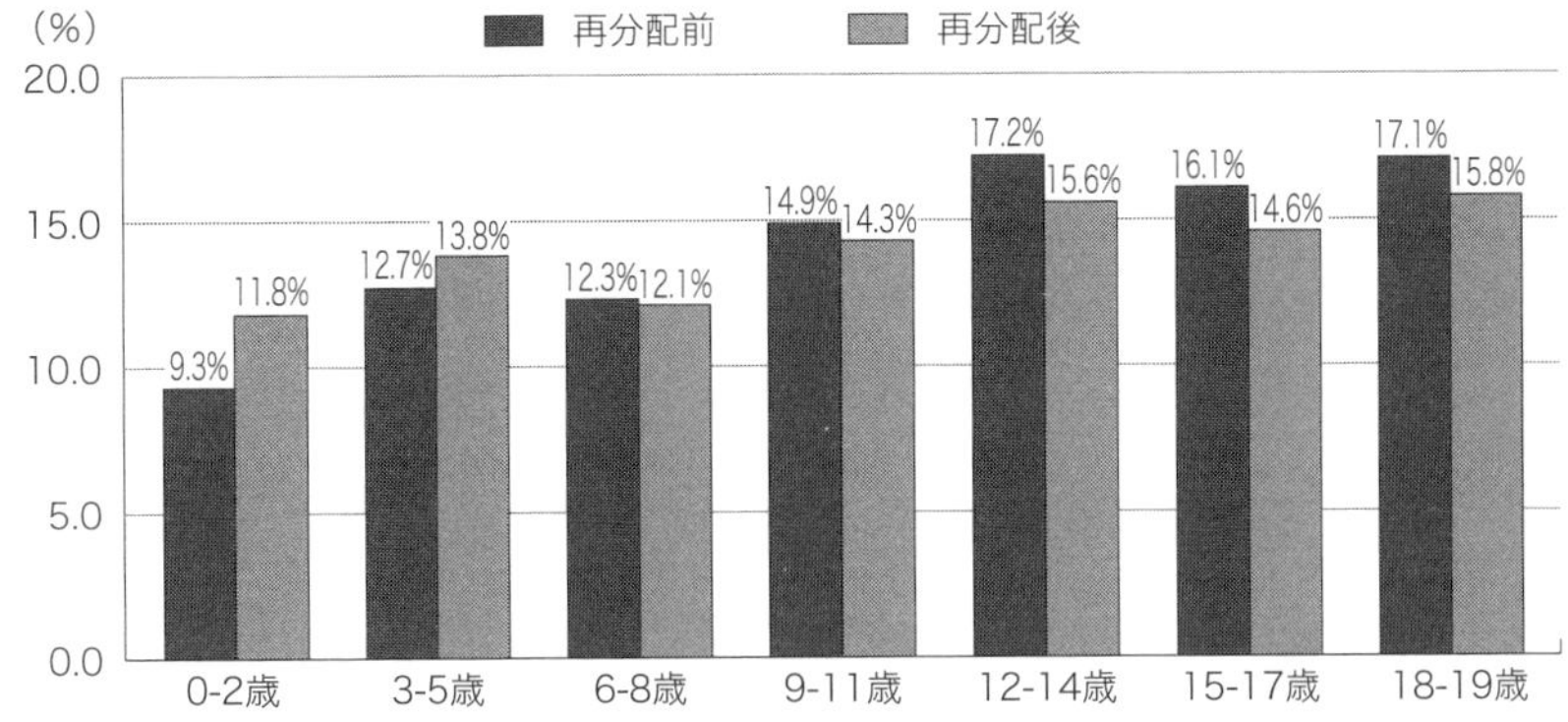

図１　子どもの再分配前後の貧困率

出所：阿部彩（2019）「子どもの貧困率の動向：2012から2015と長期的変動」貧困統計HP

が独力で、自己責任で、子どもを育てている。「私有化」とはそういう意味だろう。そして、私有化された就学前、子どもは家族の不平等にダイレクトに直面することになる。ここで負うことになる不利は、就学前にとどまらず、「経験」として子どもの内に刻まれて残り続け（本書第1章）、また「子どもの健康と貧困」（本書第9章）の問題としても表面化することになる。なぜこうした状況が生まれるのだろうか。

就学前が「私有化」の状態にあること、公的な支援を受けることができていないことが、図1「子どもの再分配前後の貧困率」からはっきりわかる。注目すべきは、0～2歳、3～5歳においては、再分配前より再分配後のほうが貧困率が高いということである。本来、税・社会保障制度は再分配機能を持ち、貧困率を下げるために存在しているのに、日本においては、乳幼児期の貧困を増加させる機能を持っているのである。福祉国家の制度として破綻しており、これでは貧困問題は解決するはずがない。

日本の社会保障制度について、別の視点から検討してみよう。所得と時間について検討している藤原（2017: 52）において、「30歳女、4歳子、2歳子」の母子世帯で生活保護基準ほどの年収を得るためには年間3000時間近くの労働が必要との試算が行われている。年240日働くとして、1日の労働時間は約12時間となる。12時間働いてやっと生活保護の最低生活費に達するのが現在の最低賃金制度なのである。かくして、日本の母子世帯の貧困率は非常に高いものとなる。「平成28年国民生活基礎調査の概況」によると、母子世帯の平均所得は270万円であり、「児童のいる世帯」の平均所得708万円の半額以下である。税も社会保障も賃金制度も、生活を保障する制度としてまったく機能していない。

以上のように、「子ども、特に乳幼児にお金（公費）をかけない」は日本が一貫して崩さない姿勢である。そこに「父親が主に稼ぎ、母親が良質な家事育児を提供すべき」という規範が加わる。この日本の「家族主義」については何度も指摘されている（青木 2003；渡辺 2004；落合 2013；湯澤 2017など）。最新の状況を国際比較によって確認したい。

図2は家族への公的支出状況である。日本は、北米や南欧など、家族主義傾向または新自由主義傾向の強い国々とほぼ同等の値であり、従来からの指摘通り家族への公的支出が最も少ない国の一つであると言える。**図3**は教育への支出も含めた年齢段階別の支出割合である。日本の「0〜5歳」への支出割合の低さがよくわかる。そして**図4**は、乳幼児教育・保育への公的支出である。比較可能な国のなかでは下から3番目の少なさである。子どもの年齢問わず子育て家族全体への公的支出全般が乏しく、特に乳幼児への支出は少ない。

以上の統計から子育ての「私有化」が浮き彫りになった。日本では子どもの育ちを、それぞれの家族の私費負担が支えているのである。子育て・教育費用とケア提供の多大な負担は家族が担うことになり、こうして市場主義と家族主義が結託した場が（本書第10章参照）、乳幼児期に現れることになる。親ならば、

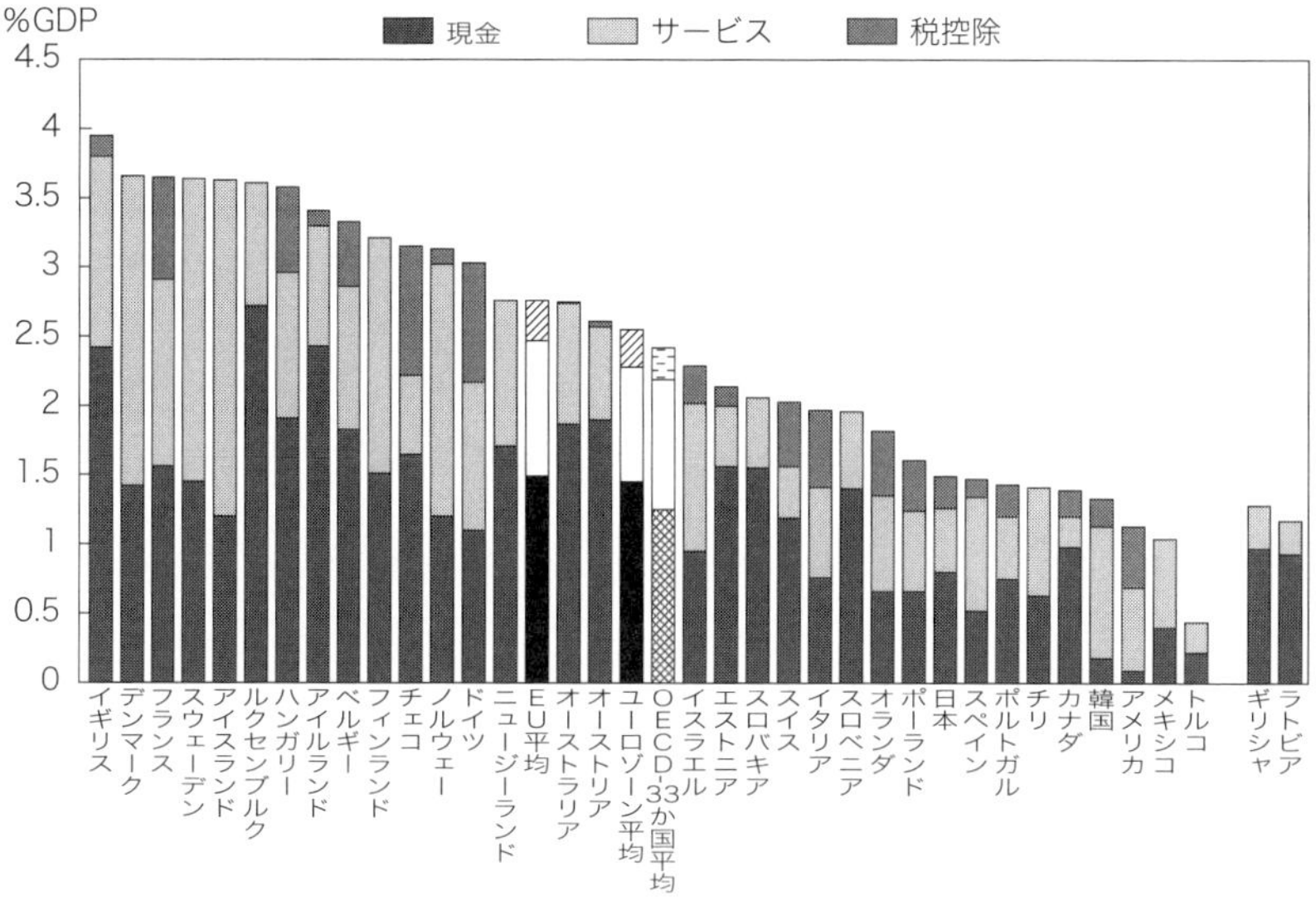

図 2　家族への項目別公的支出、対 GDP 比（2013 年または利用可能な最新データ）

出所：（図2 ～ 4すべて）OECD Family Database

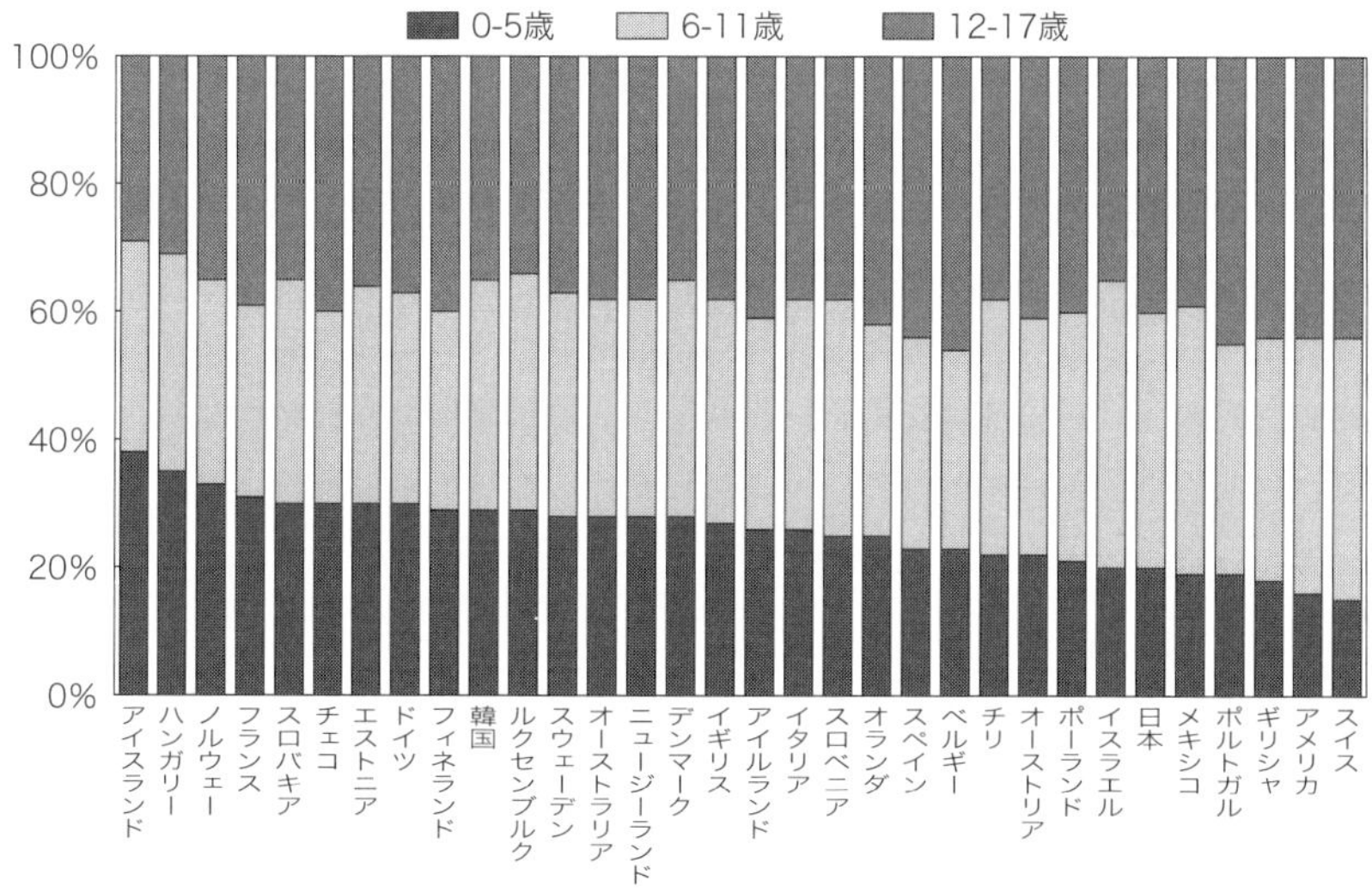

図 3　年齢集団別公的支出（2013 年または利用可能な最新データ）

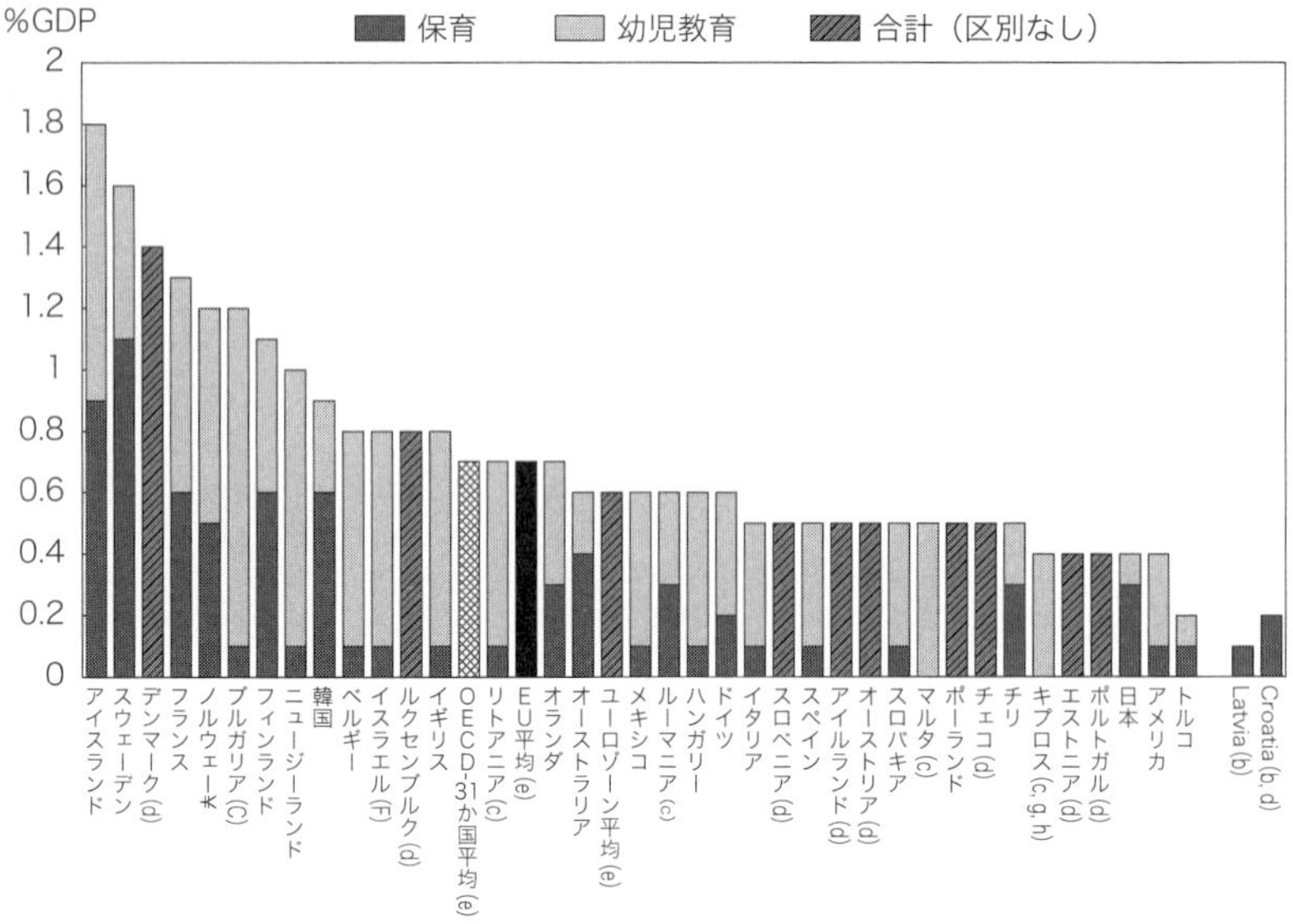

図４　幼児教育・保育への公的支出、対 GDP 比（2013 年または利用可能な最新データ）

子どもを大事にするべき、だからお金も時間も家族が負担するべきといった家族規範・母親規範がより色濃く鮮明に反映されているのが乳幼児期であろう。この状況では、親子が「遊び心」を保ち、ゆとりのある中で「子どもの世界」を守っていくことは困難である。この現状をどうすれば乗り越えられるのだろうか。

(2) 展望

しかし一方で、変化が訪れているようにも見える。貧困の話題、子育ての話題、女性の話題が、報道やインターネット（SNS）を通して、途切れることなく流れるようになった。各自治体で「子どもの生活実態調査」が行われ、「貧困対策」も立案されるようになった。「子ども食堂」の全国的な広がりについても、かつてない動きだろう。「保育園落ちた日本死ね」という意見表明ができて、それが大きな関心をもたれるような社会になったと言うこともできるし、「ジェンダー・ギャップ指数」（世界経済フォーラム）も毎年何の改善もみられないが注目されているようではある。「ワンオペ育児」などについて、女性差別やジェンダー不平等の文脈から問題視されたり、または「虐待」を通じて子育ての深刻な状況が（不十分な児童相談所の体制も含めて）知られたりするようにもなった。男性稼ぎ主モデルの「ゆらぎ」とまでは言えないかもしれないし、欧米を中心とした諸外国とは比較できるほどではないが、変化の兆しはある。

公的施策の動きとしても、子どもの貧困対策推進法（２０１３年）ができ、「子ども・子育て支援新制度」（２０１５年）が始まった。児童福祉法は改正（２０１７年）され「児童の権利に関する条約の精神」が盛り込まれることとなった。そして２０１９年10月には幼児教育無償化がスタートする予定であり、日本の子ども・子育て支援関係の公的支出が増加を続けていくのは間違いないだろう。しかし、「子どもの貧困対策」は喫緊の課題である経済状況の改善ではなく「教育の支援」に重点を置き、児童福祉法は「児童の保護者は、児童を心身ともに健やかに育成することについて第一義的責任を負う」（2条の2）の文言が加わり家族主義の傾向を強めた。子ども・子育て支援新制度をスタートさせたものの待機児童は解消されず、そのまま幼児教育無償化を断行しようとしている。無償化についても高所得世帯優遇だと指摘されている。はたして子どもの貧困を根本的に解決する方向を向いていると言えるのだろうか。

変えるべきは何か。家族主義と市場主義のミックスによって強化された自己責任規範がもたらす「子どもの軽視」「子育ての軽視」「女性の軽視」の構造ではないだろうか。要するに、「子どもの権利」と「女性の権利」または「ジェンダー平等」がないがしろにされている。これを回復する社会をいかに構築するか。

第一に、子育て家族の貧困率を下げる所得再分配制度の確立が至急求められる。具体的には現金給付の充実または税控除の拡大だろう。加えて、「隠れ保育料」（田中・丸山・森田 2018）などの子育て・教育、そして医療に関わる私費負担の減額・免除も求められる。現行の児童手当や児童扶養手当、生活保護制度の支給額増額とともに制度の周知・広報が必要だ。簡単なことではないが、税・社会保障が正常な再分配機能を欠いている現状では最重要で不可欠の取組だ。

第二に、家事育児（ケア）分担のジェンダー平等の達成である。これまで「イクメン」「イクボス」などでお茶を濁してきたが、いつまでたっても男性の育児休暇取得率は上がらず、男性稼ぎ主モデルのもとでは限界があることが見えている。女性の権利の保障、ジェンダー平等の保障が必要だ。ひとつの理想は、ナンシー・フレイザーの提唱する「総ケア提供者モデル」だろうか（Fraser 1997＝2003：ch2＝第二章）。フレイザーは目指すべき家族像として、男性も女性も働いて稼ぎ、ケアの担い手は市場から調達する「総稼ぎ手モデル」でもなく、ケア提供者に手当を支給して稼ぎ手と同等に扱う「ケア提供者対等モデル」でもなく、男性も女性もケア提供者となる「総ケア提供者モデル」を挙げる。そして、全員がケアの担い手になりうることを前提にした社会・労働生活を再構成するよう求める。つまり、安定した雇用と長時間労働の緩和、最低賃金の上昇がセットで必要であろう。特に女性の実質的な賃金上昇が求められる。フレイザーは、この「総ケア提供者モデル」をいかに具体化し広げていくかについては言及していないが、家族主義の乗り越え方のひとつのモデルではある。

第三に、保育士・教員・子育て支援者などを十分確保すること、そのための大幅な待遇改善が必要である。家族の経済状況と親の雇用環境を改善したうえで、子どもとうまく遊べる大人（本書第3章参照）、レジリエンスとして機能する専門家（本書第11章参照）の存在もやはり欠かせないだろう。そこにはスーパーバイザー的に「伴走」（本書第6章参照）する人がいるような人員配置上のゆとりもほしいところだ。

子ども・親と関わる支援者にも「遊び」が必要である。

以上の方向に向かうためには、長年にわたって日本社会がなじんできた家族主義的思考と決別する必要がある。それには、真正面から「子どもの権利」の重要性を訴え続けていく他ないのではないか。すべての子どもには「幸福になる権利がある」「貧困から抜け出す支援を受ける権利がある」ことを認識し、そして「子どもが保育を受ける権利」（猪熊 2014）も確立させ、子どもが権利の主体者として生きられる仕組みを構築すべきだろう。以上に加えて、特に本書が訴えてきたのは、子どもの「遊ぶ権利」の大切さである。「遊び」を大切にするということは、子どもの「いま」を大切にするということである。同時にそこには、余裕／ゆとりという意味での大人の「遊び」が不可欠である。すべての人が「遊び心」を保てる社会を目指したい。

注

1　なお、乳幼児の貧困研究をレビューした尾島（2018）によると、学齢期以降の子どもの貧困の文献数に比して、乳幼児期・保育と貧困の文献数は圧倒的に少ないとのことである。管見の限り、子どもの遊びと貧困について言及したものは汐見（2018）しか見当たらない（やや視点は異なるが）。海外のものでは、地理学分野ではあるが子どもの遊びについて階級の視点などから分析したValentine（2004＝2009）がある。

2　『ニューヨークタイムズ』２０１９年2月2日　https://www.nytimes.com/ja/2019/02/02/world/asia/japan-working-mothers.html（２０１９年4月1日最終確認）

3　インタビュー調査の時期は２０１５年12月。

4　Aさんの暮らす街は坂が多く、住宅を建てるのに不向きな土地が多いため、便利の良い平地のアパートは家賃が高い。

引用・参考文献

秋田喜代美・小西祐馬・菅原ますみ編著（2016）『貧困と保育』かもがわ出版

青木紀（2003）「貧困の世代的再生産分析の視点」『教育福祉研究』第9号

Esping-Andersen, Gøsta.（2009）. *The Incomplete revolution: Adopting to Woman's New Roles*. Polity Press.（大沢真理監訳（2011）『平等と効率の福祉革命――新しい女性の役割』岩波書店）

Fraser, Nancy.（1997）. *Justice Interruptus: Critical Reflections on the "Postsocialist" Condition*, Routledge.（仲正昌樹監訳（2003）『中断された正義――「ポスト社会主義的」条件をめぐる批判的省察』御茶の水書房）

藤原千沙（2017）「新自由主義への抵抗軸としての反貧困とフェミニズム」松本伊智朗編『「子どもの貧困」を問いなおす――家族・ジェンダーの視点から』法律文化社

北海道保健福祉部、北海道大学大学院教育学研究院「子どもの生活実態調査」研究班（2018）『北海道子どもの生活実態調査（乳幼児調査）結果報告書』

猪熊弘子（2014）『「子育て」という政治――少子化なのになぜ待機児童が生まれるのか？』KADOKAWA

石井加代子・浦川邦夫（2018）「ワーキングプアと時間の貧困――就労者の貧困問題を捉える新しい視点」『貧困研究』vol.21、明石書店

小西祐馬（2016）「乳幼児期の貧困と保育――保育所の可能性を考える」秋田喜代美・小西祐馬・菅原ますみ編著（2016）『貧困と保育』かもがわ出版

中村強士（2016）「保育所保護者への調査からみえた貧困――解決策としての保育ソーシャルワーカーの配置」秋田喜代美・小西祐馬・菅原ますみ編著（2016）『貧困と保育』かもがわ出版

落合恵美子（2013）「東アジアの低出生率と家族主義――半圧縮近代としての日本」落合恵美子編『親密圏と公共圏の再編成――アジア近代からの問い』京都大学学術出版会

尾島万里（2018）「乳幼児の貧困研究の動向――子育て支援拠点からの考察」『保育の研究』No.28、保育研究所

沖縄県（2018）『沖縄子ども調査事業　未就学児調査詳細分析報告書』

Ridge, Tess.（2002）. *Childhood poverty and social exclusion: from a child's perspective*. Policy Press.（渡辺雅男監訳（2010）『子どもの貧困と社会的排除』桜井書店）

札幌市子ども未来局子ども育成部（2017）『仮称）札幌市子どもの貧困対策計画」策定に係る実態調査実施結果』

汐見稔幸（2018）「「貧困」研究の総合化」白梅学園大学子ども学研究所「子ども学」編集委員会『子ども学』第6号、萌文書林

田中智子・丸山啓史・森田洋編著（2018）『隠れ保育料を考える——子育ての社会化と保育の無償化のために』かもがわ出版

山野良一・二宮千賀子（2019）「沖縄県調査から考える子どもの貧困と保育保障」保育研究所編『月刊保育情報』No. 508

湯澤直美（2017）「子どもの貧困対策の行方と家族主義の克服」松本伊智朗編『「子どもの貧困」を問いなおす——家族・ジェンダーの視点から』法律文化社

Valentine, Gill. (2004). *Public space and the culture of childhood*. Ashgate Publishing.（久保健太訳・汐見稔幸監修（2009）『子どもの遊び・自立と公共空間——「安全・安心」のまちづくりを見直すイギリスからのレポート』明石書店）

渡辺雅男（2004）「福祉資本主義の危機と家族主義の未来」経済理論学会編『季刊経済理論』第41巻第2号

おわりに

「遊び・育ち・経験」をキーワードに「子どもの貧困」にアプローチする。中でも、特に鍵となるのは「遊び」――。

まさに「野心的な試み」だと思う。こうしたコンセプトは、「遊び研究」においても「貧困研究」においても、初めてのものだろう。それゆえ、（編者・執筆者一同）なかなか確信をもてず不安がぬぐい切れない中でも、まずは書くこと・出すことに意義のある本だと自分たちを鼓舞しながら、何とかゴール（刊行）にたどり着くことができた。完成稿を前にし、子どもの遊びに関する研究・子どもの貧困研究いずれに対しても新たな議論の局面を開くことができたのではないかと考えている。そして、取り組むべき作業・課題がいくつも見えてきた。

何をすべきか。まずは、子どもの遊びの現状を捉える作業を積み重ねていくことが必要である。もちろん、子どもの遊びに関する研究は膨大な蓄積があるだろうが、「遊びの不平等」についてはほとんど明らかにされていないのではないか。本書でいくつか言及したような魅力的な遊びの実践が日々営まれているのは事実だが、それがすべての子どもに保障されているとは言えない。子どもたちは、どこで、どんな時間を過ごし、どのように遊んでいるのか。その時一緒にいるのは誰なのか。大人はどのように関わっているのか。どんな家族において子どもの遊びが奪われているのか等。遊びの不平等について、本格的な検討が求められている。

次に、世間一般との認識のギャップをいかに埋めるかという点である。「子どもとは何か・遊びとは何か・貧困とは何か」の理解に関して、本書の内容と世間一般における認識とは大きなギャップがあるのではないだろうか。家族主義のもと、経済的不平等と子どもの遊びの不平等が同時に進行している現状において、専門家でさえすべての人がその両方（貧困と遊び）に目配りして思考・行動できているわけではないし、世間一般の理解ということではより心配な状況が広がっている。「貧困対策」と言いながらその実「学力対策」にとどまっている現状において、また、子ども期自体が軽んじられ、十分な遊びが保障されない中、この認識の差をいかにして埋めるか。大きな課題である。

その先にあるのが、新たな政策・制度の構想という課題だろう。事実を明らかにして積み重ね、新たな「子ども観」「遊び観」「貧困観」を打ち出し、理解を広げ、政策へとつなげていく。現行の子どもの貧困対策、子育て支援策、保育政策、教育政策等を「子どもの視点」で批判的に検討し続け、家族主義を乗り越えるような制度設計を具体的に構想していく必要がある。

ところで、編者の一人（小西）は、かつて『子どもの貧困ハンドブック』（2016年、かもがわ出版、12頁）において、以下のように「子どもの貧困」を定義した。

> 「子どもの貧困」とは、子どもが経済的困窮の状態におかれ、発達の諸段階におけるさまざまな機会が奪われた結果、人生全体に影響をもたらすほどの深刻な不利を負ってしまうことです。
>
> 人間形成の重要な時期である子ども期の貧困は、成長・発達に大きな影響をおよぼし、進学や就職

> における選択肢を狭め、自ら望む人生を選び取ることができなくなる「ライフチャンスの制約」をもたらすおそれがあります。「子どもの貧困」は、子どもの「いま」と同時に、将来をも脅かします。
> これは、個々の親や家庭だけでは解決が難しい重大な社会問題です。

読み返してみて、この定義は、本書のカラーには少し合わないかもしれないと感じた。わずかながら「人的投資論」「社会的投資論」がにじんでいる。本書でこだわったのは、「子どものいま」である。「いま」を大切にすることが、あくまで結果として、将来に／ライフチャンスに、つながっていく。

本書に関わる中で何度か頭をよぎったのは、相模原障害者施設殺傷事件における障害のある人を「コスト」とみる発想や同性カップルについて「生産性がない」などとする言説であった。相当に歪んではいるが、「資本の論理」と言ってよいだろう。経済的に損か得か、社会全体にとってマイナスかプラスか。こうした判断基準のもとでは、人間／子ども一人ひとりの存在（権利）が消えてしまう。子どもの世界と育ちを守るためには、こうした安易な損得勘定から距離を取った、「遊び」のある議論が必要だろう。そして、「資本の論理」に対抗するものとして、（「権利」と同時に）「遊びの論理」が挙げられるかもしれない。「貧困」に対する社会政策において「遊び」の意味を追求することは、子どもの育ちのみならず大人の労働・生活をこそ見直す契機であり、新たな社会モデルを構想する一里塚となるであろう。本書を通して、その可能性を少しでも感じていただけたなら、編者としてこの上ない幸せである。

本シリーズの企画が持ち上がったのは２０１６年の年末であった。その後、数回にわたる編者による打ち合わせ、各巻ごとの執筆者会議などを経て、ようやく刊行に至った。

編者の小西と川田が出会ったのは、雑誌『現代と保育』（ひとなる書房、現在は休刊）の誌面上であった。「遊び」と「貧困」の両方にいち早く注目していたのは『現代と保育』編集部かもしれない。同時期に連載ができた邂逅《かいこう》をありがたく思う。

編集の深澤孝之さんをはじめとする明石書店のみなさん、経験の浅い編者に「野心的な試み」を任せてくださった松本伊智朗さん、そして執筆者のみなさんには大変お世話になった。深く感謝の意を表したい。

2019年4月

編者　小西 祐馬・川田 学

石川　晋（いしかわ・しん）【第６章】
元北海道公立中学校教諭（国語科）。NPO授業づくりネットワーク理事長。日本児童文学者協会会員。主な著作に『学び合うクラスをつくる！「教室読み聞かせ」読書活動アイデア38』（明治図書出版、2013年）、『学校でしなやかに生きるということ』（フェミックス、2016年）、『わたしたちの「撮る教室」』（共著、学事出版、2016年）、『リフレクション大全』（共著、学事出版、2018年）など。

小林真弓（こばやし・まゆみ）【第７章】
NPO法人ねっこぼっこのいえ代表理事。社会福祉士、精神保健福祉士。多世代交流ひろばを開いており、多様な人たちが参加している。主な著作『子ども・子育て支援シリーズ　第2巻　拡がる地域子育て支援』（共著、ぎょうせい、2017年）など。

山下智也（やました・ともなり）【第８章】
北九州市立大学文学部准教授。専門は環境心理学、教育心理学。子どもの遊び場「きんしゃいきゃんぱす」代表。子ども主体の遊び場・居場所での大人の居方・関わり方について、実践と研究の両輪でアプローチしている。主な著作に「地域に生きる子どもたち」『子ども・子育て支援シリーズ　第3巻　子ども・子育て支援と社会づくり』（ぎょうせい、2017年）など。

佐藤洋一（さとう・よういち）【第９章】
1991年に和歌山県立医科大学医学部を卒業。現在、和歌山生協病院小児科部長。2014年に佛教大学の武内一教授らと共同研究「外来診療での子育て世代実情調査」を行った。2016年より外来小児科学会の子どもの貧困問題検討会の世話人を務める。

岩田美香（いわた・みか）【第10章】
法政大学現代福祉学部教授。専門は子ども家族福祉、教育福祉。主な著作に『子どもの貧困』（共著、明石書店、2008年）、『社会的孤立問題への挑戦――分析の視座と福祉実践』（共著、法律文化社、2013年）、『現代社会と子どもの貧困――福祉・労働の視点から』（共編著、大月書店、2015年）、『スクールソーシャルワーカーの学校理解』（共著、ミネルヴァ書房、2015年）など。

萩原久美子（はぎわら・くみこ）【第11章】
桃山学院大学社会学部教授。専門は労働社会学、社会政策とジェンダー、人事労務管理論。主な著作に『迷走する両立支援――いま子どもをもって働くということ』（太郎次郎社エディタス、2006年）、『育児休職協約の成立――高度成長期と家族的責任』（勁草書房、2008年）、『民主党政権失敗の検証――日本政治は何を活かすか』（共著、中公新書、2013年）など。

◉**執筆者略歴**（執筆順、【　】は担当）

大澤真平（おおさわ・しんぺい）【第１章】
札幌学院大学人文学部准教授。専門は児童福祉論、教育福祉論。主な著作に『若者と貧困――いま、ここからの希望を』（共著、明石書店、2009年）、『「子どもの貧困」を問い直す――家族・ジェンダーの視点から』（共著、法律文化社、2017年）、「子どもの貧困の経験という視点」『教育福祉研究』〈第22号〉（2017年）など。

塩崎美穂（しおざき・みほ）【第２章】
東洋英和女学院大学准教授。専門は教育学、保育思想史。主な著作に『子どもとつくる3歳児保育～イッチョマエ！ が誇らしい』（ひとなる書房、2016年）、『どう変わる？ 何が課題？ 現場の視点で新要領・指針を考えあう』（ひとなる書房、2017年）、『保育の哲学』（ななみ書房、2018年）など。

赤木和重（あかぎ・かずしげ）【第３章】
神戸大学大学院人間発達環境学研究科准教授。専門は発達心理学。主な著作に『アメリカの教室に入ってみた――貧困地区の公立学校から超インクルーシブ教育まで』（ひとなる書房、2017年）、『目からウロコ！ 驚愕と共感の自閉症スペクトラム入門』（全障研出版部、2018年）、『ユーモア的即興から生まれる表現の創発――発達障害・新喜劇・ノリツッコミ』（編著、クリエイツかもがわ、2019年）など。

山岡真由実（やまおか・まゆみ）【第４章】
日本福祉大学社会福祉学部を卒業し、1986年より公立保育園に勤務。保育者として22年で4つの園、園長として15年で6つの園を経験し、地域性によって求められる保育の違いを実感しながら、現在も保育現場で奮闘中。著作に「『希望』につながる保育」『保育とはなにか』（共著、新日本出版社、2009年）がある。

長谷川佳代子（はせがわ・かよこ）【第５章】
社会福祉法人わらしべ会理事長。整体師・心理カウンセラー。全国子どもと保育の明日を語る連絡会副会長。どんな子どもたちも地域で豊かに育つ権利があると保育園・学童クラブを設立。任意団体からNPO法人となり、現在は社会福祉法人として保育園と学童クラブを運営している。著作に「みんなが気持ちいい保育園」『現代と保育』70～92号（連載、ひとなる書房、2008～2015年）がある。

◉編著者紹介（【　】は担当）

小西祐馬（こにし・ゆうま）【終章、おわりに】

長崎大学教育学部准教授。専門は児童福祉、貧困研究。主な著作に『貧困と学力』（共著、明石書店、2007年）、『子どもの貧困——子ども時代のしあわせ平等のために』（共著、明石書店、2008年）、『貧困と保育』（共編著、かもがわ出版、2016年）など。

川田　学（かわた・まなぶ）【序章、おわりに】

北海道大学大学院教育学研究院附属子ども発達臨床研究センター准教授。専門は発達心理学、保育・幼児教育。主な著作に『0123発達と保育——年齢から読み解く子どもの世界』（共編著、ミネルヴァ書房、2012年）、『乳児期における自己発達の原基的機制』（単著、ナカニシヤ出版、2014年）、『発達心理学・再入門——ブレークスルーを生んだ14の研究』（スレイター＆クイン著、共監訳、新曜社、2017年）、『どう変わる？ 何が課題？ 現場の視点で新要領・指針を考えあう』（共編著、ひとなる書房、2017年）など。

◉編集代表紹介

松本伊智朗（まつもと・いちろう）

北海道大学大学院教育学研究院教授。専門は教育福祉論、社会福祉論。雑誌『貧困研究』（貧困研究会、明石書店）編集長。主な著作に『子どもの貧困——子ども時代のしあわせ平等のために』（共編著、明石書店、2008年）、『貧困とはなにか——概念・言説・ポリティクス』（ルース・リスター著、監訳、明石書店、2011年）、『「子どもの貧困」を問いなおす——家族・ジェンダーの視点から』（法律文化社、2017年）など。

シリーズ
子どもの貧困 ❷
遊び・育ち・経験――子どもの世界を守る

2019年5月5日　初版第1刷発行
2022年12月25日　初版第2刷発行

編集代表　松本伊智朗
編著者　小西祐馬
　　　　川田学
発行者　大江道雅
発行所　株式会社 明石書店
〒101-0021 東京都千代田区外神田6-9-5
電話　03（5818）1171
FAX　03（5818）1174
振替　00100-7-24505
https://www.akashi.co.jp

装丁　清水肇（プリグラフィックス）
装画　後藤美月
印刷・製本　モリモト印刷株式会社

（定価はカバーに表示してあります）　ISBN978-4-7503-4806-3